HISTOIRE

DE

Saillans

PAR

André Mailhet

PASTEUR

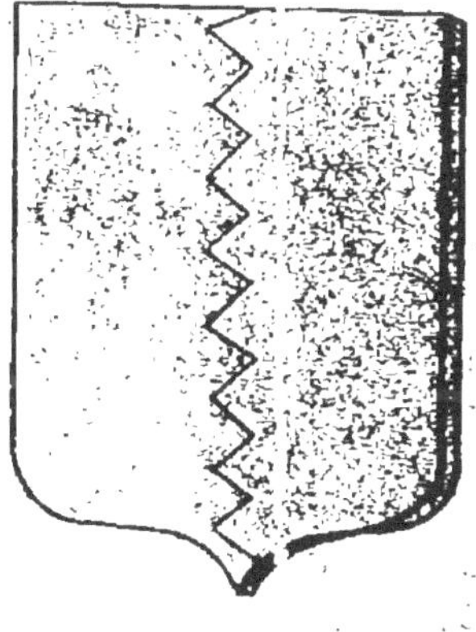

1893

ILVESTRE & Cⁱᵉ, Imprimeurs-Éditeurs, 97, rue Oberkampf, PARIS.

HISTOIRE

DE

SAILLANS

HISTOIRE

DE

SAILLANS

HISTOIRE

DE

SAILLANS

PAR

André Mailhet

PASTEUR

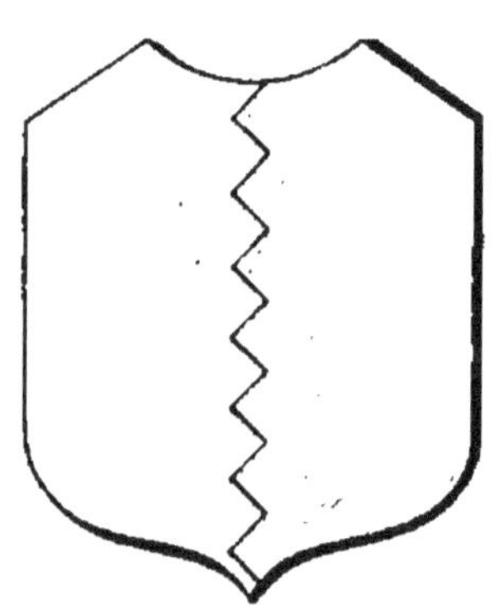

PARIS

SILVESTRE & Cie, Éditeurs

97, RUE OBERKAMPF, 97

—

1892

A Monsieur Albert Roche

PRÉSIDENT DU TRIBUNAL CIVIL DE VALENCE

PERMETTEZ-MOI de vous dédier mon ouvrage, à vous qui prenez un vif intérêt à ces belles études historiques, où nous aimons à retrouver la pensée, le courage et le génie de nos pères. Laissez-moi vous l'offrir, comme à l'un des descendants les plus respectés d'une famille qui a joué un grand rôle dans les destinées de la cité Saillantinoise. C'est, en effet, l'un de vos ancêtres qui releva l'industrie locale après les guerres de Louis XIV, c'est encore un autre qui présida, plus tard, à son administration comme consul, et c'est un troisième qui l'empêcha, sous la Révolution, de tomber dans les excès de la *Terreur*, en la maintenant d'une main ferme, autant que paternelle, dans la voie d'un sage progrès.

Essayer de mieux connaître notre histoire, retracer

les œuvres de nos aïeux les plus distingués, pénétrer leurs sentiments intimes, vivre avec eux, bénéficier de leurs expériences, n'est-ce pas un grand privilège et le meilleur moyen de profiter des leçons du passé ?

Notre travail a pour titre : *Histoire de Saillans*. Cela veut dire que nous prendrons la ville à son berceau et que nous l'étudierons dans sa juridiction et dans son culte, sous les Romains, sous ses prieurs, sous les évêques de Die, sous les rois et, à grands traits, sous la première République. Nous laissons, en effet, à une plume plus autorisée que la nôtre, le soin de retracer les événements remarquables dont la cité fut le théâtre, depuis la Révolution jusqu'à nos jours. Notre plaquette n'est donc qu'une préface détaillée à l'important ouvrage que nous attendons.

Nous n'avons pas la prétention de croire que notre étude est complète et ne renferme aucune erreur ; mais nous affirmons, hautement, que nous avons cherché la vérité avec une impartialité absolue et que nous avons tâché de la mettre en lumière, chaque fois que nous avons eu le bonheur de la rencontrer.

A. M.

Saillans. Août 1892.

SAILLANS

INTRODUCTION

CHAPITRE PREMIER

§ I. Le Dauphiné. — § II. Anciens peuples de notre pays. — § III. Saillans sous les Romains.

§ I. *LE DAUPHINÉ*

'ANCIEN Dauphiné a formé les trois départements de la Drôme, de l'Isère et des Hautes-Alpes. Ses hautes montagnes couvertes de neiges éternelles, ses forêts de sapins, de chênes et de hêtres, ses torrents impétueux comme le Drac, ses rivières, tantôt rapides comme la Drôme et la Durance, tantôt calmes comme l'Isère, ses coteaux fertiles, ses paysages souvent sauvages, toujours grandioses, l'ont fait surnommer une *Petite Suisse*. Il était borné au Nord et à l'Ouest par le Rhône, qui le séparait de la Bourgogne, du Lyonnais et du Languedoc; au Sud, par le Comtat-Venaissin et la Provence; à l'Est, par l'Italie, derrière, les Alpes Cottiennes et la Savoie.

Le Dauphiné doit son nom à ses anciens souverains, les *Dauphins de Vienne*, ainsi nommés, eux-mêmes, à cause d'un dauphin, poisson à grosse tête, qu'ils portérent, d'abord, sur le cimier de leur casque et qu'ils firent ensuite graver sur leurs armes ; armes et titres que le dernier de ces princes transmit, avec sa souveraineté, en 1349, aux fils aînés des rois de France.

§ II. — *ANCIENS PEUPLES DE NOTRE PAYS*

Les premiers habitants du Dauphiné, comme du reste de notre patrie, furent ces hommes de *l'âge de pierre* dont la science reconstruit, peu à peu, la mystérieuse histoire. Ignorant l'art de forger les métaux, ils taillaient la pierre en haches, en couteaux, en scies ; vivant de chasse et de pêche, déjà même bergers et agriculteurs, ils se mettaient à l'abri des fauves, qui leur disputaient le sol, dans des cavernes ou dans des cités lacustres.

Puis vinrent les Celtes, première avant-garde de ces tribus aryennes qui, parties de l'Asie Centrale et se poussant l'une l'autre, peuplèrent insensiblement toute l'Europe. Ils occupèrent la Gaule dans toute sa longueur, entre leurs frères les Belges et les Aquitains, et firent disparaître ou s'incorporèrent les premiers habitants. Ils apportaient une civilisation plus avancée, l'usage des métaux, l'art de cultiver la terre, des animaux domestiques, des semences inconnues du pays, de meilleurs instruments et des armes plus parfaites, une langue sœur du grec et du latin, des institutions politiques et une religion fortement organisée. Ce sont eux qui, du mot qui veut dire montagne, dans leur langue, donnèrent aux chaînes qui traversent notre contrée, le nom d'*Alpes*.

Les Celtes étaient polythéistes et croyaient à l'immortalité de l'âme. Leurs prêtres, les *Druides* (de *déru*, chêne), célébraient leur culte dans de sombres forêts, instruisaient la jeunesse et jugeaient toutes les contestations.

La région, qui a formé le département de la Drôme était occupée par cinq peuples différents, qui tous s'étendaient bien au-delà de ses limites. Le premier, était les *Allobroges*, dont Vienne était la capitale; le second était les *Ségalauniens* qui occupaient les deux rives du Rhône, si l'on veut mettre d'accord Ptolémée et Pline avec Strabon; le troisième était représenté par les *Voconces* avec Luc et Vaison pour métropoles, et dont le territoire s'étendait à travers la vallée de la Drôme jusqu'à Crest. Un quatrième peuple était les *Tricastins*, du côté de Saint-Paul-Trois-Châteaux; le dernier était les *Tricoriens* avec Gap pour ville principale (1).

Chacun d'eux avait sous sa domination de petites tribus partagées en cantons, *pagi*, dont il reste encore des traces dans notre division par communes. Ils avaient à leur tête des *brenn* ou chefs et un Sénat composé des plus sages de la nation. Les affaires importantes se décidaient à la pluralité des voix dans les assemblées générales. On enseignait l'éloquence et la poésie dans leurs écoles.

Ils étaient fort belliqueux et faisaient de fréquentes incursions en Italie. On croit, d'après un passage de Virgile, qu'ils se trouvèrent au sac de Rome, par Brennus.

---

(1) Les peuples de la Gaule étaient fort nombreux: Appien en a compté 400; — Plutarque, 300; — Tacite, 64; — Strabon. en parlant du temple de Lyon élevé à Auguste par toutes les nations de la Gaule, 60; — et Jules César, 80.

C'est ce que confirme Polybe, un des meilleurs historiens de l'antiquité : *Ils se précipitèrent sur Rome et la prirent*, dit cet auteur ; *maîtres de cette ville pendant sept mois, ils la rendirent de leur plein gré aux vaincus reconnaissants, et retournèrent dans leur pays sains et saufs et chargés de butin.*

Ils reprirent, encore, le chemin de la ville éternelle avec Concolitan et Anéroeste, et plus tard encore avec Annibal. Ils disputèrent, d'abord, le passage au général carthaginois, puis ce dernier, après les avoir battus, fit alliance avec eux et les entraîna à sa suite. Les *Voconces*, vraisemblablement, ne se séparèrent pas de leurs alliés et les suivirent en Italie (1). Rome ayant triomphé de ses adversaires poursuivit, avec autant de persévérance que de bravoure, la conquête de la Gaule. Ce fut après la grande bataille de la Sorgue, près d'Avignon (2), que le pays des Allobroges et des Saliens fut réduit en province romaine, dont une partie a conservé jusqu'à nos jours le nom de *Provence.* Elle eut pour métropole Narbonne, que Cicéron appelait *la sentinelle avancée de l'Italie et son rempart contre les nations gauloises.* Le courage de ces peuples n'en fut point abattu, ils rassemblèrent une nouvelle armée et déterminèrent Bituitus, roi d'Auvergne, à prendre part à cette lutte dont allait dépendre leur liberté. Le consul Quintius Fabius Maximus rencontra ses redoutables adversaires, au confluent de l'Isère et du Rhône ; l'armée gauloise s'élevait à 200.000 hommes ; le consul n'avait sous ses ordres que 40.000 soldats, mais aguerris, disciplinés et pleins d'ardeur. Les confédérés, malgré toute leur bravoure, ne

---

(1) J. Denys-Long, opus. cit. p 320-21.
. (2) — 122 ans avant Jésus-Christ.

purent forcer les retranchements des Romains : repoussés et poursuivis par leurs ennemis, 130.000 d'entre eux furent égorgés ou périrent dans le fleuve.

Les autres, honteux de survivre à la liberté de leur patrie se retirèrent avec un grand nombre de fugitifs des contrées voisines, dans les montagnes des Alpes et y formèrent la *Ligue Ambronienne*, ainsi nommée d'Embrun où se réunissaient leurs assemblées. Ils s'empressèrent de se réunir aux Cimbres et aux Teutons, lorsque de retour d'Espagne, ils envahirent le midi de la Gaule. Vainqueurs dans quatre batailles (1), ils furent à leur tour complètement défaits par Marius, près de la petite ville d'Arc et à Aix. Leur roi Teutobochus y fut tué. A cette occasion, le général romain fit élever trois arcs de triomphe, afin de rappeler sa victoire aux Gaulois qui s'étaient ligués avec les envahisseurs : le premier à Aix, le second à Orange, et le troisième à *Solonium*, dont la position géographique n'a pu être exactement déterminée jusqu'ici.

Tout porte à croire que les *Voconces* s'étaient tenus à l'écart de ce dernier soulèvement ; néanmoins, ils éprouvèrent, ainsi que leurs frères les Allobroges, toute la violence du vainqueur qui changea la forme de leur gouvernement, leur imposa de nouvelles et dures lois, et voulut même partager les terres des vaincus à ses soldats. Mais ils étaient trop courageux et trop jaloux de leur liberté, pour ne pas résister à une aussi humiliante oppression. L'injustice de Marius ranima leurs forces affaiblies et leur contenance assurée désarma sa rigueur.

---

(1) De 110 à 106 avant Jésus-Christ.

Cependant, les préteurs qui furent bientôt après envoyés dans la *Province*, commirent de telles exactions, qu'ils refusèrent le passage au grand Pompée allant combattre Sertorius, en Espagne. La guerre dura six ans et se termina par la défaite de ces vaillants peuples. Manilius, qui avait été cause de cette révolte fut remplacé par Fontéius. Son avarice insatiable et ses cruautés le rendirent, promptement, odieux aux Allobroges, qui se soulevèrent sous la conduite du brave Induciomar. Ce dernier, s'alliant avec les peuples voisins, réunit une imposante armée et courut mettre le siége devant Narbonne. Le préteur, effrayé, promit, aussitôt, de gouverner avec plus de douceur et de justice, mais il ne changea point de conduite. Lorsqu'il quitta nos contrées, les malheureux habitants envoyèrent une députation à Rome, pour porter devant le Sénat les justes plaintes qu'ils avaient à formuler contre leur ancien préteur. Chorier met dans la bouche de l'ambassadeur *voconce*, ces fiéres paroles: *Nous ne sommes pas tellement abattus que nous ne puissions, encore, longtemps, exercer votre courage; ne nous obligez pas à une rupture qui vous serait aussi funeste qu'à nous. Votre propre honneur exige que vous écoutiez nos plaintes, si vous ne voulez pas que nous jugions de tous les Romains par le méchant homme que nous poursuivons. Lisez la liste de tous ses crimes, et punissez-le. Nous avons cru, jusqu'ici, que vous combattiez pour la gloire. Si vous protégez Fontéius, nous ne vous regarderons plus comme des héros, mais comme des pirates et des voleurs (1).*

Malgré la légitimité de ces plaintes et les services

____

(1) Chorier, T. I. On sait que Fontéius fut acquitté après une admirable plaidoirie de Cicéron.

importants qu'Induciomar rendit à Rome, en découvrant la conjuration de Catilina, il ne put obtenir satisfaction.

Les députés des Allobroges, de retour dans leur patrie, y trouvèrent un nouveau préteur, appelé Cnéius Pontinus, qui surpassa, encore, s'il était possible, son prédécesseur en cruauté et en avarice. Réduits au désespoir, les *Voconces* et les *Allobroges* se soulevèrent avec Induciomar et Catugnat. La victoire sembla d'abord récompenser leur bravoure; mais, bientôt, ils furent complètement défaits à *Solonium*, sur les bords de l'Isère et durent, pendant plusieurs années, se soumettre à une affreuse tyrannie.

Jules César succéda à Pontinus en qualité de proconsul. Il défendit, d'abord, la *province* contre les Helvétiens, puis tourna ses armes contre les Gaulois, et conquit, en dix ans, le pays qu'il était venu défendre. Ce fut pendant une de ces expéditions, en venant d'Aquilée au secours de son lieutenant Labiénus, contre les Helvétiens (Suisses), qu'il arriva dans le *Voconcium* et traversa *Darentiaca* (Saillans), avec ses légions. La vallée de la Drôme lui parut préférable à celle de l'Isère, parce que les peuples qui habitaient sur les rives de cette dernière, lui paraissaient peu sûrs (1).

§ III. — *SAILLANS SOUS LES ROMAINS*

Sous la domination romaine, les populations de nos contrées se civilisèrent peu à peu. Des villes se fondèrent, d'autres s'agrandirent et devinrent des *colonies*, où les vaincus apprirent les arts, la langue et les mœurs des

___

(1) C. I. Cæsaris Commentarii : De Bello Gallico Libr. I. C. I. *Quia nondum bono animo in populum romanum viderentur.* Il se rendait dans le Lyonnais.

vainqueurs. Les lois des conquérants devinrent le droit commun et les mariages furent fréquents entre les deux nations. C'est de cette époque, que date la prospérité de *Darentiaca*, l'une des dix-neuf villes des Voconces. Après sa conquête, elle devint un de ces postes militaires que les Romains établissaient pour contenir les peuples belliqueux et protéger la marche de leurs légions, à travers des nations remuantes et insoumises. Elle prit un développement rapide et considérable et forma, bientôt, une ville entourée de murailles dont les vestiges servirent, plus tard, à former l'enceinte de notre petite cité de Saillans.

L'ancien nom, comme le nouveau, paraissent empruntés tous deux à l'idée d'eau courante, ou jaillissante. *Darentiaca* est le mot sanscrit *tarenta*, torrent, averse, suivi de la finale *ac*. On en retrouve la racine dans *tara*, rapide, en Irlandais ; *tarandus*, renne, en Scythe ; *tarant*, en Polonais (1). Le nom primitif, que l'on peut traduire par *maison du torrent*, s'est conservé dans celui de la Place de la *Daraize*. Dans la suite, le mot celtique ayant cessé d'avoir une signification, on lui en a substitué un nouveau. On appelle *saliens* ou *salliens* (2), dans certaines provinces,

---

(1) Baron de Coston : *Etymologies des noms de lieux de la Drôme*. Cf. Pictet T. I. p. 144 ; Burnouf, p. 286.

Taranta ou *Tarantac* ou *Tarentaca* a été, peu à peu, adouci en *Darentiaca* par le changement du *t* en *d*. Notre langue en offre plusieurs exemples : *cubitus* est devenu *coude* ; *granatum*, *grenade* ; *metallum*, *médaille* ; *rotare*, *rôder* ; *tunc*, *donc*. Les finales *ac*, *aca*, *ag*, *act*, *ek*, *ieu*, *iere*, *acus*, *iacus*, *iacum*, sont des terminaisons adjectives que l'on retrouve dans plusieurs idiomes : *a* est l'indication féminine, comme *us* est la terminaison masculine.

(2) Le radical de ce mot se rencontre dans beaucoup de langues, notamment dans *sala*, *salila*, eau, fontaine ; *sal*, aller, couler, en sanscrit ; *selim*, couler, distiller, en irlandais : *seil*, torrent, en arabe : *seille*,

les quartiers où se trouvent des eaux jaillissantes, de sorte que si *Tarenta* ou *Darentiaca* devait son nom au torrent de la Drôme, *Saillans* (1) lui doit aussi le sien.

Les préteurs romains comprirent bien vite tout le parti qu'ils pouvaient tirer de la position stratégique de notre bourg. Il gardait le pas de l'Echarenne et pouvait être considéré comme une des portes du Diois. Aussi, ne soyons pas surpris, s'ils l'entourèrent promptement de remparts et songèrent à le relier par une voie de communication aux *muni-*

---

cours d'eau, en dialecte franc-comtois ; *sail* et *sel*, mer, en écossais et en irlandais, ainsi que dans les noms de divers cours d'eau, tels que la *Salaine*, affluent de la Drôme ; la *Sillas*, qui coule près de Romans ; la *Sala*, en Espagne ; le *Salat*, affluent de la Garonne, le *Salba* et le *Saleys*, dans les Basses-Pyrénées ; la *Saale*, en Allemagne ; le *Sal*, affluent du Don, appelé lui-même *Silis* par les Scythes, etc., etc. (Baron de Coston : *Etymologies des noms de lieux de la Drôme*). De Valois partage cette opinion et assure que Saillans ne peut venir que de *Salientibus aquis*.

La position stratégique des plus importantes de notre cité a inspiré à l'un de ses habitants les plus connus, l'idée que le nom de Saillans pourrait bien venir de sa situation géographique elle-même. D'un côté, à l'entrée de la vallée conduisant à Véronne, autrefois défendue par des tours : de l'autre, de celle menant à Saint-Moirans et de là à la Chaudière ; au centre commandant l'entrée du Diois, notre village, en temps de guerre comme en temps de paix, est fort important, fort saillant.

(1). Notre petite cité s'appelait *Saliens* en 1003, 1061 (Bulle du pape Nicolas II), en 1068 (Bulle d'Alexandre II), 1096 (Bulle d'Urbain II) ; — *Villa de Sallenz*, en 1201 ; — *Saliens* ou *Salbiens* en 1218, 1240, 1276 ; — *Castrum Salientis*, en 1299. — *Saliens* ou *Salbens* ou *Salbiens* en 1300, 1303, 1327, 1328, 1331, 1338, 1344, 1346, 1354, 1378, 1379, 1385, 1387, 1390, 1393, 1395, 1396, 1401, 1405, 1406, 1407, 1411, 1415, 1416, 1417, 1435, 1438, 1439, 1448, 1449, 1454, 1455, 1475; *Sailbens* ou *Salanz* ou *Salantz* en 1541. 1555, 1556. 1564, 1567, 1584. 1595, 1598, 1606, 1610, 1612, 1624, 1637, 1641, 1649, 1651, 1666, 1676 ; — *Sailbant* ou *Sailbens* ou *Sailbans* en 1678, 1680, 1682, 1686, 1690, 1693, 1696..... et dans tout le XVIIIᵉ siècle. A partir de la Révolution, l'on a toujours écrit *Saillans*.

cipes voisins. Agrippa, gouverneur des Gaules, fit percer un assez grand nombre de routes, notamment celles qui, de Lyon, aboutissaient à l'Aquitaine, à l'Océan et au Rhin. D'autres, suivirent, bientôt, ces dernières et facilitèrent la marche des troupes et la circulation du commerce. La *voie domitienne* allait de Rome aux Pyrénées, par la belle ville d'Arles. Un embranchement reliait cette dernière à Genève en passant par Vienne. On l'appelait la grande voie : *via magna*. Il en fallait une autre plus directe, pour aller de Rome à Vienne. Les Romains l'ouvrirent au milieu des Alpes Cottiennes. Elle partait de Milan, passait au mont Genèvre, à Briançon, à Embrun, à Gap, à Veines, à Luc, qui prit le nom de *Lucus Augusti*, à cause de la consécration d'un bois voisin à l'empereur Auguste; à Die, *Dea Vocontiorium*, par suite du titre de *dea*, ou de *diva*, donné un peu plus tard, à l'impératrice Livie; à Saillans (1), *Darantiaca*; à Aouste, *Augusta*; à Crest, où s'éleva, bientôt, une tour pour assurer la sécurité du commerce et la marche des armées, et de là, se dirigeait sur Montoison et Valence, où elle rejoignait la grande « voie » (2).

---

(1) Au Détroit, elle se relevait, passait au-dessus de l'Echarenne, longeait le cimetière de M. Chipron et arrivait au boulevard de l'Echo. Elle s'infléchissait vers la maison de M. Bagarre, traversait la place De Bonne-Lesdiguières, où s'élevèrent plus tard les *Prisons*, (maison de M. Alphonse Faure), descendait au fossé, coupait la maison de M. Vierne, sabotier, aboutissait au Riosec, suivait la façade de la maison de M. Court, et tenait, ensuite, la rive droite de la Drôme.

(2) On les appelait *viæ consulares, prætoriæ, regiæ, militares, solennes*, etc. Ces routes furent négligées et presque détruites à la chute de l'Empire. Cependant, la reine Brunehaut rétablit, dans l'Austrasie, les *chaussées romaines* et les peuples lui en attribuèrent, même, la fondation. Dans la suite, Charlemagne obligea le clergé à contribuer à l'entretien des voies de communication. Cette coutume disparut avec ses successeurs.

Deux sortes de pierres étaient placées de distance en distance, les unes basses, les autres hautes. Les premières aidaient à remonter à cheval les voyageurs qui avaient été obligés d'en descendre, les secondes, marquaient la distance en milles, d'une ville à l'autre, de là le nom de *colonnes milliaires*. Auguste, Claude et Antonin le Pieux furent les empereurs qui en firent élever le plus dans notre pays. Elles portent toutes le nom du césar régnant et présentent, encore, cet intérêt qu'elles sont presque les seuls monuments de l'antiquité, qui donnent des dates précises. C'est à Saillans, que se trouvait la *mutatio*, relai de *Darentiacia*, mentionnée pour la première fois dans l'*Itinéraire de Bordeaux à Jérusalem*, à XII milles d'*Augusta*, Aouste et à XVI de *Dea*, Die. D'après notre mensuration actuelle les douze milles font dix-sept kilomètres. Il y a, donc, une erreur de copiste ; il faut substituer VII à XII. On remarque, souvent, sur les itinéraires romains une méprise entre V et X. Avec cette correction, on aurait onze kilomètres sept cent-quarante-neuf mètres de distance, chiffre qui ne s'éloigne guère de celui de la route départementale. La distance de *Darentiaca* à *Dea*, est marquée dans le même itinéraire, XVI milles, soit vingt-trois kilomètres cinq cent soixante-quinze mètres, un peu plus de la distance kilométrique actuelle, différence qui provient des contours, que faisait l'ancienne voie romaine à Pontaix, en particulier.

Le baron de Walckemar, place *Darentiaca*, aux Samarins, sur la rive gauche de la Drôme. On a découvert, en 1824, l'inscription de Delmatius sur le même emplacement. Il est probable que cette ville occupait les deux côtés de la rivière ; on aurait pu l'appeler *Duplex Daren-*

tiaca. Car, dans ce quartier, on a trouvé des vestiges nombreux d'habitations romaines (pierres taillées en bossage, mosaïque en deux couleurs, etc.) ce qui a fait croire à quelques auteurs, qu'au moyen-âge, l'on y avait construit une tour de défense ou de vigie.

Nous possédons, à Saillans, quelques souvenirs fort intéressants de la période romaine, et qui corroborent les chiffres donnés par l'*Itinéraire de Bordeaux à Jérusalem* (1), en même temps qu'ils rappellent les noms de quelques Césars.

Nous avons deux *colonnes milliaires*, l'une sur la place de la Daraize, et l'autre dans l'église paroissiale, où elle sert de support au bénitier, que l'on trouve à gauche en entrant. On lit ces mots sur la première :

PIENTISSIMIS	Aux excellents
PRINCIPIBUS	princes
G. VAL. CONSTANT	G[aïus Val[erius] Constant
IO. ET. G. VAL. MAXS	ius et G[aïus] Val[érius] Maxs
SIMIANO NO	simianus no
BENISSIMIS (2) CAES	bilissimes cé
ARIBUS	sars
M. P. XVI	16 m[ille] p[as].

(1) Cet *Itinéraire*, plus détaillé et plus exact que celui d'*Antonin* et que la *Table Théodosienne*, est le seul qui mentionne *Darentiaca* sur la route romaine de Milan à Vienne. On trouve des vestiges de cette voie au Détroit (en dessus de Saillans) et dans les caves et la remise de la maison Agénor Roche, où l'on voit encore des murs, dont les pierres, taillées en bossage et fort bien cimentées, ont résisté aux injures des siècles.

(2) M. Lacroix, le savant archiviste de la Drôme, a bien voulu, avec une exquise obligeance, nous communiquer ces différentes copies relevées par M. Hirschfeld dans le *Corpus Inscriptionum latinarum*. Il fait remarquer qu'à la ligne 6 (inscription de la Daraize), MM. de Villefosse et Thédenat ont lu NOBELISSIMIS, ce qui doit être la bonne lecture.

L'inscription de la *colonne* que l'on rencontre dans l'église est celle-ci :

COnsTANTIO	A [Gaïus Valerius] Constantius
P. F. INVICTO AUG	p[ieux] h[eureux] ivincible aug[uste]
CAESARIBB (1) ET FLAVIO VAL	César et à Flavius Val[érius]
..... NOB. AC PERPETU	[Sévère] nob[ilissime] et perpétu
O	el
XVI	16 [mille pas]

Dans le jardin de M. Édouard Rey, on remarque une pierre tumulaire qui consacre le souvenir du neveu de Constantin :

D. N.	A N[otre] M[aître]
FL. DELMATIO	Fl[avius] Delmatius
NOB	Nob[ilissime]
CAES	Ces[ar].

Flavius Delmatius et son frère Hannibalianus furent mis à mort, en 337, par leurs cousins germains, les fils de Constantin. C'est, peut-être, la seule inscription rappelant la mémoire de Delmatius.

Il y a quelques années, l'on a trouvé à Pontaix une grande urne en plomb, cylindrique, à couvercle. Avec d'autres objets, elle contenait une lampe en terre, dont la face supérieure présentait, en relief, un masque scénique de jeune homme aux cheveux longs arrangés avec soin. A la face inférieure, on lisait le nom de *Fortis.* L'industrie de ce *figulus*, potier, était fort étendue : l'on voit encore de ses lampes à Gap, à la Bâtie-Monsaléon, à Valréas, à Die, etc.

---

(1) M. Lacroix pense, avec infiniment de raison, que ce CAESARIBB paraît fautif et déplacé et qu'il devrait venir à la cinquième ligne, après O. — Les princes dont il est question sont Constance-Chlore Auguste et Sévère César (326-324, 305-307).

En 1890, M. Gustave Roche faisant creuser dans son domaine de Boudrat (à six kilomètres de Saillans, sur la route de Crest), un fossé destiné à retenir les eaux et les graviers descendant de la petite montagne, à laquelle sont adossées sa villa et sa maison de ferme, a rencontré une sorte de puits carré, dont les pierres taillées en bossage rappellent les constructions romaines.

A l'intérieur et sur le même plan, environ deux cents médailles étaient répandues en cercle (1). Plus bas, sur les bords de la route nationale, on a mis à jour une bâtisse rectangulaire renfermant une urne brisée par le tassement des terres et contenant des cendres (mêlées à des os et à des clous), et une lampe funéraire avec le nom de *Forlis*, notre habile *figulus* de Pontaix. Des fragments de poterie, de verre fin et de marbre, dont les inscriptions (2) font croire à l'existence d'un tombeau à cet endroit, montrent que Boudrat avait quelque importance pendant la période romaine. Il y avait, peut-être, dans la plaine, une *mutatio* que détruisirent, plus tard, les Barbares ou les Lombards lorsqu'ils parcoururent, en vainqueurs, notre vallée.

Vercheny devait être, aussi, à cette époque, une petite bourgade : l'on y a trouvé, en effet, des médailles, des colonnes avec des inscriptions et beaucoup de débris de vases et de briques finement travaillés.

---

(1) M. le pasteur Arnaud, de Crest, a reconnu qu'elles appartiennent aux règnes des empereurs Adrien (117-138 après Jésus-Christ); Antonin (138-160); Constance Chlore (285-295); Constantin I (324-337); Constant (337-350); Constance II (337-361); Constantin II (337-340); Magnance (348-353).

(2) M. Allmer, le savant épigraphiste lyonnais, n'a pu les reconstituer, tant ces débris sont mutilés.

Notre province était alors administrée, au nom de l'Empereur, par un *recteur* ou gouverneur. Au-dessous de ce haut fonctionnaire, représentant le pouvoir central, les cités avaient leur organisation propre. Toutes avaient un Sénat nommé *Curie*, et des *Décurions* chargés des fonctions de nos conseillers municipaux et de la justice. Il fallait, pour être élu, avoir au moins vingt-cinq ans, être habitant de la ville et jouir d'une certaine fortune. Le premier magistrat de la cité, dont les attributions répondaient à celles des *maires* actuels, portait le titre de *Dictateur*. A côté de lui, était le *Questeur*, chargé de la levée des impôts et trois *Triumvirs* préposés à l'entretien des grandes routes.

Rome imposa, non seulement, son administration et la langue latine aux peuples conquis, mais encore sa religion. Dans nos contrées, s'élevèrent des temples inconnus aux anciens Gaulois. On y adorait les dieux communs aux vainqueurs et aux vaincus, sous leurs noms romains (1) et jusqu'aux empereurs divinisés. A Die, en particulier, Auguste eût son culte et, sous le nom d'*augustaux*, ses prêtres spéciaux. On voit, encore, dans cette ville les vestiges de quatre *tauroboles*, et des pierres portant en relief des têtes de taureaux, ainsi que les instruments dont on se servait pour les immoler (2). On rencontre dans plusieurs

---

(1) Jupiter, — Andarta (déesse de la victoire), — Cibèle, mère des dieux, etc.

(2) « On creusait une fosse profonde, on y descendait le sacrificateur, « puis on fermait le souterrain au-dessus de sa tête au moyen de fortes « planches percées de trous. Le sang de sa victime coulait abondam- « ment sur le prêtre qui s'en frottait le nez, les yeux, les oreilles et tou- « tes les parties du corps. » De Véronne : *Mémoire sur les Voconces*, « page 143. »

endroits des inscriptions qui attestent son ancienne importance.

Mais de profonds ferments de discorde et de dislocation travaillaient cet immense empire ; des rivalités entre prétendants, des compétitions au trône, armaient les peuples les uns contre les autres. Notre pays était sans cesse traversé par des légions romaines, passant de l'Italie dans les Gaules, et bientôt obligées de retourner des Gaules en Italie. Des combats furieux se livraient partout. C'étaient des charges d'autant plus accablantes pour nos populations, que les troupes se conduisaient comme en pays conquis.

Fabius Valens a laissé le plus détestable souvenir dans notre vallée. Se rendant en Italie, pour soutenir le parti de Vitellius contre Othon, il conduisit son armée sur les frontières des *Allobroges* et des *Voconces* et, par le plus infâme commerce, il en réglait les séjours et les marches sur l'argent qu'on lui payait pour s'en délivrer. Aouste, Saillans et Die purent assouvir sa cupidité ; mais, arrivé devant Luc, comme la ville déclarait ne pouvoir donner le numéraire qu'il exigeait, il fit allumer des torches et menaça de tout réduire en cendres, si on ne lui remettait pas, immédiatement, le subside réclamé. Les malheureux habitants, qui ne possédaient aucune ressource, l'apaisèrent en lui livrant leurs femmes et leurs filles (1).

---

(1) *Lento deinde agmine per fines Allobrogum et Vocontiorum ductus exercitus, ipsa itinerum spatia, et stativorum mutationes venditante duce, fœdis pactionibus adversus possessores agrorum et magistratus civitatum adeo minaciter, ut Luco (municipium id Vocontiorum est) faces admoverit, donec pecunia mitigaretur. Quotiens pecuniæ materia deesset, et stupris.. et adulteriis.. exorabatur !..* Taciti Historia. Libr. I. cap. 66.

ENTRÉE DE SAILLANS

Ces mêmes contrées éprouvèrent, aussi, les ravages et les cruautés des Vandales, des Alains et des Goths qui, vers la fin de l'empire, y firent de fréquentes incursions. Le christianisme, qui s'était introduit dans la province, dès le IIIᵉ siècle et qui, jusque-là avait souffert de violentes persécutions, put faire, enfin, de rapides progrès, à la faveur des divisions qui marquèrent le terme de la grandeur romaine et virent l'invasion des Barbares.

Le tableau que saint Jérôme, dans son langage pittoresque, nous a laissé de l'état de la Gaule, à la même époque, n'est pas exagéré : *Innumerabiles et ferocissimæ nationes Gallias occuparunt... Lugdunensis et Narbonensis provinciæ præter paucas urbes populata sunt* : des peuples innombrables et très féroces envahirent les Gaules.. ; les provinces du Lyonnais et de la Narbonnaise, à l'exception d'un petit nombre de villes, furent ravagées. Le titre de citoyen romain devint une injure. Les noms des dix-sept provinces de notre patrie s'étaient déjà perdus ; ils avaient fait place à des noms nouveaux, présages de changements plus importants.

Les guerres civiles des successeurs de Dioclétien et de Constantin, avaient épuisé le sang des sujets de l'empire. La défense de l'État fut confiée aux Barbares. Dans le Valentinois, chez les *Segalauni*, il y avait un préfet commandant à mille Sarmates (1). En 440, le général Aétius

______

(1) Chorier, Dochier, Artaud, Delacroix, Salvaing de Boissieu, Dalechamp, Fialon, etc. parlant de *Solonium* qui fut pris par le propréteur Pontinius, dans la révolte des *Allobroges*, assurent que cette ville est Saillans, dans le Diois. Une étude sérieuse des textes de Dion Cassius et de Tite-Live prouve que les événements rapportés par ces auteurs latins se sont passés, fort loin, des rives de la Drôme. Ortell et Holstein ont

avait accordé aux Alains la moitié des terres de cette contrée. Ces nouveaux venus s'emparèrent, bientôt, du reste. Le *Vocontium* fut, ensuite, rattaché au premier royaume de Bourgogne, fondé en 414, et détruit par les Francs, en 534. Les Burgundes, moins barbares que les autres peuples envahisseurs, laissèrent subsister des traces du régime municipal, dans les provinces soumises à leur domination. Un code, mêlé de lois romaines, fut sanctionné par leurs rois (2) qui donnèrent l'exemple de la tolérance religieuse. Du partage de la Gaule, s'élevèrent plusieurs souverainetés. On oublia les noms des anciens peuples, pour adopter ceux des nouveaux maîtres. Les noms de saints remplacèrent, en effet, ceux des localités, en augmentant la confusion que l'on rencontre chez les historiens de ces tristes époques. Dans ces partages sanglants, les Gallo-Romains disparaissent. Le sentiment national ne donna aucun signe d'existence, et la lutte ne s'engagea qu'entre les vainqueurs.

En 536, les Lombards firent leur dernière invasion dans les provinces orientales de l'ancienne Narbonnaise.

---

mal compris la citation de la *Notice des dignités de l'Empire* (*Notitia dignitatum Imperii*), en plaçant *Solonium* dans notre vallée. Cette sorte d'almanac impérial porte, seulement, qu'il y avait sous Valentinien III, un préfet des Sarmates païens cantonnés chez les *Segalauni* et non chez les *Voconces*. Le territoire de ces derniers était compris dans le Diocèse de Die, ainsi que nous l'avons vu, et s'étendait au moins jusqu'à *Augusta* (Aouste).

(2) Un de ces princes, Gondebaud, promulgua une loi d'une délicatesse fort inattendue chez un barbare : *Quiconque aura refusé le couvert et le feu à un étranger en voyage, sera puni d'une amende de trois sous d'or. Si le voyageur demande l'hospitalité à la maison d'un Burgunde et que celui-ci indique celle d'un Romain, il paiera trois sous d'amende et trois sous pour dédommagement à celui dont il aura montré la maison.*

Trois chefs étaient à leur tête. Ils pénétrèrent dans le Dauphiné par les vallées de la Durance, de l'Isère et de la Drôme, rançonnant le pays et brûlant les maisons. Luc, Die, Saillans et Aouste eurent fort à souffrir de ces barbares (1). Mummol, général de Gontran, roi des Burgundes, accourut avec une armée ; il les défit, complétement, sur l'Isère, près de Grenoble, les rejeta les uns sur les autres et les accula dans les Alpes où il les extermina.

Aux Lombards, succédèrent les Sarrasins, en 729. La Provence et le Dauphiné furent, pendant deux siècles et demi, exposés à leurs dépradations, qui ne finirent qu'en 975, par la prise de la forteresse de Framinet, en Provence (2). Après les Barbares de l'est et du midi, vinrent ceux du Nord. Les Normands remontèrent le Rhône et pillèrent Valence, en 859. Les scènes de désolation cessèrent, enfin, en 924, à l'invasion des Hongrois. Les peuples de l'Europe perdirent, alors, ce goût d'émigration aventureuse qui s'était emparé d'eux à la décadence de l'Empire Romain.

---

(1) Nous devons à la bienveillance de M. Révilloud, professeur d'histoire à Montpellier, la citation exacte de Grégoire de Tours (Livre IV, 44) relative à cette invasion :

Post hæc tres Longobardorum duces, id est Amo, Zaban et Rodanus Gallias irruperunt... Zaban, vero, per Deinsen discedens urbem usque Valentiam venit ibique castra posuit ; et plus loin, nous lisons encore : *Zaban urbem Valentiam obsedebat.*

(2) Jean-Denys-Long : *Recherches sur les Antiquités du pays des Vocontiens, 336, 37, 38, passim.*

CHAPITRE II

§ I. Fondation du Prieuré de Saillans. — § II. Réglement monastique. — § III. Administration locale.

§ I. *FONDATION DU PRIEURÉ*

ERS l'an 890, un groupe de cavaliers suivait la route romaine conduisant de Crest à Saillans. On remarquait, au milieu d'eux, un jeune seigneur, au maintien noble et fier. Il était vêtu d'un costume de pélerin. A quelques pas, devant lui, un écuyer portait ses armes ; un peu en arrière, quelques serviteurs marchaient en devisant entre eux. C'était le comte Gérauld d'Aurillac qui se rendait à Rome. Il appartenait à l'une des familles des plus distinguées et des plus puissantes de la grande Auvergne, évangélisée par Austremoine et ses disciples, saint Mamet et saint Antonin. Son grand-père, Gérard, avait été tué, en 841, à la bataille de Fontenay, en combattant à côté de Charles-le-Chauve et son père, Gérald, venait de mourir, le laissant en possession de domaines si considérables qu'ils n'avaient pas moins de cent-dix lieues de tour. Par sa grand'mère, Mathilde, fille de Pépin Ier, roi d'Aquitaine, il descendait de Charlemagne et il comptait, parmi ses aïeux, Constantin-le-Grand, le premier empereur chrétien. Sa mère, Adaltrude, était une femme d'un rare mérite. Il avait une sœur, nommé Avigerne, célèbre par sa beauté et sa piété.

Le comte Gérauld, était né vers 856. Ses parents lui avaient fait étudier les belles-lettres que l'on appelait alors la « Grammaire », et le jeune homme avait si bien profité des leçons de son précepteur, que ce dernier n'avait eu, bientôt, plus rien à lui apprendre. Sa modestie, était, cependant, supérieure à son savoir. Tous les deux ans, il se rendait à Rome, en pèlerinage, et portait au Souverain-Pontife (1), les dix sous d'or que l'abbaye d'Aurillac, nouvellement construite, devait annuellement lui offrir. Dans ses voyages, il comblait de ses libéralités les monastères qu'il trouvait sur sa route, et payait avec la plus grande générosité les hôtes qui le recevaient et les villageois des Alpes, qui aidaient ses serviteurs à porter ses bagages à travers ces hautes montagnes. Aussi, sa venue était-elle vivement désirée, et son nom respecté par tous ceux qui avaient la bonne fortune de l'approcher.

Arrivé à Saillans, il fut reçu avec courtoisie par les deux

---

(1) Pendant ses voyages, il n'y eut pas moins de treize papes qui se succédèrent dans la chaire de Saint-Pierre; il est vrai que quelques-uns ne régnèrent que quelques mois, ce sont : Adrien II, Jean VIII, Marin, Adrien III, Etienne V, Formose, Boniface VI, Etienne VI, Jean IX, Benoît IV, Léon V, Christophe et Sergius III. Gérauld mourut peu après son dernier pèlerinage, le 13 octobre 920. — Il fut béatifié au xe siècle.

syndics de la petite cité qui ne comptait, alors, qu'une cinquantaine de familles. Les habitants lui avaient demandé, à diverses reprises, de les doter d'un prieuré; le lendemain de son arrivée, ils vinrent encore lui présenter la même requête. Le comte choisit avec eux l'emplacement du futur édifice et du cimetière, réservés aux religieux. Les seigneurs du voisinage, ou, peut-être, quelques habitants de l'endroit, lui cédèrent, soit gratuitement, soit à prix d'argent, leurs droits féodaux. Après avoir examiné avec soin toutes les questions relatives à cet important travail et avoir fourni les moyens de mener à bonne fin l'entreprise, Gérauld continua son voyage (1).

Les religieux qui élevèrent ce monastère bénédictin demi-conventuel, lui donnèrent les conditions de force et de sécurité que réclamait impérieusement l'état des troubles dans lequel vivait alors la Société, après l'invasion des Barbares. Des tours, des murs crénelés, des fossés entouraient les bâtiments claustraux. A peine le prieuré de Saint-Gérauld fut-il debout avec son enceinte et son clocher, que de nouvelles familles vinrent se fixer dans son voisinage. Elles furent les bienvenues; les terres défrichées se se couvrirent de récoltes, les forêts firent place à de riches moissons. Le prieuré acquit, bientôt, un développement considérable par les libéralités des seigneurs du pays. Ils s'empressèrent de le doter généreusement, soit pour expier leurs fautes, soit pour se faire pardonner de criantes usurpa-

---

(1) Nous empruntons à Saint-Odon: *Vie de saint Géraud;* — au P. Dominique de Jésus: *Histoire de saint Gérauld, protecteur de la ville d'Aurillac;* — aux Bollandistes: *Acta Sanctorum;* — et surtout à Monseigneur Bouange: *saint Géraud d'Aurillac et son illustre abbaye,* tous les détails biographiques que nous donnons sur le fondateur de notre prieuré.

tions. Les moines devinrent, bientôt, les paisibles possesseurs
d'une contrée montagneuse, il est vrai, mais se peuplant
et se fertilisant sous la sage administration du prieur (1).

L'ancien bourg de Saillans s'étendit, peu à peu, et finit
par rejoindre les habitations qui s'étaient nouvellement
élevées à côté des bénédictins. Notre cité forma, alors, un
important village, où les droits et les devoirs de chacun
furent exactement déterminés.

§ II. *RÉGLEMENT MONASTIQUE*

Les moines suivaient la règle de saint Benoît. Ils l'obser-
vèrent pendant longtemps, avec la plus scrupuleuse exacti-
tude, puis ils se relâchèrent par degré de leur première
ferveur. Les chartes de donation déposées sur l'autel de
l'église de leur couvent, en faisant d'eux de grands propriétaires, les habituèrent à une aisance et à un confort
que n'avait jamais connus le fondateur de leur ordre. L'opu-
lence de leur couvent, y amena des hommes que leur
caractère et leurs inclinations ne disposaient nullement à
ce genre de vie, que des convenances de famille portaient
seules à l'embrasser, que leurs parents y avaient, dès le bas-
âge, voués en qualité d'*oblats*. D'autres, encore, qui, pous-
sés d'abord par des motifs plus sérieux, n'y avaient trouvé
ni la paix ni les ressources spirituelles qu'ils y cherchaient
et qui, liés par des vœux perpétuels dont ils ne pouvaient
s'affranchir, cherchaient à se dédommager de leur sacri-

---

(1) Abbé Vincent : Notice sur Saillans. Le prieuré d'Aspres-les-Veynes
fut fondé à la même époque que le nôtre.

dixit. Nunquid non es
cultor deorum? Quomodo
insipiens factus es, ut
vel nuditate tuam non
erubescas: ppolitus dix.
Ego sapiens xpianus
effectus sum: quia igno-
rans feci qd tu adoras R.
In paucas ueraci. tco tunc
...cius cesar dixit.
Sacrifica et viue
ne pereas per tormenta
sicut laurentius. ppoli-
tus dixit. Exemplum
michi beati laurency
martiris fieri: que tu mi-
ser cuius iusti ore po-
luto nominare. De-
us cesar dixit. Extendi-
te eum et fustibus cedite.
Et al dum cederetur dix.
Gratias ago deo meo. De-
cius dixit. Tendite ypo-
litus subtus. ai cordis
cedite eum. Et cedentes
defecerunt. ppolitus at
clamabat uoce clara
dicens. Xpianus sum.
R. Oppolite si audieris.
Quare ? in festiuitate sa-

laureasitau R. Si dicit dm
co cuciut dicat orto R.
dr martirious et noui
R. Oppolite. ultunu
dicitur. Et in laud r.
iustor aue. ai aiis. ps.
Te daui. V. Exultabut
scti. Iu lad a. Iustor aue
cap. Iusti in perpetuu. V.
Clamauerut iusti. Ad bnd
a. Sca ludibria. requi-
re in coi pluriuor mrtm.
oro. Da nobis oips.
Ad tertia ad vi. et ix. cap
et R. sicut pluriuor nrm.
oro. Da nobis oips ds.
Uigilia assumptionis be-
ate marie. Et sa cuilibz
psbiteri et coufess. Cla-
fiat totu fiat de beo dni
co. ut s. Ot lect oro sequt
ad missa et no ad miss.
oratio. Deus qui bir-
ginalem aulam. Al.
sumpto breuiarie bir.
Cantores et baud. Ad
pmas bs super pos. a.
Alma redemptoris mater
que preuia celi porta manes
et stella maris succurre ca

fice, en profitant des avantages temporels qui leur étaient offerts, faisaient servir la richesse du couvent à satisfaire leurs goûts sensuels, s'y livraient à une vie de matérialisme et d'oisiveté, entrecoupée seulement par quelques pratiques d'une dévotion machinale.

Le mal devint si grand, qu'en 1303, le prieur de Saillans, Jehan de Sucher, résolut de revenir sans plus tarder à la régle bénédictine. Il demanda à Pierre Draconnet, son supérieur hiérarchique, un *Reiglement pour ses relligieux*. Ce dernier saisit, avec empressement, l'occasion qui s'offrait de venir dans notre pays; il apporta lui-même le document désiré. Voici les premières lignes d'un *vidimé* que nous possédons dans nos archives (1) :

REGLEMENT FAICT par M. L'ABBÉ D'ORLHAC

AU PRIEUR ET RELLIGIEUX
DU PRIEURÉ DE SAILLANS, EN DAUPHINÉ

S'ensuict la copie, extrait de son propre original, translatée du lattin en fransoys des statuctz et ordonnances, commandemenctz faictz par R(évérend) en Dieu, monsieur Pierre (Draconnet), abbé d'Orlhac, l'an de nostre Seigneur, mil trois

---

(1) Section des manuscrits. Ce *vidimé* est du 28 janvier 1627. Il a été fait à la requête de Marc-Anthoyne de Bourillon, prêtre et sacristain du prieuré de Saillans. Ont signé à la copie : Allement, curé d'Aouste; Avond, sacristain et secondaire du prieuré de St-Pierre d'Aouste, Pézement, notaire.

M. l'abbé Guillaume, archiviste des Hautes-Alpes, a bien voulu nous le traduire. Il avait déjà fait paraître, en 1886, dans le *Bulletin historique des Hautes-Alpes* un *vidimé* du 3 novembre 1612 que lui avait communiqué M. de Bonniot, et qui avait été fait pour le prieuré d'Aspres.

cent₂ et troys et le dixiesme jour du mois d'apvril, et ce, à la requeste de Vén(érable) relligieux messire Jehan de Sucher, prieur du prieuré de Sainct-Gérauld de Sailhans.

Et premièrement, quand sainct Gérauld fist diffier le monastère d'Aurilhac, furent ordonnés et scitués deux prieurés demi-conventuelz comme sont Sailhans et Aspres. Lesquels furent fondés à l'honneur de Dieu, sainct Pierre et sainct Paul et du dict sainct Gerauld avec leurs appartenances et subjectiõns; et dont, après long temps fust transigé du prieuré Sainct-Jullhian de Guynaise, lequel estoit de chanoynes réguliers, ainsin comme conste par transaction, et maintenant est prieuré demi-conventuel, dessoubs l'abbaye du dict Orlhac; et fust ordonné que aux dits prieurés du dict Sailhans et Aspres auront quatre religieux souls le prieur.

De quoi Sailhans est faicte cette présente coppye, par moy notaire soubz escript par le commandement dudict Rév: P(rieur) et à la requeste dudict prieur du dict Salhens, pour maintenir l'office divin et durer paix et amour avec ses relligieux et pour ceulx qui viendront après.

Après cette sorte d'introduction, l'abbé d'Aurillac entre dans les plus minutieux détails sur le culte, la nourriture des moines et la police du couvent. Une trentaine d'articles règlent les devoirs et les droits de chacun. Le prieuré renfermant quatre religieux de chœur et quelques *clercs* ou *frères-lais*, les moines étaient spécialement chargés de célébrer, solennellement, les offices divins, et ceux qui sans motifs s'en abstenaient, étaient sévèrement punis *en pain et eau* (6). — Ils ne pouvaient sortir des limites *du simetyère touchant l'esglise sans lissence du prieur* (7). — Pour certaines fautes, ils étaient mis *aux arrests à l'un des quatre arcs de la cloistre, en pain et en eau,* ou bien *incarcérés* et en quelques cas, *enferrés* (8).

Le sacristain avait le soin de l'église et du luminaire du monastère (9); le curé devait chanter la messe tous les jours (10); — l'hebdomadier, sonner les cloches, et le prieur fermer les portes de l'église et du four (11). Tous devaient assister aux offices, qui, les jours de grandes fêtes, étaient très solennels (12). Le cloîtrier devait toujours arriver le premier au chœur, et, en cette qualité, il recevait du prieur, chaque année, à la Toussaint, *quatre florins de roy pour son vestiaire* (13). Ce même cloîtrier ne pouvait être nommé que par l'abbé d'Aurillac (14).

Les articles qui suivent sont, presque tous, relatifs aux obligations du prieur envers ses religieux et à la nourriture de ces derniers. Il était tenu d'entretenir les toitures des chambres de ses moines, de faire, chaque jour, à minuit, la visite des cellules, afin de s'assurer qu'aucun d'eux ne s'avisait de découcher *et comme bon berger leur remonstrer bon exemple* (15). Il devait leur donner *du bon pain de pur froment*, provenant du *fournage* (16); — de la *meilleure qualité* de vin (17); — puis, suivant les époques de l'année, de *la viande salée* et du *vin pur à dîner*, mais *attrempé de quarte part au souper* (18); — de la viande fraîche, *du bon bœuf pour faire bon poutaige* (19); — *du bon motton et du porcept rostys* (20); — des *saucisses d'espiciers et des gallincs* (21); — du *bon poisson de Marseilhe*, des *carpes en saulse cu en gelée*, ainsi que *des noix cassées* (22); — de la viande de *cheuvrau* (23); — des *œufs et du fromaige* (24); — une *tailhe de pain et ung pot de bon vin* (25); — deux tiers de *bon motton avec le bœuf* (26); etc. etc.

Certains détails sont, particulièrement, remarquables. Tel est l'article concernant les *quêteurs (excepté les quatre mendiants)* (1) que l'on n'admettra point, *jusqu'à ce qu'ils ayent payé ung cartier de bon motton et que les dits quêteurs en mangent, avec ceux qui les conduisent, leur part* (27). Tel est, encore, cet autre article qui *permet aux moines de faire sillance au divin service, et, même, de protester, par main de notaire, si le Prieur vouldroit fausser ou dimynuer la table* .... (28).

Cette constitution fut reçue, avec bonheur, par la famille bénédictine de Saillans, car elle lui promettait une existence douce et tranquille. Elle lui était donnée comme obligatoire et à perpétuité, et, en vertu des termes mêmes de la la fondation, pour la bonne union et le salut de tous, pour répondre à l'affection du prieur qui désirait, vivement, vivre en bonne intelligence avec ses religieux. Ce règlement a été la charte monacale de notre Prieuré pendant des siècles.

Il fut *donné à Sailbans en la grande salle haulte de paradis,* c'est-à-dire sur la terrasse au-dessus de la nef de l'église et d'où l'on jouissait d'une vue splendide sur Rochecourbe (2).

---

(1) Les quatre ordres mendiants sont les Franciscains, fondés en 1208, les Dominicains en 1215, les Carmes en 1227, et les Augustins en 1256.

(2) On voit qu'il y a longtemps que Rochecourbe a des admirateurs. — La pièce fut signée par Jehan de Sucher et par Marchi, notaire. — Monseigneur Bouange, évêque de Langres, prélat de la maison de Sa Sainteté, assistant au trône pontifical, la cite tout entière (avec quelques variantes) dans *saint Géraud d'Aurillac et son illustre abbaye,* deux volumes in-8°.

Essayons, maintenant, d'esquisser l'organisation intérieure de notre cité au Moyen-Age.

§ III. *ADMINISTRATION INTÉRIEURE DE LA VILLE*

Le gouvernement de notre cité offrait, alors, un mélange de théocratie et d'autorité populaire; elle avait conservé quelques traits du municipe gallo-romain. De ces deux éléments, le premier domina d'abord, soutenu, qu'il était, par l'ascendant que donnaient au prieur sa position, ses lumières et l'exercice de sa charge. Mais l'autorité municipale, qui existait en germe depuis des siècles, s'alarma bientôt des conséquences de ce pouvoir, presque illimité, et voulut avoir sa part dans l'administration intérieure. Ses revendications devinrent plus pressantes, d'année en année, et l'évêque de Die dut, sans doute, appuyer les réclamations des habitants, car nous le voyons, en 1003, intervenir directement dans le débat et leur faire reconnaître, par le prieur, ou leur accorder lui-même, certaines « franchises et libertés » dont ils jouissaient, déjà, sous les Romains (1).

Ce fut une première victoire pour le régime municipal de Saillans; il fallut encore, à notre ville, beaucoup de

(1) Archives municipales. Section des Parchemins. Cette charte a pour titre : *Conceptions et libertés par le seigneur évêque y ayant 2 sceaux de l'évéché, de l'an mil-trois.* Nous regrettons bien vivement que ce manuscrit ait disparu de nos archives, car il nous eût permis de lever le voile qui couvre la constitution administrative de notre bourg et nous eût fait connaître Wulfalde, évêque de Die, en l'an 1000.

patience et de dévouement, pour obtenir ces « privilèges » nombreux, dont nos communes dauphinoises étaient si fières au XIIIᵉ siècle. Toutefois, comme les évêques de notre vallée, devenus nos seigneurs temporels, trouvèrent toujours les Saillantinois disposés à sacrifier leur fortune et à verser leur sang pour eux, ils leur accordèrent, spontanément, ces « franchises » que Valence, Gap, Embrun et Die leur avaient trop souvent arrachées par la violence.

Leurs remparts ayant été détruits par les Barbares, ils les reconstruisirent. Une enceinte de hautes murailles, percées de trois portes et défendues par un large et profond fossé, allant du Riosec à la Drôme, la montagne d'un côté et la rivière de l'autre, mirent la cité à l'abri d'un coup de main et lui assurèrent la clef du passage conduisant à Die. Ses intérêts matériels acquirent un prompt développement ; le commerce des laines, le flotage des bois, la fabrication des draps et la culture des terres occupaient ses habitants, et devinrent pour eux une source féconde d'aisance et de prospérité. Un siècle ne s'était pas écoulé, depuis la fondation du prieuré, et déjà l'activité, l'industrie, le travail et le patriotisme avaient fait de Saillans un bourg qui pouvait revendiquer une place honorable, parmi les communes du Dauphiné. Mais cette force et cette grandeur naissantes, étaient menacées d'une terrible et douloureuse épreuve : le fléau de la guerre allait désoler nos contrées, les appauvrir et décimer leurs habitants. Un conflit, provoqué par l'ambition et les rivalités des comtes de Poitiers et des évêques de Valence, mit tout le Diois en feu, attirant sur nos populations la dévastation, le pillage et l'anarchie. Saillans, par sa position, fut appelé à jouer un rôle actif dans cette longue guerre *des Episcopaux,* qui dura plus de deux siècles, et dont les péripéties, qui se reflètent sur ses annales, leur communiquent cet intérêt qui s'attache à toute action d'éclat (1).

(1) Abbé Vincent: *Notice historique sur Saillans.*

CHAPITRE III

§ I. LES ÉVÊQUES DE DIE ET LEUR PUISSANCE TEMPORELLE

LE Diois reçut, très probablement, les lumières du christianisme par quelques missionnaires envoyés de Lyon par saint Irénée, ou par l'un de ses successeurs immédiats. Vers l'an 220, suivant la tradition, le siège épiscopal de Die était occupé par saint Martius. Les invasions des Barbares et, en particulier, celle des Sarrasins en 730, retardèrent les progrès de la vie religieuse, mais, sous Charlemagne, elle reprit un nouvel essor, grâce à la protection qu'il accorda au clergé. Ce prince reprit les anciennes divisions territoriales en usage à l'époque de l'empereur Théodose. Aux cités furent substitués les *pagi majores* et les *pagi minores*, correspondant assez exactement, les premiers aux provinces ecclésiastiques et les seconds à nos différents diocèses. Des ducs avaient la haute administration des *pagi majores*, tandis que les *pagi minores* furent confiés à des magistrats décorés du titre de *comte*. Le *pagus Diensis* est mentionné, pour la première fois, dans un manuscrit du VIIIᵉ siècle. Telle est l'origine des comtes de Die. Pour contrebalancer le pouvoir fort étendu de ces officiers civils, dont la tendance était de s'affranchir, le plus possible, de la haute surveillance du souverain, Charlemagne conserva aux évêques une part active dans l'administration des affaires publiques, et une autorité capable de maintenir, dans de justes bornes, l'ambition croissante des princes et des seigneurs laïques. Les évêques eurent le droit d'assister à toutes les assemblées provinciales, où se discutaient les grands intérêts du pays, et, dans certaines circonstances, de les convoquer eux-mêmes. Plus tard, leur juridiction fut élevée au-dessus de celle des comtes et leurs jugements déclarés sans appel. Louis-le-Débonnaire alla plus loin encore : il affranchit leurs domaines de toute servitude et en fit autant de seigneuries indépendantes. Dès lors, les évêques furent des princes temporels, se servant, d'abord, de l'excommunication pour combattre leurs adversaires, puis, tirant l'épée et enrégimentant leurs vassaux, lorsque les foudres de l'Eglise ne réussissaient pas à réprimer l'ambition de leurs turbulents voisins, et ces derniers s'habituèrent si bien à ne voir dans leurs prélats que des hommes comme eux, qu'ils cherchèrent fort souvent à se soustraire à leur autorité et leur disputèrent, les armes à la main, quelques lambeaux de territoire. Les églises durent, dans ces conditions, se donner des évêques qui ne possédaient pas une grande mesure de douceur ni de charité, mais chez lesquels on trouvait de vrais talents militaires.

Leurs adversaires, d'ailleurs, étaient fort nombreux. Notre pays, d'abord incorporé au royaume de Bourgogne, en 855, avait, ensuite, fait partie du royaume d'Arles, en 958. A cette époque, le dernier de ses princes étant mort et les empereurs d'Allemagne, ses héritiers, étant trop éloignés pour faire valoir leurs droits à sa succession, on vit, tout-à-coup, surgir en tous lieux, des seigneurs pour s'arracher les lambeaux de l'héritage des Bosonides. Tel fut ce morcellement que, dans le seul territoire qui a formé notre département, il y eut bientôt dix-huit ou vingt princes laïques ou ecclésiastiques (1).

Les possessions des Poitiers, comtes de Valentinois, étaient, en particulier, fort enchevêtrées dans celles des évêques de Die. Crest, par exemple, appartenait par moitié à chacun d'eux. Il leur aurait fallu, à tous, un immense esprit de conciliation, pour ne pas se quereller constamment. Les prélats armèrent, souvent, leurs serfs et tenanciers; quelquefois, la victoire vint se ranger sous leurs étendards, mais ils perdirent, dans les combats, le caractère sacerdotal et sacré de leurs fonctions, et s'habituèrent à verser le sang de leurs adversaires politiques.

§ II. *LES POITIERS*
ET LEURS DÉMÊLÉS AVEC LES ÉVÊQUES

L'origine des Poitiers, qui se firent appeler de bonne heure *comtes de Valentinois*, a exercé la sagacité des historiens. L'opinion la plus vraisemblable, est celle qui se fonde sur une enquête, faite à Romans, en 1421. Deux témoins, Chabert, capitaine de la tour de Crest et Bertrand Robert, notaire impérial, *déclarent qu'ils ont ouï dire, que durant une guerre entre la comtesse de Marsanne et les évêques voisins, il était passé, à Montélimar, un surnommé de Poitiers, accompagné de plusieurs gens, qui, requis par la*

(1) Brun-Durand . *Dictionnaire topographique de la Drôme.* — Préface. — Paris, 1891.

VALLÉE DE BOURDEAUX. — RUINES DU CHATEAU DES POITIERS

comtesse, lui fit très grand secours ; en récompense de quoi elle lui donna sa fille en mariage (1). On ne sait si ce Poitiers descendait de ceux du Languedoc, ou de ceux d'Auvergne : quoi qu'il en soit, d'anciens documents permettent de croire qu'il s'appelait Aymar, et sa femme Véronique. Cette dernière appartenait, par sa mère, à la puissante famille des Arnauds, qui ont fondé Crest, Chastel-Arnaud et la Baume-des-Arnauds, dans le courant du Xe siècle. C'est par elle, que les héritiers d'Aymar étaient propriétaires de quelques châteaux, dans nos pays. Le premier d'entre eux, que nous voyons apparaître avec le titre de *comte de Valentinois*, vivait en 1186. Ambitieux, intelligent et peu scrupuleux sur le choix des moyens, il suscita mille embarras à Robert, évêque de Die, et continua, vigoureusement, ces long démêlés que ses successeurs firent durer jusqu'en 1354.

Pendant cette guerre interminable, la période dans laquelle Saillans fut appelé à jouer un rôle actif, est remplie par les épiscopats d'Amédée et de Guillaume de Roussillon, prélats, tout aussi peu accommodants, que leurs prédécesseurs Philippe de Savoie, Guillaume, son frère, et Guy de Montlaur (2).

---

(1) Voir Eugène Arnaud : *La tour de Crest* p. 16-17. — Marquis de Pisançon : *Guillaume de Poitiers*, dans le Bulletin, T. XVI p. 363. — Jules Chevalier : *Histoire de l'Eglise et de la ville de Die*, T. I. (Montélimar, 1888).

(2) Ces trois personnages ne s'engagèrent jamais dans les ordres de la cléricature, afin de pouvoir retourner un jour au monde. On eut alors le spectacle singulier d'évêques n'ayant pas été *ordonnés* (Chevalier : *Histoire de l'église et de la ville de Die*). Philippe de Savoie se maria, d'ailleurs, en 1267, avec Agnès de Méranie et mourut comte de Savoie, en 1285.

3*

§ III. *ROLE DE SAILLANS*
PENDANT LA GUERRE DES ÉPISCOPAUX

C'était en 1276, Amédée de Roussillon, un de ces prélats-chevaliers, comme nous en présente le Moyen-Age, venait d'être nommé à l'évêché de Die, par le pape Grégoire X. Sa haute intelligence, son attachement à l'Eglise, son courage et sa ténacité, lui eurent bientôt gagné tous les cœurs. Appartenant à une famille puissante, et fort estimé du Lyonnais, il rencontra un excellent accueil chez tous les seigneurs de nos contrées. En arrivant dans son diocèse, il eut à régler une vieille querelle, que son prédécesseur, Amédée de Genève, avait engagée avec Aymar de Poitiers. Voici en quelques mots ce dont il s'agissait.

Au sud-est de Bourdeaux, dans la vallée qui conduit à Bouvières, s'élevait sur un rocher d'un difficile accès, le village de Crupies. C'était une forteresse importante, à la possession de laquelle, l'évêque et le comte, attachaient une égale importance. Elle avait appartenu, par indivis, aux familles de Châteauneuf et de Bourdeaux. Isoard de Bourdeaux, héritier de la part des Châteauneuf, fit hommage à Aymar de Poitiers, pour cette portion du fief qu'il venait de rattacher à son domaine. Il feignit d'ignorer, sans doute, que la parerie des Châteauneuf relevait de l'évêque de Die. Amédée de Roussillon envoya, aussitôt, quelques soldats occuper le château. Aymar prit fait et cause pour Isoard, contestant les droits invoqués par le prélat. Amédée répondit en faisant arrêter deux vassaux du comte. Aymar répliqua en capturant quelques gentils-

BOURDEAUX. — RUINES DU CHATEAU DES POITIERS

hommes qui combattaient pour la cause de l'Eglise et en ravageant les domaines du prélat. Le duc de Bourgogne offrit sa médiation; elle fut acceptée. Le 14 avril 1276, Amédée et le comte s'accablèrent réciproquement de reproches devant le duc; puis, ce dernier, après avoir entendu les deux plaideurs, divisa le fief en deux parts, en donna une à chacun des adversaires et autorisa Aymar à mettre une garnison dans le château-fort; ensuite, il leur ordonna de mettre, immédiatement, leurs prisonniers en liberté (1).

Cette affaire terminée, l'évêque revint dans notre vallée. Le pape Grégoire X avait réuni les deux diocèses de Valence et de Die, le 25 septembre 1275, afin de leur permettre de se soutenir mutuellement contre les entreprises des Poitiers. Amédée songea, tout d'abord, aux mesures à prendre, pour assurer la liberté des communications, entre ses deux villes épiscopales. La route qui conduisait à Die offrait de grandes difficultés : en beaucoup d'endroits, quelques hommes, seulement, auraient suffi à barrer le passage à une armée. Le Pas de l'Echarenne, un peu au-dessus de Saillans, était le point où la nature avait accumulé les obstacles. On ne pouvait pénétrer alors dans cet étroit défilé où la Drôme a creusé son lit, qu'en gravissant péniblement les rochers, pour descendre, ensuite, de l'autre côté, dans la vallée, par une voie non moins périlleuse.

Le bourg fortifié de Saillans gardait le Pas de l'Echarenne et pouvait être considéré comme une des portes du Diois. Ayant appris que son adversaire, Aymar, avait essayé, au mois de novembre 1227, d'attacher les habi-

---

(1) Abbé Jules Chevalier : *Amédée de Roussillon.*

tants à sa cause, en exemptant toutes « leurs marchandises et denrées » des droits de péage qu'il percevait à Quint et à Pontaix, deux seigneuries de ses domaines (1), Amédée de Roussillon chercha à supplanter son rival et gagna si bien leur amitié et leur confiance, qu'ils le soutinrent, désormais, dans ses guerres, avec une inébranlable fidélité.

Ainsi, que nous l'avons vu, l'autorité temporelle et spirituelle appartenait, dans notre cité, au prieur, et celui-ci relevait de son supérieur hiérarchique, l'abbé du monastère de Saint-Géraud d'Aurillac. L'évêque promit aux religieux et aux habitants, de sérieux avantages, pendant qu'il entamait avec l'abbé d'Aurillac des négociations qui devaient aboutir, plus tard, à faire de Saillans un fief du diocèse de Die.

Ardent à la poursuite de ses ennemis, il savait récompenser ceux qui lui demeuraient fidèles. C'est ainsi que le 9 décembre 1276, pour témoigner sa reconnaissance aux Saillantinois, de l'avoir vaillamment servi durant sa lutte contre Aymar de Poitiers, il accorda différents priviléges à Aymar, prieur de notre ville, et approuva la cession de Véronne et de la Bâtie-d'Aiguebelle, faite en 1244, par

---

(1) « Sont encore, les habitants de Saillans, exempts des péages de
« Quint et le Pontaix pour toutes sortes de marchandises, de denrées
« quelconques, en y allant ou retournant, sans payer aucun droit, et à
« la forme de leurs possessions de tous temps observées, en conséquence
« de la concession à eux faites par Aymar de Poitiers, comte de Valen-
« tinois et Diois, seigneur des dits Quint et Pontaix... au mois de
« novembre 1227, devant l'église Notre-Dame de Saillans (place de la
« Daraize). — Le dit acte est un parchemin où est pendant un grand scel
« de cire jaune sur lequel paroit, d'un côté, un homme à cheval tenant
« une épée à la main, avec le nom d'Aymar de Poitiers à l'entour et de
« l'austre costé un soleil. » (Archives de l'évêché de Die, non classées.
— Valence. Chambre des Comptes).

Humbert, évêque de Die, au prieur Pierre de Cigotier. Par l'intermédiaire des deux syndics, Hugues de Ferrage et Almérat, il donna aux habitants le droit d'user librement des forêts, pâturages et cours d'eau appartenant au prélat, dans les territoires de Véronne et de Mirabel, *à la condition qu'ils serviraient Sa Grandeur en la guerre qu'il avoit contre Aymar de Poitiers à leur frais et despens, depuis la Droume jusques au Rosne et sous la prestation de l'hommage au dit évesché* (1). La haute et moyenne justice devait appartenir au prieur. Enfin, Amédée s'engagea à ne pas conclure la paix avec son ennemi, sans avoir obtenu de celui-ci, une juste compensation pour les dommages causés aux habitants pendant la dernière guerre.

Si le prélat se montrait si généreux envers notre cité, c'est qu'il devait bientôt lui demander de nouveaux sacrifices. Son humeur aventureuse l'engagea, en effet, dans une nouvelle querelle.

Un certain Silvion, de Crest, appartenant à l'illustre famille des Arnauds, qui avaient fondé cette ville vers l'an 900, était seigneur de ce lieu, d'Aouste, de Divajeu, de Saint-Médard, de Bétone et de Lambres, sous la dépendance de l'évêque de Die, dont un Arnaud s'était déclaré vassal, le 15 août 1145. Or, il se trouvait qu'en vertu d'un

---

(1) Archives municipales de Saillans. Section des manuscrits. L'acte fut passé à Die, « par Me Abbas, notaire, dans la chambre épiscopale ». — Quelques difficultés s'étant élevées sur la contenance des deux seigneuries, les syndics de Saillans, le 20 janvier 1400, plantèrent des limites avec *Aymar et Amédée Berlhions frères, fils de Guichard, seigneur de Véronne et d'Ourches.* — Le parlement de Grenoble confirma, le 2 février 1612, les privilèges qu'Amédée de Roussillon avait accordés aux habitants de notre ville.

traité du 1ᵉʳ octobre 1201, André, dauphin de Viennois, avait obtenu les droits des évêques de Die, sur tous les fiefs de Silvion, sous la réserve de l'hommage féodal. Au mois de mars 1267, Guigues VI transmit ses droits à Aymar III de Poitiers. Il résulta de là, une situation singulière pour les évêques de Valence, à cause de la réunion des deux diocèses; l'évêque de Valence, succédant aux droits de Silvion de Crest, était feudataire des comtes de Poitiers; le même prélat, en temps qu'évêque de Die, était seigneur-suzerain du Dauphin et, par là, d'Aymar de Poitiers, associé aux droits de ce dernier (1).

Aymar mourut, laissant à son fils, Aymar IV, tous ses châteaux, parmi lesquels on comptait Grane, Crest, Quint, Pontaix et Saou. Le jeune homme, dont l'habileté égalait la vaillance, chercha des alliés autour de lui, et le 12 juin 1277, il fit hommage au Dauphin pour une partie de ses vastes domaines; c'était se ménager un allié puissant, en cas de danger. Quelques semaines après, le belliqueux Amédée, ayant élevé des prétentions sur Crest, Divajeu et Aouste, la guerre éclata.

On s'y prépara, des deux côtés, avec une ardeur qui faisait prévoir une lutte sérieuse et acharnée. Aymar de Poitiers avait, dans son parti, Guigues de Bérenger, seigneur de Royans; Giraud Adhémar, seigneur de Montélimar; Reymond, seigneur de Châteauneuf-d'Isère, et Perceval, noble rejeton des anciens comtes de Die.

Le bouillant prélat appela à lui le ban et l'arrière-ban de ses fidèles montagnards du Diois, et leur donna rendez-vous dans sa ville épiscopale.

______

(1) Abbé Jules Chevalier: *Amédée de Roussillon.*

Dans l'été de 1277, son armée se dirigea sur Saillans. On voyait sur la route étinceler les armes des chevaliers et des soldats. Amédée inspirait à tous, par sa seule présence, un courage indomptable; un héraut portait devant lui son étendard; lui-même, venait, ensuite, entouré de ses gentilshommes et suivis d'archers, de piquiers et d'arbalétriers. Les casques, les cuirasses, les épées, miroitaient au soleil. Avec sa barbe en désordre, longue et flottante, ses cheveux hérissés (1), sa cotte de mailles, ses brassards, ses cuissards, sa masse d'arme, il ressemblait à l'un des anciens preux de la Table-Ronde. —Arrivé dans notre cité, il passa la revue des troupes qu'elle devait lui fournir, en vertu du traité de 1276, les incorpora dans ses compagnies et se dirigea sur Aouste.

Au bout de trois jours, les habitants se rendent et livrent soixante prisonniers. Au lieu de continuer hardiment sa route sur Crest, il rebrousse chemin, remonte la vallée de la Drôme, et va mettre le siège devant Espenel et Barri (Vercheny). Il dresse, contre leurs remparts, des machines de guerre, et leurs défenseurs sont bientôt dans une situation désespérée. De là, poursuivant le cours de ses succès, l'évêque se présente devant Pontaix, un des châteaux les mieux fortifiés du Diois, et s'en empare malgré une résistance héroïque.

Pendant ce temps, le comte de Poitiers ne restait pas inactif, et ses troupes remportaient de plus précieux avan-

---

(1) *Nouveau Nazaréen, il ne voulut jamais se raser ; au milieu des chevaliers et des clercs à la chevelure si soignée, il apparaissait avec des cheveux en désordre, avec une barbe longue et négligée,* d'après un contemporain. Abbé Chevalier, op. cit.

LA VALLÉE DE LA DROME A ESPENEL

tages, encore. Bourdeaux, Crest, Divajeu se rendirent, et les garnisons épiscopales en furent chassées.

Bientôt, Guigues de Bérenger se présenta devant Saillans. Les habitants se défendirent avec l'énergie du désespoir, sachant qu'ils n'avaient rien à attendre de la clémence du vainqueur; mais, malgré leur courage, la place fut emportée d'assaut et livrée au pillage.

L'évêque eût, alors, recours à la diplomatie: avec de l'or et de belles promesses, il réussit à rallier à sa cause Giraud Adhémar, comte de Montélimar. Tranquille de ce côté, il revint sur Saillans et en reprit possession, les armes à la main.

Telle était la situation respective des deux partis, au commencement de l'année 1278. L'évêque et le comte tâchaient de se faire le plus de mal possible; les paysans voyaient leurs champs dévastés, et nul ne pouvait encore prévoir quand finiraient tous ces désordres. Le pape fit, alors, entendre des paroles de paix et de conciliation, elles furent repoussées. Mais Humbert de la Tour du Pin, le futur héritier du Dauphin, s'étant emparé du château de Pizançon, près de Romans, Amédée ne pouvant plus lutter contre deux ennemis à la fois, devint plus accommodant. Il écouta les propositions du roi de France, Philippe-le-Hardi, qui s'offrait comme médiateur. Le comte et le prélat, sur les observations du connétable de France, Humbert de Beaujeu, et de l'évêque de Langres, délégués du roi, signèrent un traité, le 27 mai 1278, d'après lequel Amédée dut abandonner Pontaix, Barri, Espenel et le comte, Divajeu, Bourdeaux et la moitié de Crest; mais, en même temps, ils convinrent de prendre une année entière, pour que chacun eût le loisir de bien démontrer ses droits respectifs aux délégués. C'était laisser la porte ouverte à de nouvelles et sanglantes contestations.

En effet, bientôt après, le fougueux prélat élève des prétentions sur le Prieuré de Saint-Médard, à Piégros-la-Clastre et veut le soumettre à la juridiction de l'abbé de Saint-Ruf, l'unissant, ainsi, aux propriétés du monastère de Valence. Les chanoines refusent énergiquement d'obtempérer à ses désirs : Amédée envoie, aussitôt, une compagnie de soldats ; les religieux sont violemment expulsés de leur cloître et remplacés par des clercs séculiers. Puis, apprenant que le comte de Poitiers se dispose, en vertu d'un droit de patronage qu'il possède sur le prieuré, à intervenir dans la querelle, il entoure les bâtiments claustraux de remparts énormes, flanqués de tours formidables.

En apprenant cette exécution, Lantelme, prieur de Sainte-Croix, se place aussitôt sous la protection de la maison de Poitiers.

L'année suivante, en 1279, le belliqueux prélat attaque les Romanais, révoltés contre leur chapitre, et en fait pendre quelques-uns : il en agit de même, quelques mois après, avec les bourgeois de Saint-Paul-Trois-Châteaux, qui avaient eu la témérité de chasser leur évêque et d'adopter une sorte de gouvernement républicain, en plein Moyen-Age.

Entre temps, il prête les mains au rapt de Guillaume de Montferrat enlevé sur les terres de l'évêché de Valence, et s'en constitue le gardien. Blâmé, sévèrement, par le pape Nicolas III, pour cette acte de félonie, il ne consent à rendre son prisonnier que contre bonne rançon.

En 1280, il reprend la campagne contre les Romanais révoltés contre leurs chanoines. A l'aide des milices fournies par Die et Saillans, il renverse leurs tours, et détruit leur hôpital, sans parvenir, cependant, à soumettre ces bourgeois indisciplinés. Il revient, après l'hiver, et recommence un siège terrible. Ne pouvant pas, décidément, s'emparer de leur ville, il essaie l'arme de l'excommunication. — « Pendant huit jours et huit nuits, il fait le tour de leurs remparts, prononçant des paroles de malédiction et d'anathème (1) ». Les habitants lui répondirent, quelques mois après, en lui dressant une embuscade, dans laquelle il tomba : ils taillèrent en pièces ses troupes et le poursuivirent, l'épée dans les reins, jusqu'à Alixan, où il se réfugia. Ce rude batailleur mourut d'une fièvre tierce, à Die, la même année, et ses vassaux respirèrent. Un petit nombre, seulement, de Saillantinois, retournèrent dans les montagnes de la Drôme : les os de leurs frères d'armes blanchirent dans les plaines de Romans.

Jean de Genève remplaça Amédée de Roussillon. Le comte de Poitiers traita avec le nouvel évêque, et même épousa sa sœur, Polie de Bourgogne, dame de Saint-Vallier. Manants et tenanciers, furent rendus à leur tâche.

Chaque cité s'occupa à réparer les pertes qu'elle avait subies, pendant ces interminables querelles. A ce travail de rénovation, il aurait fallu la certitude de ne plus être troublé dans l'avenir ; malheureusement, cette confiance manquait. Les regards attentifs voyaient poindre, à l'horizon, de nouvelles tempêtes. Le calme n'était déjà plus qu'à la surface et, déjà, grondait le vent qui précède l'orage.

____

(1) Abbé Chevalier, op. cit. p. 57.

PIÉGROS

Guillaume de Roussillon succéda, en 1297, à Jean de Genève, et une nouvelle guerre de huit années, interrompue par des trèves ménagées par le dauphin Humbert-de-Viennois, et le pape Boniface VIII, vint désoler nos contrées. Deux fois, les domaines de l'évêque furent envahis par Aymar IV : la violence appelait la violence. Le prélat arma ses vassaux, leva des subsides et soutint énergiquement les droits et les prérogatives de son siège. Les places fortes et les châteaux du Diois, non encore relevés de leurs décombres, se virent assiégés, pris et repris. Saillans eut beaucoup à souffrir dans cette levée de boucliers. Il fut pillé et mis à sac par une soldatesque effrénée. Le traité d'alliance offensive et défensive, signé avec l'évêque, bien loin de le protéger, efficacement, contre les horreurs de la guerre, était, peut-être, ce qui dirigeait les armes du comte de Valentinois contre le bourg. Du reste, la garnison épiscopale et les habitants eussent-ils été assez forts pour conjurer le danger et repousser les ennemis, la ville aurait été tenue de fournir de l'argent et des soldats à son allié.

Une transaction, passée le 12 des calendes de décembre, 1299, prouve, en effet, que notre cité fut fort éprouvée. Elle avait pour but de faire droit à certaines réclamations élevées par Ponce du Cheylard, prieur de Saillans. Ponce s'était élevé à la hauteur des circonstances, et avait quitté la paix du cloître pour sauvegarder les intérêts d'un bourg, longtemps inféodé à son prieuré. Son patriotisme lui faisait un devoir, d'ailleurs, d'essayer de le garantir de nouveaux pillages. Il se constitua gouverneur de Saillans, d'Espenel, de Chastel-Arnaud et de Plan-de-Baix.

Tant que dura la crise, il déploya la plus grande activité pour éloigner l'invasion de notre pays. Lorsque la paix fut signée, en 1305, il réclama, à Guillaume de Roussillon, cinq-cents livres d'argent, pour les dommages que notre pauvre cité avait éprouvés, à la suite de ses démêlés avec Aymar de Poitiers. Le prélat aurait bien voulu faire droit à une demande si légitime : les remparts ébréchés, les tours découronnées de notre ville, lui disaient fort éloquemment combien elle avait souffert : Espenel, Chastel-Arnaud et Plan-de-Baix n'étaient pas dans une meilleure situation. Mais la caisse de l'évêché était vide, les revenus de ses deux diocèses lui avaient, à peine, permis de couvrir les frais occasionnés par la guerre. Toutefois, il s'engagea à indemniser Saillans, mais non les trois autres villages, sur lesquels il refusait, absolument, au prieur les droits de gouverneur. Une pension annuelle de cinquante livres viennoises, prélevées sur les terres de Barnave, de Montmajour et de Gensac, fut arrêtée au profit de Ponce. De plus, l'évêque consentit à lui conférer, pour lui et ses successeurs, le titre d'un office important attaché au chapitre des églises de Valence et de Die.

Ce traité, inspiré par les circonstances, portait un caractère de provisoire qui en appelait un second, dont les clauses ne laisseraient subsister aucun genre de division et de rivalité. Comme on le sait, Saillans relevait de l'abbaye d'Aurillac. D'autre part, nous avons vu les habitants signer un traité d'alliance avec Amédée de Roussillon, accepter ses bienfaits et s'obliger à le soutenir, lui et ses successeurs, dans les guerres qu'ils entreprendraient. Les évêques considéraient, un peu, la cité comme faisant partie de leurs domaines, puisqu'ils y levaient des hommes et de l'argent. Le prieur voyait son autorité diminuer de jour en jour: un malentendu, un acte purement administratif, la nomination d'un officier, pouvait soulever de sérieuses difficultés.

Guillaume de Roussillon et l'abbé d'Aurillac, Pierre Draconnet, désirant faire cesser toutes ces rivalités, signèrent, la même année, le 12 décembre 1299, une transaction dont le résultat fut de transformer Saillans en fief de l'église de Die. L'abbé cédait la haute-justice, les hommes-liges, à *l'exception de dix*, et tout ce qui constituait sa suzeraineté. Il réservait au prieur de Saint-Giraud les dîmes, les offrandes et quelques censes féodales. La judicature fut aussi modifiée dans le sens du traité. Les premières sentences appartenaient à l'abbé, mais si l'on appelait du jugement rendu par ses officiers, le second était porté au tribunal épiscopal.

L'autorisation donnée au prélat, de construire un château-fort dans l'étendue du territoire, renfermait une clause qu'il est bon de signaler, comme l'expression d'un sentiment de défiance, à l'égard de la domination future des évêques de Die, c'est que le donjon ne serait pas construit dans l'enceinte du prieuré (1). En retour de ces con-

---

(1) ..... *ita tamen quod predictum fortalium infra septa seu dicti Prioratus ambitum facere non possitis.* Cette tour carrée, dans le genre de celle de Crest, fut vraisemblablement construite en avant du pont du Riosec. Les débris de maçonnerie que l'on remarquait encore il y a quelques années, vers la maison de M. Cour, en sont peut-être les derniers vestiges. — Voir Columbi, 154, — Valbonnais T. II, p. 90, — Jules Olivier: *Notice historique sur quelques lieux du département de la Drôme (Saillans), Annuaire de 1837,* — Abbé Vincent: *Notice sur Saillans.* p. 20.

cessions, Guillaume offrit à l'abbé d'Aurillac l'investiture de la terre de Chamaloc, ou de celle de Barnave, et maintaint le prieur dans le rang et la dignité de chanoine des églises de Valence et de Die. Le dernier article fut une stipulation en faveur des libertés et franchises de Saillans. Le prélat jura de les garder et de les faire observer par tous ceux qui dépendraient de son autorité. Pour plus de sûreté, les habitants passèrent l'année suivante un traité particulier avec lui.

Telle fut l'origine du pouvoir temporel des évêques de Die sur notre ville. Leur étendard remplaça le pennon de Saint-Géraud et des abbés d'Aurillac, et leurs armes furent sculptées sur les portes du bourg, comme signe et emblème de leur suzeraineté. La puissance du prieur se trouvant réduite et bornée à quelques droits féodaux, toute lutte rivale devenait impossible. Les tiraillements cessèrent et disparurent sous l'empire qu'exerçaient autour d'eux les successeurs de Guillaume de Roussillon (1). Ce changement profita au bien-être des Saillantinois. Délivrés de ces secousses et de ces agitations intérieures, qui naissaient du conflit de deux pouvoirs se disputant la domination, ils tournèrent leurs efforts vers le développement de leurs franchises et de leurs privilèges municipaux.

____

(1) L'un d'eux, Pierre de Châtelus, ne fut pas heureux dans ses guerres. Malgré le courage des Diois et des Saillantinois, les troupes épiscopales furent complètement défaites, à Eurre, par le comte de Valentinois, eu 1349. — Chorier, II, 320-21-22.

SAOU. — CHATEAU DE L'HOTEL D'EURE

CHAPITRE IV

§ I. *ADMINISTRATION INTÉRIEURE DE LA CITÉ*

u Moyen-Age, Saillans nous offre le spectacle d'une ville se gouvernant par elle-même, acceptant la suzeraineté des évêques de Die et leur payant certaines redevances pour leur protection, mais jouissant d'immunités fort étendues. Pendant que, dans d'autres cités, tout se mouvait au gré de l'arbitraire et des passions, notre pays avait le régime communal dans toute sa plénitude. Il possédait, dans ses chartes, une législation empreinte de cette indépendance, qui rappelait les municipes romains, et que chaque évêque, en entrant en charge, venait jurer solennellement d'observer dans l'église Sainte-Marie-du-Bourg. Habitués à ne compter que sur eux-mêmes, dans l'administration locale, les Saillantinois acquirent, promptement, ce grand esprit d'initiative et ce caractère judicieux et sensé qui les distinguèrent toujours, et qu'ils conservèrent même sous les rois de France.

Ils se réunissaient, chaque année, en assemblée générale, dans l'église Sainte-Marie-du-Bourg, et nommaient, par acclamation, un conseil composé de huit notables et de deux syndics-procureurs, « tous hommes pieux, discrets et vénérables ». Les nouveaux élus, mettant une main sur leur cœur et l'autre sur un *évangéliaire* copié par les bénédictins du prieuré, prêtaient serment de gérer avec fidélité les affaires de la commune, et d'inscrire avec soin, « sans oublier un seul nom », sur leurs petits cahiers (1), la part proportionnelle des dîmes que chaque habitant devait payer au prieur et à l'évêque.

Dans les circonstances solennelles, on adjoignait à ce conseil, deux procureurs de la noblesse et deux du clergé. Ce Parlement en miniature tenait gravement ses séances dans l'église de la place de la Daraize, et délibérait avec un bon sens, un sérieux et un esprit d'équité que nous admirons encore de nos jours. Nos pères avaient au plus haut degré le respect d'eux-mêmes et celui des autres.

A ces garanties d'ordre et de sécurité, ajoutons une judicature impartiale autant qu'éclairée, exercée paternellement par les officiers publics de nos prélats, une milice fortement organisée défendant les remparts, et nous comprendrons le rôle important que Saillans fut appelé à jouer au XIV\ siècle.

Le 23 août 1300, Guillaume de Roussillon, évêque de Die, reconnut toutes les « franchises » de la cité, et en fit

---

(1) On les appelait des *pouillés*, de *pullus* petit, en latin.

rédiger un acte fort étendu. Voici le résumé de cette charte qui, complétée par celle du 19 avril 1328, a été le code de loi de la cité, pendant plus de trois siècles (1).

CHARTE DE 1300

» Guillaume de Roussillon, par la permission divine, évêque de Valence et de Die, à tous les hommes fidèles en Christ !

» Comme nous considérons la fidélité et l'affection que les habitants de la ville et du camp de Saliens nous ont toujours montrées, ainsi qu'à nos églises de Valence et de Die, et, d'autre part, comme nous voyons qu'ils sont continuellement molestés par les ennemis de nos églises, et que leur ville est précisément située au milieu des adversaires de nos paroisses.......

» 1° Nous leur reconnaissons et maintenons les privilèges dont ils ont joui de tout temps et qui sont ceux qui suivent :

» 2° Le créancier ne sera obligé de produire un écrit que pour la revendication d'une dette supérieure à 60 sols viennois;

» 3° Le juge de l'évêque ne pourra poursuivre personne en justice, sans que le coupable ait été dénoncé, et qu'il y ait quelqu'un pour soutenir l'accusation. On excepte toutefois l'homicide, le vol et le rapt;

(1) Nous devons à M. l'abbé Chevalier, dont l'exquise obligeance égale l'érudition, la traduction des 90 parchemins des archives de Saillans. Nous sommes heureux de lui en exprimer publiquement notre vive et sincère gratitude.

» 4° L'évêque ne peut établir par lui-même, ou par ses officiers, aucun impôt.

» 5° Il ne peut exiger des habitants qu'ils fournissent le logement à ses gens ;

» 6° Quand l'évêque est en voyage, on ne peut demander aux habitants un logement et des vivres que contre paiement ;

» 7° Les habitants de Saliens peuvent, de leur autorité privée, arrêter et constituer prisonnier le débiteur insolvable étranger à la localité ; mais, s'il donne des garanties et promet de comparaître en justice, on devra le mettre en liberté ;

» 8° Quand l'utilité publique demandera qu'on lève une taille, les syndics commenceront par prêter serment, et prendront l'engagement de ne consulter que leur conscience, dans la répartition de l'impôt ; on établira ce dernier sur la valeur des biens patrimoniaux ;

» 9° Les objets achetés de bonne foy au marché public, ne seront point sujets à répétition ;

» 10° Les dépôts seront inviolablement respectés ;

» 11° Celui qui voudra quitter le territoire de Saliens pourra librement vendre ses biens en payant les droits de lods ou de mutation ;

» 12° Tout habitant, parvenu à l'âge de puberté, peut librement faire son testament. Il lui est permis de disposer de ses biens, mais, s'il a des ascendants, il devra leur laisser une part convenable qui ne dénote point chez lui de l'ingratitude ;

» 13° La succession de celui qui meurt sans testament sera recueillie par le parent le plus rapproché, dans l'arbre généalogique de sa famille ;

» 14° Si l'évêque convoque les habitants de Saliens à quelque chevauchée, ce sera à ses frais;

» 15° Les habitants, à tour de rôle, devront faire le guet (1). Ils pourront être requis pour des patrouilles: celui qui manquera sera remplacé d'office et à ses frais;

» 16° Les habitants pourront nommer des syndics, et nous nous engageons à reconnaître leur autorité, pourvu qu'ils soient capables;

» 17° Nous déclarons ne jamais imposer de peines et d'amendes, sans qu'il y ait eu débat contradictoire et jugement;

» 18° Les habitants pourront faire moudre leur blé où bon leur semblera, même en dehors du territoire de Saliens;

» 19° Si nous avons, pour une cause personnelle, à poursuivre en justice un de ses habitants, le juge de la ville devra s'adjoindre un homme probe de la localité, et à eux deux ils jugeront l'affaire;

» 20° Les habitants peuvent hypothéquer leurs biens, mais il leur est défendu d'emprunter quoi que ce soit à Aymar de Poitiers et à ses gens;

» 21° Ils peuvent affermer leurs terres et les donner à mi-fruit;

» 22° Il leur est permis d'échanger une terre contre une autre, sans payer aucun droit de mutation;

» 23° Le châtelain (fermier), le juge et les autres offi-

---

(1) Nous voyons dans un parchemin de 1368, que les Saillantinois obligeaient les *servants* du cloître, à monter la garde, à leur tour, sur les remparts et aux 3 portes de la cité, ce dont se plaignait vivement le prieur.

ciers de l'évêque, devront prêter serment, à leur entrée en charge ;

» 24° Toutes les libertés anciennes du bourg, notamment celles accordées par feu Géraud, abbé d'Aurillac, et par Amédée de Roussillon, sont confirmées.

» (Donné à Aouste, à la demande de Jean Passamarc et Arnaud du Four, syndics de Saliens. — Témoins : Etienne de Gervanne, curé de Saint-Jean-d'Aubenas (son); Humbert de Mirabel, clerc; Jarenton de Mirabel et Ruffon d'Albon, damoiseaux, et Pierre, clerc et notaire public). Original parch. 72 lignes et demie. »

(Archives de la Commune).

Aymar V de Poitiers ayant recommencé, sous un léger prétexte, la guerre contre Guillaume de Roussillon, ce dernier appela à son secours ses fidèles Diois et ses Saillantinois. Soutenus par les soldats d'Albert de Sassenage, que notre évêque avait réussi à gagner à sa cause, nos braves montagnards se battirent si bien, qu'ils firent prisonnier le comte de Valentinois lui-même. Le prélat fut si profondément touché du courage et de l'abnégation que les habitants de Saillans avaient montrés dans la dernière guerre, qu'il résolut de leur témoigner sa reconnaissance, d'une manière éclatante. Il leur accorda les mêmes franchises que celles dont jouissait la ville de Die.

Aussi, la charte du 29 avril 1328, renferme ces mots qui sont le plus bel hommage rendu à la loyauté et à la vaillance de tout un peuple :

« Guillaume de Roussillon, évêque de Valence et de Die, désireux de témoigner sa gratitude aux habitants de

Saliens, pour les services qu'il en a reçus pendant ses guerres, et voulant aussi leur venir en aide, parce que leur territoire assez restreint se trouve enclavé dans les domaines du comte de Valentinois, pour eux et pour lui, un ennemi redoutable, leur accorde les avantages et privilèges suivants :

» 1° Les habitants de Saliens seront assimilés aux habitants de Die, et jouiront de tous les privilèges de ces derniers tant à Saliens qu'à Die ;

» 2° Un marché public se tiendra tous les lundis à Saliens et jouira des mêmes privilèges que celui de Crest ;

» 3° Deux foires sont établies à perpétuité dans le bourg de Saliens : la première, le premier jour des Rogations (mai) ; la deuxième, le jour de la fête de saint Géraud (octobre) avec autorisation de continuer les jours suivants. Ces foires seront réglées par les mêmes lois, privilèges et coutumes que celles de Die.

» 4° Toutes les marchandises apportées ou vendues, seront affranchies de toute espèce de leyde et d'impôt.

» 5° Tous les marchands qui se rendront à ces foires sont pris sous notre sauvegarde, trois jours en venant, trois jours pendant et trois jours en se retirant. Ordre est donné à tous nos baillis, châtelains et autres officiers, de protéger ces marchands pendant ces neuf jours ;

» 6° Pour les poids et mesures on se conformera aux usages de Crest. Ils porteront notre marque.

» (Donné à Aouste dans le verger du prieuré de Saint-Pierre, le vendredi après la fête de Saint Georges... — Témoins : Messire Jehan Pomey, doyen de Die ; messire Hugone Ruppis, chanoine de Saint-Pierre du bourg de

Valence ; messire Giraud Genton, prieur de Saliens ; messire Ponce Chalas, prieur d'Aouste, noble Mathieu de Die, châtelain de Crest, et Pierre Teytoris d'Aouste, notaire public (1).

» Original parchem. 63 lignes ; sceaux de l'évêque et du chapitre. »

Les successeurs de Guillaume de Roussillon tinrent à honneur, en entrant en charge, de faire le serment qu'ils respecteraient toujours les privilèges des Saillantinois : Aymar de la Voûte, en 1331, 10 juin ; Henri de Villars, en 1338 (n. s.) 12 février ; Pierre de Châtelus, en 1344, 16 août ; Louis de Villars, en 1354, 29 septembre ; Guillaume de la Voûte, en 1379, 10 août (2) ; Amédée de Saluces, en 1390, 5 octobre ; Jean de Poitiers, en 1401, 7 mars ; Louis de Poitiers, en 1448, 20 janvier ; Antoine de Balzac, en 1475 ; Jean de Montluc, en 1544.

Le châtelain de l'évêque, son courrier (intendant), et

____

(1) Ce fut à la suite de cette concession que les habitants de Saillans firent transcrire, pour être conservés dans leurs archives, les chartes et privilèges octroyés jusqu'alors aux habitants de Die à qui ils étaient désormais assimilés. Aussi, trouvons-nous, dans notre ville, toute une série de *vidimés* (ou copies authentiques visées par l'official de l'évêque) des chartes municipales de Die. Celles que nous possédons sont des années 1218, 1er juillet ; 1240, 28 mars ; 1240, 9 juin ; 1298, 31 décembre : 1315, 14 juillet ; 1321, 8 juillet. Il est à remarquer que les Diois arrachèrent, par la violence, les premières de ces franchises à leurs évêques : Didier de Lans, Humbert IV, et même Guillaume Roussillon, — au lieu que les Saillantinois les gagnèrent sur les champs de bataille en défendant leurs protecteurs.

(2) L'acte de 1379 porte la signature du prélat : c'est le plus ancien autographe connu d'un évêque de Valence. Guillaume de la Voûte avait joué un grand rôle l'année précédente, dans la nomination d'Urbain VI dont l'élection fut contestée. On opposa à ce pontife, Clément VII, d'où naquit le grand schisme d'Occident. Guillaume avait eu à Rome la garde du conclave.

son vi-courrier, ses sergents et, en général, tous ses officiers étaient tenus de prêter le même serment à leur entrée dans notre cité (1).

A toutes ces forces morales qui se dressaient comme une barrière à l'encontre de l'arbitraire, de l'injustice et du désordre, il faut ajouter les moyens de défense que présentaient les fortifications de Saillans. D'épaisses murailles, flanquées de la *Tour Magne*, et d'autres tours élevées de distance en distance (2), environnaient la cité, fermaient les passages, et lui donnaient cet aspect guerrier qui caractérisait au Moyen-Age les mœurs et l'état social. Une milice fortement organisée, non-seulement mettait le bourg à l'abri d'un coup de main, mais encore lui permettait de rendre, à l'occasion, des services signalés à la cause de ses évêques. Pendant les troubles et les dévastations de la *Jacquerie* et des *Grandes Compagnies*, six mille bretons se rendant en Italie, vers 1375, assiégèrent et prirent Soyons. L'évêque de Die, seigneur de ce domaine, leva le ban et l'arrière-ban de ses vassaux, pour en chasser l'ennemi. Les Saillantinois unis aux Diois se battirent avec leur bravoure habituelle, mais le nombre des bandits triompha de leur valeur.

---

(1) Archives municipales de Saillans: section des manuscrits. Pour prêter ce serment, le châtelain montait sur une table, afin de bien être vu et entendu de tout le monde.

(2) L'une d'elles gardait l'entrée de la vallée de Véronne. Dans une transaction du 1er décembre 1417, on lit ces mots: *Pierre de Montfort, barbier, et Jean-André le Vieux donnent, au nom de la commune, à Pierre Dufour et à Jean Obole, une petite place ou un petit passage qui se trouve en dehors de la ville, vers la tour proche de la porte d'entrée (du* Riosec)*; de là, le nom de «* La Tour *» qui a été donné à tout ce quartier de Saillans.

Le prélat fut obligé de racheter Soyons à prix d'argent, et de permettre à ses soldats d'accourir défendre leurs foyers menacés par les *Rouliers* et les *Ecorcheurs*. Mais, que pouvait le courage d'une poignée d'hommes contre des milliers de brigands?... Saillans fut pris et rançonné plus d'une fois; les campagnes furent dévastées et les fermes incendiées.

Plusieurs villes voisines demandèrent alors, instamment, aide et protection au roi de France : les habitants de notre cité, habitués depuis longtemps à n'attendre leur salut que de leur courage, perfectionnèrent leurs moyens de défense, réparèrent avec soin les brèches de leurs remparts, et firent de Saillans une vraie place de guerre.

Il ne faudrait pas croire, cependant, qu'en ces temps troublés, il n'y eût d'autre organisation politique et administrative que celle des évêques. Les Dauphins avaient divisé leurs états en six bailliages. Le bailli pouvait être suppléé dans ses fonctions judiciaires par un juge-mage. Au-dessus d'eux, se trouvait un magistrat suprême, appelé le *Juge des appellations*, dont les attributions passèrent, en 1337, au *Conseil delphinal* qui, en 1453, devint le parlement de Grenoble et fut composé de neuf présidents, deux chevaliers d'honneur, cinquante-et-un conseillers, trois avocats généraux, un procureur et huit substituts.

Or, comme les comtes de Valentinois étaient moins puissants que les Dauphins, ils n'eurent d'abord qu'un seul tribunal pour toutes leurs possessions : *la Cour majeure de Crest*. Plus tard, ils en établirent un autre à Savasse, près de Montélimar. Maître de l'héritage des Dauphins et des comtes, Louis XI, en 1447, réduisit à deux le nom-

bre des baillis, créa un sénéchal pour le Valentinois et le
Diois, ayant même rang et mêmes attributions que les
baillis et recevant, comme eux, cent-vingt-six livres
tournois de gages annuels... De plus, il maintint au siège
de chaque ancien bailliage, un tribunal présidé par un vi-
bailli, et créa dans le ressort du sénéchal trois tribunaux
semblables, ayant chacun pour chef un vi-sénéchal : le
1er à Crest, le 2e à Montélimar, et le 3e à Chalancon
(Ardèche).

L'appel des sentences rendues par ces différents tribunaux, devait être porté devant le Conseil delphinal
qui devint, six ans après, le Parlement, ainsi que nous
venons de le voir. Il en fût de même des jugements rendus par les juges-mages ou baillis épiscopaux de Valence
et de Die, après la soumission du temporel de ces évêchés
au fief delphinal, en 1456.

Peu de temps après, le Vivarais ayant obtenu d'évoquer ses causes, non plus devant le parlement de Grenoble, mais devant celui de Toulouse, l'évêque de Valence
et de Die obtint, à son tour, d'évoquer devant ce tribunal
les causes dans lesquelles lui ou ses officiers avaient quelque intérêt. De sorte que, si les habitants de Saillans
engageaient quelque procès important avec leur prélat,
c'était au parlement de Toulouse à prononcer en dernier
ressort ! L'on peut prévoir les lenteurs interminables d'une
semblable juridiction. Nous verrons prochainement qu'un
évêque de Die ayant intenté un procès à La-Tour-du-Pin
Gouvernet, nouveau seigneur de notre ville, ne mit pas
moins de quarante-deux ans à se faire rendre justice ! —
Cet abus dura jusqu'à Louis XIII qui, en 1636, établit à

Valence un tribunal « à l'instar des autres sénéchaussées et siéges présidiaux du royaume. »

Enfin, en ce qui concerne l'administration de notre pays, remarquons qu'en vertu de l'acte par lequel le dernier Dauphin, Humbert II, légua ses États au fils aîné du roi Jean (16 juillet 1349), le Dauphiné ne pouvait être incorporé au royaume de France, qu'autant que celui-ci serait uni à l'empire germanique ; et les comtés de Valentinois et de Diois ayant ensuite suivi la fortune du Dauphiné (1419), cette province fut, jusqu'en 1628, un *Pays d'États*, c'est-à-dire s'administrant lui-même, par l'intermédiaire d'une assemblée de représentants pris dans la noblesse, le clergé et le tiers-état. Sous ce régime, le seul fonctionnaire de l'ordre administratif, était le procureur des États, — la seule circonscription administrative était la commune, s'administrant elle-même par son conseil de ville.

Les États du Dauphiné ayant été supprimés en 1628, notre province devint la *Généralité de Grenoble*, ayant à sa tête un intendant dont l'autorité était sans limites et qui, dans notre département, commandait à sept arrondissements nommés « subdélégations ».

Mais, notre pays n'en était pas encore arrivé à cette organisation politique qui, malgré ses défauts, a du bon, lorsque Louis XI, exilé par son père, vint dans la vallée de la Drôme chercher des appuis et tâcher d'abaisser les grands au profit de sa propre autorité. Tel est le secret de la popularité à bon marché qu'il sut conquérir parmi nous. Saillans nous en offre un exemple bien curieux.

§ II. *LES MOULINS*

Le 1ᵉʳ août 1395, Saillans présentait un coup d'œil fort animé; ses petites rues étaient remplies de mouvement. Les habitants avaient été convoqués en assemblée générale par le prieur Guilhon de Balagnier, dans l'église Sainte-Marie-du-Bourg. Tous s'empressaient de s'y rendre, car l'on devait y délibérer sur une question qui intéressait la population entière. Les deux syndics « noble Guillaume Reynier et Etienne Viresache », suivis de tous les chefs de famille, au nombre de quatre-vingt-trois, environ, entrèrent dans la nef et se rangèrent autour du maitre-autel. Le prieur parut bientôt et leur exposa que les moulins que ses prédécesseurs avaient fait construire, vers l'an 1300, avaient été détruits par une formidable inondation de la Drôme, quarante ans après, et que, depuis lors, religieux et habitants étaient obligés de faire moudre leur blé à Aouste, à Pontaix ou *aux moulins de la Gervanne*. Certes, les anciens prieurs les auraient fait réparer depuis longtemps, s'ils avaient eu des ressources suffisantes; aussi, se proposait-il de les rebâtir à ses frais, s'ils lui promettaient de faire moudre leur blé à ses moulins, et l'autorisaient à prélever un peu de farine pour la mouture.

Les syndics, après avoir consulté le peuple, lui répondirent que sa proposition *était conforme aux intérêts du pays et aux engagements antérieurs de la communauté*, et qu'ils l'acceptaient avec plaisir. Le prix de la mouture fut fixé à une poignée de farine par sétier (mesure de Crest), équivalent à une émine ou à la quinzième partie du sétier (1).

Toutes les réparations étaient à la charge du prieur; mais il parait que de longtemps elles ne furent pas très coûteuses, puisqu'il fit installer, quelques années après, une tannerie et des foulons à côté de ses moulins.

Cependant, un demi-siècle ne s'était pas écoulé, que la Drôme emportait de nouveau tous les ouvrages. Le prieur d'alors, se nommait Jean de Plane. Il fut profondément découragé par ce malheur, car il ne possédait aucune ressource pour les faire rétablir. Après avoir hésité douze ans, il consentit à vendre à la commune les *masures croûlantes* qui représentaient les beaux moulins d'autrefois.

Le 1er mars 1434, les habitants de Saillans se réunirent, au grand complet, dans la nef de l'église du Prieuré. Il y avait, environ, 95 chefs de famille *composant la population totale du bourg* (2). Les deux syndics, Antoine Fournier, no-

---

(1) *Punheria... levabitur pro sestario sit decima-quindena, videlicet quod quindecim punherie tales quales levabuntur pro sestario valeant unam eminam...* Les confins des moulins étaient du côté du nord, la fontaine du lieu (portail des moulins), du levant la maison de noble Resate, et du couchant, celle de noble Pierre de Vercors. Ils étaient donc au bas du jardin de Madame Ovide Soubeyran, de Lyon, et s'étendaient dans le jardin de la nouvelle Poste. — (Archives municipales, section des manuscrits).

(2) Il nous a paru intéressant, de mettre ici, les noms des habitants de la cité, à cette époque ; ce sont : Laurens Meyssonnier, Guillaume Labaume, Pons Belar, Antoine Escoffier, Jean André, Gonon Cartalon l'aîné, Jean Guion dit Lombard, Antoine Brunet, Gonon Guion, Etienne Fabry, Guillaume Fabry, Jean Guion dit Debeto, Jean Charbonnier, Louis Lapierre, Gonon Maneval, Mondon Brachet, Giraud Loubet, Jean Disdier, Guilhaume de Vercors, Giraud Fulson, Pierre Chachon, Bertrand Lagier, Gonon Salvi, Giraud Psindon, Pierre Eugilbod, Jean Beguin, Jean Souchon, du Bourg, Guillaume de Fusse,

taire, et Guillaume Parjanis, assistés des huit conseillers de ville, *tous hommes discrets, savoir : Pierre Martin, Pierre de Montfort, Paul Richaud, Pierre Monnier, Jean Oboly, Jean-André, François Fauchier et Jacques Gilbert* jurèrent sur les Evangiles d'être fidèles à la transaction qui allait être passée avec le prieur. Ce dernier prêta le même serment, *en mettant la main sur sa poitrine.* Il avait auprès de lui : *Gérente Blanchard, doyen de l'église de Die, homme prudent et vénérable; Etienne Essartel, prieur... d'Espenel, homme vénérable et religieux; les sieurs Guilhaume Rodelly, curé d'Aouste ; Nodet Floretti, Jean Farnier et Jean Fornenche* que la commune avait choisis pour témoins, et qui devaient s'entendre avec ceux de Jean de Plane et les *religieux résidant au monastère, savoir : Etienne de Lacour, sacristain ; Jacques Achard, prieur d'Aubenas (son); Michel Carrière, prieur de Moyrans; Jacques de la Pierre et Jean de Serrette, moines-*

Michel Rodolphe, Pierre le Vieux, Pierre Albert, Guigues Bègue, Jean Caisse, Jean du Four, Guilhaume Pascal, Jean Monnier, Guilhaume Isidon, Gonon La Tanche, Jean Tortolonne. Pierre Arnaud, Boulond des Tours, Etienne Bérenger, Jean Ivon, Gille Micou, Jacques Galand, Antoine Ozachassée, Jean Dutour, Pierre Hustache, Arnaud de Béuton, Giraud Fornaire, Etienne Debost, Jean-Antoine Drévoz, Hustache-Pierre Boyer, Jean Isaudon, Berlon André, Guillaume Isoard, Jean Egilbande, Pierre Morard, Guillaume Guerçon, Jean Bouvet, Jean Eyraud, Guillaume Roux, Gerçon Bonnet, Antoine Roman, Guillaume Guignet, Jean Arnaud, Gonon Albert, Nodo Bonnet, Jean d'Albert, Jean Monnier, Jean Exilbaud, Géraut Reynier, Pierre Debost, Giraud de Toux, Giraud-Guigues Charbonnel, Guillaume Peyronette, Berton Bouvier, Pierre Bayle le jeune, Pierre Bayle l'aîné, Jean Pascal, Pierre Rodelly, Etienne Odoffre, Antoine de Montfort. (Total 83 auxquels il faut ajouter les deux syndics et huit conseillers de ville, ce qui représente environ 500 habitants). Voici quelques prénoms de femmes : Josserande, Isalinde, Guillaumette, Claudine, Catherine, Valentienne, Hippolyte, Dominique, Isabeau.

novices-claustraux, Etienne de Riquemond, vicaire, et Pierre Vachet, curé de Chastel-Arnaud.

Après une mûre délibération, il fut convenu que le Prieur, cédait l'emplacement des *anciens moulins, foulons et tanneries et tous les artifices y contenus, canaux et escluses* à la condition expresse que lui et ses religieux recevraient annuellement 12 sétiers de blé, à la Toussaint, et qu'ils pourraient le faire moudre, ainsi que celui provenant des dîmes *et même gruer leur seigle, sans qu'il leur en coustât rien.* De plus, il était autorisé à nommer *un fermier-commis* pour percevoir la redevance qu'on lui devait par sétier, mais la commune avait à son tour le droit de prélever le 1/30 de toutes les moutures.

Ces conditions n'étaient pas très onéreuses ; aussi furent-elles acceptées avec empressement. Toutefois, comme les syndics désiraient vivement ne rien laisser à l'imprévu, ils se rendirent, le 4 mars suivant, auprès de Guillaume, Bâtard de Poitiers, comte de Valentinois et Diois, qui élevait, sans cesse, des prétentions sur notre pays, et lui achetèrent pour une émine de blé de rente annuelle, le droit de construire un canal et une jetée pour amener l'eau à leurs moulins (1).

Malgré les précautions qui avaient été prises, des difficultés naquirent bientôt entre les habitants et l'évêque de

---

(1) Ce turbulent seigneur, possédait Vercheny et Barry : il devait avoir quelque droit sur les eaux de la Drôme. — Le 12 avril 1452, il fit hommage au Dauphin, pour tous les châteaux qu'il possédait dans nos contrées. — Le 24 août 1464, un arrêt du parlement de Grenoble le déclara convaincu de lèse-majesté, et confisqua tous ses biens ; Louis XI les donna à François d'Urre, son valet de chambre. — Cf. le P. Anselme : *Histoir des grands officiers de la couronne,* — Duchéne : *Histoire généalogique des ducs de Bourgogne...*

Die qui se croyait lésé par la transaction passée avec Guillaume, et assurait que, comme seigneur temporel, la Drôme lui appartenait. Cette querelle n'était pas encore terminée, lorsque le dauphin (Louis XI) vint dans nos contrées. Aussitôt, les syndics de Saillans se rendirent auprès de lui, et lui demandèrent d'intervenir dans le débat.

Ce prince était, en effet, héritier de tous les droits des Dauphins, mais comme le Diois n'avait jamais fait partie de leurs domaines, et que l'autorité du roi de France n'y était pas reconnue par tous, il fut charmé de la confiance qu'on lui témoignait. Rebelle au roi, son père, il avait été exilé de la cour. Il arriva dans notre vallée, en un bien modeste équipage, et chercha aussitôt à se faire des partisans : malheureusement, il était fort besoigneux et se trouvait souvent dans la nécessité de battre monnaie avec les seigneurs dévoués à sa cause. Nous aimons à croire que Charles VII n'avait pas laissé, cependant, partir l'héritier de la couronne, sans lui remettre quelque argent prélevé sur le *don gratuit*, qu'il avait demandé et obtenu de la générosité volontaire de son peuple (1). Néanmoins, le prince était passablement gêné à ce moment : aussi fut-il extrêmement heureux de l'occasion qui se présentait d'abaisser la famille des Poitiers, l'évêque de Die, et de garnir son escarcelle. Se déclarant hautement seigneur

---

(1) Ce *don gratuit*, fut transformé en impôt obligatoire par Louis XI, qui le fit voter régulièrement par les Etats du Dauphiné et créa des *péréquateurs* et *des auditeurs des comptes*, chargés de recueillir les fonds dans nos communes. Le *bail à recettes des impôts* se donnait, en assemblée générale, à celui qui le faisait aux conditions les moins onéreuses pour la ville : il variait entre 3 et 5 o/o. Les abus qui naquirent dans la répartition donnèrent lieu au grand procès des tailles, fort connu dans l'histoire.

suzerain de notre pays, il cassa la transaction passée avec Guillaume.

« La Drôme étant navigable... (dit-il), nous appartient, comme seigneur supérieur et comte de Valentinois et Diois et nullement à autre part, ce qui est un droit de régalle (1). »

En conséquence, il décida que les Saillantinois lui paieraient, désormais, l'émine de blé et lui donneraient 100 écus d'or, pour l'indemniser « du très grand dommage qu'il avait souffert pendant plusieurs années !.. » Il les autorisa à lancer une jetée au milieu de la rivière, à la condition qu'elle n'empêcherait pas le flottage des bois, et leur promit de les défendre contre leurs adversaires.

Comme on le voit, ainsi que le voulait l'habitude du temps, le peuple paya pour les ambitieux. Ces vers du fabuliste nous reviennent à la mémoire :

Hélas ! on voit que de tout temps
Les petits ont pâti des sottises des grands !

Les habitants ne se découragèrent pas ; ils payèrent l'amende imposée par le roi, mais comme leurs ressources s'en trouvaient bien diminuées, ils furent obligés d'emprunter 60 florins d'or (le 7 mai 1435), à Ponce Richaud, François Fauchier, Antoine Purpain, notables de notre cité, pour construire leurs moulins. Lorsqu'ils furent achevés, ils les donnèrent à ferme au plus offrant et se firent ainsi, pendant plusieurs siècles, un revenu annuel de 600 à 1,200 livres, qui leur aida efficacement à se libérer

---

(1) Archives municipales de Saillans. Nous possédons une copie de ce manuscrit dont l'original est à Valence (Chambre des comptes).

des dîmes, des censes et des impôts qu'ils devaient au prieur, à l'évêque et au roi.

La Drôme les emporta encore, en 1740. Les Saillantinois achetèrent alors, plus haut, un emplacement à Souvion, et y firent bâtir de nouveaux moulins, qui leur coûtèrent 5,487 livres et qu'ils inaugurèrent solennellement le 24 octobre 1746 (1). L'année suivante, ils installèrent un *poids public à côté de la porte d'entrée*. Un ancien et brave instituteur, fut chargé, moyennant un traitement annuel de 150 livres, de *peser tous les grains des habitants, en prenant un sol par sétier, ou neuf deniers par quintal*. Le roi ratifia cette décision par un arrêt du 10 juin 1747, et ajouta que tous les Saillantinois seraient tenus d'y faire peser tous leurs grains, sous peine de trois livres d'amende par quintal.

En 1785, la ville vendit pour 2,000 livres la grande pièce au dessus des moulins, à un certain Pierre Blanc, pour y installer une fabrique de soie.

§ III. — *LE FOUR BANAL*

De très bonne heure, le prieur de Saillans posséda un four, non loin des bâtiments du cloître. Il le mit au service du public, vers l'an 1300. Comme la dîme *du fournage* variait fort souvent, une transaction survenue entre Giraud Gentou et les habitants, régla définitivement, le 16 mars 1346, le prix de la cuisson du pain.

L'on dut payer au mandeur (fermier) du prieur, pour le

___

(1) Voir la pierre commémorative au-dessus de la porte d'entrée.

sétier, *une poignée fermée de pâte, et pour l'émine, qui est la moitié d'un sétier, une demi-poignée fermée.* Il avait sous ses ordres un *fournier* et deux domestiques. Ces derniers avertissaient, quatre fois par semaine, les ménagères de l'endroit, *à son de trompe ou de cornet*, de l'heure où elles devaient apporter leur pain au four, et leur aidaient à le transporter chez elles, lorsqu'il était prêt. Elles étaient autorisées aimablement, à faire des *brassadeaux*, avec les râclures de la pâte prise dans les encoignures de la pétrissoire : le fournier les leur faisait cuire, gratuitement, à la condition toutefois que ces gâteaux ne dépassassent pas la grosseur d'une tourte. Le prieur indemnisait son fermier, en lui abandonnant le 1/8ᵉ de la pâte prélevée en poignées, et en lui payant 50 à 60 livres par an. De plus, en vertu d'une clause spéciale du testament d'un particulier, qui lui avait légué une blache à Cresta, le 7 juin 1363 (1), il distribuait, toutes les semaines, un gros morceau de pain aux indigents qui se présentaient, le dimanche, à la porte du four.

La poignée de pâte, que prenait le fournier, équivalait à une dîme de 1/30ᵉ. Pendant longtemps, il fut discret, et ne prit qu'une poignée raisonnable, mais, dans la suite, il se montra fort indélicat, et alla jusqu'à prendre « deux » poignées ouvertes par sétier, et même par émine ! » Comme il faisait trois fournées par jour, et cela pendant » cinq jours de suite, il obtenait chaque soir un pain de

---

(1) Archives municipales, section des manuscrits. Le bois de la Blache, fut acheté comme bien national à la Révolution et fut revendu à la famille de la Lauze en 1807 et enfin morcelé entre 18 particuliers, en 1835 (par devant Mᵉ Roche, notaire).

» vingt livres, et par conséquent 4 livres 10 sols d'argent,
» à raison de 18 deniers la livre de pain, ce qui revenait à
» 72 livres par mois, et à 864 livres par année, et même
» davantage, à cause des jours de foire où il cuisait
» plus souvent (1). »

La commune protesta, mais on ne tint aucun compte de ses observations, et l'abus continua.

Après la mort de Louis XIV, l'industrie de la soie s'étant relevée à Saillans, on prit l'habitude d'étouffer les chrysalides des cocons, au four du prieur. « Le fournier » prenait un sol par panier de 25 livres, et comme on lui » en portait de 800 à 1000 quintaux, dans la saison, il se » faisait un revenu net de 240 livres. » — Ajoutons que son amabilité croissait avec ses revenus : il faisait cuire gratuitement « les pognes d'herbes, de courge, sécher » les fruits et cuire les viandes des habitants, ce à quoi il » n'était nullement tenu. »

Le prieur d'alors, Paul de Sautereau, considérant l'heureux état des finances de son fournier, exigea une pension de 36 livres pour lui et une distribution supplémentaire de 5 livres de pain à « celui qui servait l'église, les dimanches et fêtes, et portait l'eau bénite dans les maisons. » De sorte que le fournier payait, maintenant, une redevance au prieur, tandis qu'autrefois c'était ce dernier qui la payait au premier. Les rôles étaient complètement changés, et cela aux dépens des Saillantinois, qui supportaient avec une sourde irritation ce nouvel état de choses.

----

(1) Parlement de Grenoble : Procès entre les habitants de Saillans, demandeurs, et Paul de Sautereau, prieur, et Antoine Barnave, de Vercheny, son fermier général, défendeurs (1734-36).

Ils se révoltèrent, en 1734 : par exploit des 10 et 30 avril de la même année, ils citèrent le prieur et son fournier devant le parlement de Grenoble. Paul de Sautereau, désireux d'éviter un procès ruineux où l'édification aurait plus perdu que gagné, vint à Saillans, quelques mois après, et eut plusieurs conférences avec « les consuls et les conseillers de la maison de ville. » De concert avec Antoine Barnave « marchand à Vercheny, fermier général des revenus du prieuré », il proposa de demander conseil à l'évêque. Les habitants acceptèrent la médiation du prélat et nommèrent, pour les représenter au tribunal épiscopal, Pierre Souvion et Pierre Ruel.

D'après un compromis passé entre eux, le 20 novembre 1736, les Saillantinois payèrent, désormais, le prix de la cuisson de leur pain, « à la cotte 1/28e d'après la mesure » marquée au coin de la Cour de Saillans. La poignée de » pâte fut abolie pour toujours. On continua de percevoir » 1 sol par panier de cocons. »

Tous les dimanches, l'été à 6 heures du matin, et l'hiver à 8 heures, les pauvres de la cité, continuèrent à venir au four chercher leur demi-livre de pain. Cette touchante coutume s'est maintenue jusqu'en 1793.

§ IV. — *FOIRES ET MARCHÉS*

On se rappelle que Guillaume de Roussillon avait accordé deux foires et un marché à notre ville. La première se tenait le premier jour des Rogations, la seconde, le jour de la fête de Saint-Giraud. Le marché avait lieu le lundi de chaque semaine. Afin d'engager les étrangers à

s'y rendre, il affranchit de *tout droit de vente*, les marchandises apportées et achetées : mais les Saillantinois pouvaient, au contraire, se rendre librement aux foires de
Valence, de Die et de Châtillon (1), sans payer *ni leyde ni
péage*.

La première de ces foires, ainsi que le marché n'atti-
rèrent jamais beaucoup de monde, puisque le 20 janvier
1448, Louis de Poitiers en institua une autre qui devait se
tenir le jour de la fête de Saint-Philippe et Saint-Jacques
apôtres, ainsi qu'un marché, qui devait avoir lieu le jeudi
de chaque semaine. Il désirait, de cette manière, témoigner
sa reconnaissance à ses fidèles et vaillants Saillantinois,
dont la bravoure s'était montrée avec éclat, dans la défense
des intérêts de Guillaume de la Voûte, l'un de ses prédécesseurs. L'archevêque de Vienne (ancien évêque de Die),
confirma solennellement, le lendemain, *cette concession* et
affranchit les marchandises de tout droit d'entrée et de
sortie (2).

Cette foire dura, jusqu'en 1629, époque à laquelle notre
cité, fut affreusement décimée par la peste.

En octobre 1598, Charles de La Tour, seigneur de
Gouvernet, devenu seigneur-suzerain de Saillans, demanda
au roi Henri IV, la création d'une nouvelle foire qui se
tiendrait le 1er septembre. Sa requête fut favorablement
accueillie, mais la nouvelle foire ne paraît pas avoir été

---

(1) Les habitants de Saillans avaient prêté 1000 livres viennoises,
le 18 mai 1328, à leur évêque, pour acheter la baronnie de Châtillon :
aussi le prélat, pour leur témoigner sa reconnaissance, leur accorda-t-
il le privilège dont nous parlons (Archives municipales de Saillans.
Section des munuscrits.)

(2) Archives municipales de Saillans ; section des manuscrits.

fréquentée ni longtemps, ni par beaucoup de monde, car
à la veille de la Révolution, la cité était en instance auprès
de Louis XVI pour en obtenir encore une autre (1).

Le marché du jeudi disparut pendant les guerres de
religion : mais le 21 mai 1725, les habitants, réunis en
assemblée générale dans la maison de ville, décidèrent de
demander au roi de le rétablir avec les mêmes privilèges,
dont il jouissait précédemment. Ils firent présenter un placet
au Souverain par Peloux, de Saillans, premier secrétaire du
garde des sceaux. Au mois d'août suivant, le roi *voulant
bien traiter les habitants de notre ville* (2), les autorisa à
tenir, de nouveau, un marché le jeudi et leur permit de
construire *une halle avec étaux et boutiques*. La commune
fut autorisée à percevoir un sol par sétier de grain
mesuré aux pierres et vendu (3).

Aussitôt, l'on se mit à l'œuvre : *quatre pierres creusées à
la mesure de Crest*, furent disposées au milieu de la |Place
du Fossé, devant la maison de ville, 6 piliers en pierre de
taille soutinrent un toit massif — il est vrai, — mais fort
utile en cas de mauvais temps. La halle fut achevée en
avril 1726, et coûta 700 livres. Pendant un quart de siècle,
ce marché apporta à la cité l'aisance et la prospérité.
Mais Saillans ayant été choisi comme *lieu d'étape* pendant
les guerres de la succession d'Autriche et celle de Sept
ans, les troupes nombreuses qui ne cessèrent de parcourir
et de rançonner notre vallée, pendant ces tristes époques,

(1) Délibérations consulaires.

(2)   id.   id.

(3) « Donné à Fontainebleau, au mois d'août 1715 et de notre règne
le 10e. Signé Louis. Taxé 178 lignes, 15 sols. Honor. 83 livres 3 sols.»

découragèrent si bien les étrangers et anéantirent si complètement notre industrie, qu'il fut complètement délaissé. En 1784, il ne restait plus rien de la halle ; le toit était tombé et ses débris jonchaient la place. Deux ans après, les consuls en firent bâtir une autre ; des affiches furent envoyées dans toutes les communes pour leur annoncer la reprise du marché et la reconstruction de la halle.

Elles répondirent avec empressement à l'appel de Saillans et, jusqu'en 1789, notre cité fut un centre de mouvement d'où rayonnaient la vie et l'abondance (1).

§ V. — *MALADRERIE ET MAISON DE L'AUMONE*

La maladrerie de Saint-Maurice fut construite quelques années après les croisades. Elle s'élevait dans la campagne (2), attestant que la charité et la piété n'oubliaient aucune douleur et savaient donner un asile aux pestiférés. Là, où les mœurs dictaient l'exil et les proscriptions, la religion se montrait bonne et compatissante. Elle accueillait les ladres et les lépreux, et fondait pour eux des hospices. Par la bouche des religieux voués à leur garde et à leur soulagement, elle leur apprenait l'espérance et la résignation. Le Dauphiné eut particulièrement à souffrir du fléau. Lorsque les lépreux revinrent de Palestine, ils excitèrent, d'abord, une profonde pitié, mais bientôt, la

---

(1) Cette nouvelle halle fut, elle aussi, abandonné peu à peu. En 1870, il n'en restait plus que les six piliers que M. Raspail (charcutier) acheta à la commune. Ils soutiennent en ce moment sa maison des Samarins.

(2) Au quartier encore appelé la *Maladrerie*, à côté de la maison de Giry : On voit en certains endroits, les conduites qui amenaient l'eau du ruisseau de Saint-Jean, en face de la campagne de Planel.

frayeur d'être atteint par la terrible maladie, l'emporta sur tout autre sentiment. Des établissements spéciaux furent créés et les malheureux furent isolés de la société.

Quand un cas de lèpre était signalé, le malade était condamné au séquestre par le châtelain faisant fonction de juge, puis livré aux prêtres. Ceux-ci venaient le chercher, revêtus du surplis et de l'étole et précédés de la croix. Ils l'étendaient sur une civière et le conduisaient à l'église, en psalmodiant les offices des morts. Arrivé devant l'autel, il était recouvert d'une robe noire pour entendre la messe, puis aspergé d'eau bénite. Après cela on le portait à la maladrerie.

On lui permettait de sortir, à la condition d'être muni d'un chapeau écarlate, d'un manteau gris, d'une besace et d'un long bâton. Il devait agiter en marchant une *cliquette* ou crécelle de bois, pour avertir les passants de son approche. S'il désirait un objet, il fallait qu'il s'abstînt de le toucher de la main, mais simplement le désigner du bout de son bâton. Il lui était défendu d'entrer dans aucun magasin ni établissement public. Il était tenu de demander du milieu de la rue ce qu'il désirait : on l'apportait aussitôt devant lui et l'on se retirait précipitamment.

Les malades eurent d'abord une place à l'église, puis, comme ils inspiraient toujours plus d'horreur, on leur bâtit un lieu de culte particulier. Saillans fit construire à leur usage une petite chapelle (1) à côté de la maladrerie.

____

(1) Il en reste encore quelques fragments sculptés au grand mur du prieuré. Dans la maison de M. Albert Roche, on en voit un assez beau débris au bas de l'escalier. La chapelle de Saint-Maurice date vraisemblablement du xive siècle. Elle a complètement disparu il y a une cinquantaine d'années; Charpenne a fait bâtir sa maison sur l'emplacement de cet ancien lieu de culte.

On ne les vit plus que bien rarement dans le bourg. Cette affreuse maladie disparut d'ailleurs peu à peu grâce à notre beau climat et à une hygiène bien entendue. Cet hospice fut alors abandonné. Il avait dû sa fondation à un chapitre ou à un particulier riche et pieux, car nous voyons la commune, le 21 mars 1541, l'acheter à Antoine Fauchier, ainsi que le terrain avoisinant, pour 30 florins d'or (1). Les bâtiments furent de plus en plus délaissés. Comme ils menaçaient ruine, le 7 mai 1667 les consuls ordonnèrent d'ôter les tuiles des couverts, et d'abandonner les murs croulants (2).

Dans l'enceinte, même, de notre bourg, sur la Place de l'église, se trouvait un asile pour les pauvres et les infirmes. On le désignait tantôt sous le nom de *maison de l'aumône*, tantôt sous celui d'*hôpital*. Il fut l'objet de legs si nombreux, qu'en 1521, il avait un « recteur » particulier pour l'administration de ses revenus. On avait l'habitude de lui remettre la vingt-quatrième partie des grains et du vin. Un fermier était chargé de percevoir cette dîme volontaire.

« Il prenait le froment sur l'aire, immédiatement après la
« moisson, et le vin dans la cave, tout de suite après les
« vendanges. Il vendait le vin et en achetait du pain pour
« la distribution hebdomadaire aux pauvres ».

Un siècle plus tard, on nommait en même temps que les deux consuls un « recteur protestant et un procureur catholique » pour le partage des secours. En effet, pendant les guerres de religion, les ressources de l'*hôpital*

---

(1)... « Une maison et terre ensemble conjointes, appelée la maladière de St-Luze, sise à St-Jean ».

(2) Délibérations consulaires.

SAILLANS — PLACE DE L'ÉGLISE

(bureau de bienfaisance) avaient été complétement gaspillées; mais les réformés avaient de nouveau reconstitué, et au-delà, le capital, à partir du règne de Henri IV.

Au mois d'octobre 1696, Louis XIV, fidèle à sa politique habituelle contre les protestants, et en vertu de ses déclarations de 1683, 1684, 1688, 1689, et du 17 août 1694, unit par lettres patentes *les hôpitaux de Saillans et de Clelles à l'Hôtel-'Dieu de 'Die*. Il ordonna que tous les revenus de l'*hôpital* de la cité seraient perçus par le châtelain (fermier) de l'évêque de Die, assisté d'un procureur, d'un consul et de deux notables. Mais cette spoliation impolitique autant qu'inutile, suscita de telles difficultés et occasionna un procès si long et si coûteux, que l'intendant du Dauphiné fut forcé d'en revenir à l'ancienne organisation.

La *maison de l'aumône* rendit de grands services pendant les guerres interminables du Grand-Roi, celles de Louis XV et celles de la Révolution. Ses ressources variaient entre deux cents et quatre cents livres par an. Voici la liste de ses donateurs et des legs qu'elle avait reçus, depuis Henri IV jusqu'à 1791 :

1593	Jacques et Antoine Ariès.....	Une maison.
1594	Guis Girard...............	Une maison.
1594	Antoine Guicharel..........	Deux maisons.
1594	Pierre Guion	Une vigne.
1594	Antoine Blanche..........	Une maison.
1594	Jean Houry...............	Une terre.
1594	Daniel Faure.............	Une terre.
1594	Marchias Souvion..........	Une terre.
1594	Jean Faure et Pierre Guion...	Deux terres.
1594	id. ..	Une vigne.
1594	Antoine Bayle.............	Deux terres.

1594	Daniel et Jean Faure	Deux terres.
1594	Jean Boudrat	Deux terres.
1594	Antoine Guicharel	Deux terres.
1594	Jean Faure et Pierre Guion	Une terre.
1595	Lantelme Boudon	Une vigne.
1595	Pierre Chauvet	Une maison.
1605	Antoine Andéol	Une terre.
1610	Pierre Reboul	Deux terres.
1610	Jean Allemand	Deux vignes.
1610	Jean Jouve	Une terre.
1613	Antoine Devise	Une terre.
1613	Savin Tavan	Une terre.
1613	Gabriel Bouc	Deux maisons.
1613	Gabriel Bouc	Hangard et grenier.
1613	id.	Une terre.
1630	Jean Gros	Une terre.
1630	Gonon Guion	Une terre.
1631	Imbert Allemand	Une vigne.
1635	Paul Deydier	Une maison avec jardin
1635	Esther Beylieu	Deux maisons.
1637	Joachim André	Un pré.
1651	Jacques Rimond	Une maison.
1691	Pierre Souvion	Un pré.
1691	Jacques Roux	Deux terres.
1700	J.-Jacques Richard	30 livres.
1706	Jean Rey	94 »
1735	François Arnoux	1100 »
1744	Fauchier	1500 »
1756	Jean Bertrand	18 »
1756	Pierre et Claude Crousier	150 »
1757	Claude Voulet	72 »
1757	Antoine Vincent	188 »
1759	Claude Roux	30 »
1759	René et Anne Brun	33 »
1759	François et Claude Roux	30 »
1759	Pierre Avond	22 »
1791	Jean-Ambroise Thomé	200 »

Ces dons témoignent d'un esprit de charité que l'on est
heureux de rencontrer à presque toutes les dates de l'his-

toire de Saillans. « Les administrateurs des pauvres » nous semblent avoir, toujours, cherché à vendre les immeubles et les propriétés qui avaient été légués, n'avoir jamais capitalisé les revenus annuels, mais, au contraire, les avoir dépensés avec une grande générosité. En 1700, ils avaient aliéné la presque totalité de leurs domaines, puisqu'ils ne récoltèrent que « 48 sétiers, 3 quartes, 3 civayers de blé, — 3 civayers d'avoine et 24 pots de vin ». En 1790, la « rente des pauvres étaient de 350 livres ».

La chapelle du prieuré était entourée d'un cimetière, et servait aux offices du culte paroissial, mais, la population augmentant, une nouvelle église fut de bonne heure élevée dans l'enceinte de Saillans, sous le vocable de Sainte-Marie-du-Bourg (1). Elle avait aussi un cimetière attenant, des biens-fonds, des redevances destinées à l'entretien d'un curé et de quelques prêtres choriers. Les habitants l'ornaient avec le plus grand soin et y portaient « de si beaux cierges et de si nombreuses chandelles et offrandes », que le prieur en faisait prendre pour sa chapelle particulière, ce qui les désolait « gravement » (2). Cette église fut complètement restaurée après les guerres de religion, et s'appela désormais Notre-Dame-de-Bon-Secours. Celle du prieuré, ayant été fort agrandie et consacrée à nouveau, en 1704, par Gabriel de Cosnac, évêque de Die, Notre-Dame fut délaissée et disparut à la Révolution. A

____

(1) Sur la place de la Daraise. On en voit encore deux arceaux dans la maison Fombonne et dans la remise Thorel.

(2) Archives municipales : Section des manuscrits. Ces détails sont pris dans une transaction sur trois peaux de parchemin (187 lignes) passée entre les habitants et leur prieur, à Die, dans la maison de l'official de l'évêque, le 7 juin 1368.

cette époque, elle fut vendue pour 1000 livres à un particulier qui se servit des murs pour la construction d'une maison bourgeoise ; le cimetière fut bientôt envahi par les demeures voisines, vingt-cinq ans plus tard, il n'en restait plus de trace.

§ VI. — *REVENUS DE L'ÉVÊCHÉ ET DU PRIEURÉ AU XVe SIÈCLE* (1).

Arrivé à l'immense mouvement religieux qui divisa la chrétienté en deux mondes, parvenu sur le seuil de la Réformation française qui a été la source de la liberté de conscience et de toutes nos libertés politiques, nous jetterons un dernier coup d'œil en arrière, et nous résumerons brièvement les droits que l'évêque et le prieur avaient sur notre cité.

A la fin du xve siècle, l'évêque de Die, grâce à la protection qu'il accordait aux Saillantinois et au pouvoir qu'avait bien voulu lui conserver Louis XI, exerçait « la haute, moyenne et basse justice sur tous les habitants nobles, roturiers et forains » et pouvait à son gré « établir ou destituer tous officiers, juges, lieutenants, châtelains,

---

(1) Nous ne parlons ici que de Saillans : il est bon de faire remarquer que l'évêque recevait (outre les revenus de son mandement de Die) des paroisses de Ponet, Jonchères, Poyols, la Chapelle-en-Vercors, Châtillon, Montmaur, Valdrôme, Chamaloc, Aix, Laval-d'Aix, Molières, Ravel, Pennes, St-Julien-en-Quint, Recoubeau, Gresse, Sainte-Croix, Vachères, Omblèze, Aouste, Mirabel, Bourdeaux, Aurel, Vercheny, Beaurière, Saint-Maurice-en-Trièves, et des quatre archiprêtrés de Die, du Trièves, du Désert et de Crest : 498 florins d'or, 111 écus d'or, 290 sols, 216 deniers ; — 1519 sétiers, 2 émines, 1 civayer de blé ; — 117 sétiers d'avoine ; — 8 mesures, 28 saumées, 1 barral, 1 cartal, 1 pot de vin ; — 323 poulets, 11 perdrix, 119 livres de cire ; 127 livres de fromage, 17 livres de poivre, 10 charrettes de fourrage. etc.

procureurs d'office, greffiers de judicature, secrétaires de communauté, leydiers, échandilleurs, sergens, crieurs et baniers du pays. » (1).

« Dans toute vente de terre noble ou roturière, il percevait un droit équivalent au cinquième denier ;

« Les cours d'eau, les routes et les fossés ainsi que les places du lieu relevaient de lui ; les habitants devaient payer une redevance pour construire des canaux, et les étrangers une certaine somme pour exposer leurs marchandises au Fossé, sur la place de la Daraize et sur celle de l'église ;

« Toute vente de grains, légumes et châtaignes, donnait à son fermier le droit de prélever quelques deniers ;

« Toutes les langues de bœufs tués lui appartenaient ;

« Les biens de tout Saillantinois mourant sans héritier direct, revenaient à l'évêque ;

« Ses troupeaux revenant de Provence pouvaient librement paitre aux montagnes de la communauté, à raison de 2 sols 6 deniers par trentenier ;

« L'affichage, les enchères, la chasse, la pêche, le flottage des bois payaient une redevance ;

« Les armes du prélat devaient être gravées moyennant 2 sols par objet sur toutes les mesures de contenance : sétiers, quartes, civayers, barrails, pots et poids » (2).

---

(1) « Suivant une transaction passée le 11 février 1456, entre Louis Dauphin, roy de France, onzième du nom, et Louis de Poitiers, évêque et comte de Valence et de Die, confirmée par Louis XII, François Ier, Charles IX et Louis XIII. » Archives de l'évêché de Die, non classées. Valence.

(2) Archives de l'évêché de Die, non classées. Valence. Le sétier valait 4 quartes, et la quarte, 6 civayers. La charge de vin ou saumée était composée de 2 barrails, le barrail contenait 25 pots, et le pot pesait 2 kilogs.

Les habitants de la cité étaient dégrevés de la plupart de ces impôts : ils vendaient librement leurs marchandises à Die, à Châtillon et à Valence, et ne payaient aucun droit de péage à Pontaix et à Quint. A part certaines charges locales, ils jouissaient de franchises et d'immunités que plus d'une grande ville leur enviait. Il est vrai qu'ils n'avaient pas marchandé leur sang pour les gagner.

Le prieur de Saint-Géraud avait été dépouillé, comme nous l'avons vu, de sa juridiction temporelle, son influence s'était amoindrie ; cependant, il avait conservé quelques-uns de ses priviléges. En 1540, il nommait encore le magistrat chargé de la justice, mais les pouvoirs de ce dernier n'allaient pas jusqu'à la peine capitale, ni à la mutilation des membres du coupable. Ses arrêts étaient sanctionnés par des amendes, la prison et l'exposition sur un carcan, dressé au milieu de la place publique. Dix familles seulement, relevaient du prieur, les autres étaient justiciables du juge épiscopal de Die. Les redevances, maintenues par le traité de 1300, consistaient dans « le produit du ban de vin valant environ dix florins de revenu, de la leyde de tous les grains que l'on versait, dans deux grandes auges de pierre, à gauche et à droite de la porte de l'église, de la leyde du four, des nombles de pourceaux. Il percevait un tiers du prix de vente des maisons, situées dans l'enceinte des remparts et un cinquième hors de leur enceinte (1) ».

La perception des dîmes ayant fait naitre de graves difficultés, les Saillantinois signèrent une transaction, qui

____

(1) Inventaire de la Chambre des Comptes de Grenoble.

réglait la quotité des grains et des fruits. Ils payaient le vingtième des grains, mais le prieur était tenu de faire prendre les gerbes sur place; il recueillait de ce chef 30 sétiers, 1 quarte, 1 civayer de blé, — 36 sétiers, 3 civayers et demi d'avoine ou de gros blé. Les habitants venaient porter la vendange devant la porte de l'église; les frais de déchargement et la nourriture des bêtes de transport, incombaient au prieur. Il avait droit à 50 poules, à 15 poulets et à 4 onces de cire. Outre 18 florins d'or et 22 deniers, qu'il touchait pour certains droits de police locale, il recevait une « cense annuelle de 80 florins pour permettre aux Saillantinois d'ensevelir leurs morts dans le grand cimetière du prieuré. Il possédait, encore, la maison et le circuit autour de l'église, ainsi qu'une vigne à Tréleville et un grand pré au Pêchier. La ferme d'une blache qu'il possédait à Cresta, lui rapportait 8 florins (1) ».

Ses revenus montaient à la somme totale de 500 florins (2).

Sous Charles IX, nous voyons que son fermier lui remettait 450 livres, en payait 600 aux curés de Saillans et de Chastel-Arnaud ; 200 au sacristain ; 150 au secondaire, 75 de pension à l'abbé d'Aurillac et 65 pour décimes, — et gardait pour lui 360 livres (3).

Lorsque le prieuré fut sécularisé par une bulle de Pie IV

---

(1) Inventaire de la Chambre des Comptes de Grenoble : (la vigne, le pré, et le bois de la Blache, furent vendus comme biens nationaux, les deux premiers pour 2555 livres, le 27 avril 1791 à divers particuliers, et le dernier en 1835).

(2) Archives municipales, section des manuscrits.

(3) Inventaire de la Chambre des Comptes de Valence.

en 1561, il fut placé sous la collation du roi. Ainsi tombé en commande, il eut désormais pour titulaires des abbés séculiers, non résidant, « et dont l'unique souci, fut de faire prélever par un mandataire les revenus de bénéfices qu'ils n'avaient jamais vus » (1).

Tel était Saillans, à la veille de la Réformation française. Il payait, sans trop de peine, ses impôts à son évêque et à son prieur. Ses foires, ses marchés très fréquentés; le commerce des bois, la fabrication des draps, les tanneries, les vins, les soieries, l'agriculture occupaient ses habitants et devenaient pour eux une source abondante de bonheur et de prospérité.

Cependant, un observateur attentif eût reconnu un certain malaise chez le peuple. Les grands événements, qui s'accomplissaient au loin, trouvaient de l'écho parmi nous. D'ailleurs, les guerres d'Italie, sous Charles VIII, Louis XII et François Ier, avaient cruellement éprouvé nos populations. Les troupes, dirigées sur les Alpes, commettaient d'affreux excès dans les provinces qu'elles traversaient; Saillans fut plus d'une fois rançonné et mis à sac par des bandes indisciplinées. La force et la violence pourvoyaient seules à leurs besoins. Ces aventuriers à la solde de la France, ne savaient aller à la victoire qu'en semant sur leur route l'inquiétude, le désordre et la misère. Si du moins notre patrie avait su garder ses conquêtes; mais, trop souvent, l'ambition et la politique rendaient stériles les triomphes que les régiments à nos gages, remportaient sur un sol étranger.

(1) Abbé Vincent : Notice historique sur Saillans. — On voit déjà apparaître en 1531 un Barthélémy Eymieu comme fermier de l'évêque de Die.

On avait entendu parler des terribles exécutions exercées sous Charles VIII (en 1488), par le féroce Hugues de la Pallu et plus récemment, sous François Ier (en 1545), contre les hérétiques des Alpes qui avaient de nombreuses sympathies parmi nous.

On commençait à douter de la justice et de la bonté des princes et des gouverneurs qui ordonnaient froidement ces sanglantes hécatombes contre des sujets paisibles et dévoués à leurs rois. Le peuple réfléchissait : avec les solides qualités qui le distinguent, la raison, le bon sens, l'heureux équilibre des facultés de l'esprit, il jugeait fort sainement ce vieil édifice féodal, qui tremblait sur sa base et contre lequel il avait toujours essayé de se garantir. La conscience allait, enfin, faire entendre sa voix. Un silence solennel, comme celui qui précède les grands orages, planait sur la patrie française et sur l'Europe entière.

CHAPITRE V

§ I. La Réformation, son origine et son but. — § II. La Réformation dans le Diois. — § III. Saillans pendant les guerres de religion.

§ I. *LA RÉFORMATION, SON ORIGINE ET SON BUT*

A Réformation a été, au XVIᵉ siècle, un grand mouvement religieux qui a donné naissance à l'Église protestante. Elle a restitué à l'homme le droit de croire par lui-même et l'a relevé de la servitude de l'esprit. De plus, en ramenant la Religion à l'Écriture-Sainte, et en mettant la Bible sur l'autel, à la place du mystère, elle a transporté la piété dans la lecture et, par la logique de son principe, elle a dû enseigner à lire plus qu'aucune autre doctrine, développant ainsi l'éducation de la multitude. Grâce à cette instruction qu'elle répandait sur la tête de chaque enfant, comme l'eau d'un second baptême, elle a pris partout, en Europe, la tête de la civilisation. Née de la liberté, elle a propagé partout l'esprit de liberté. Aussi, a-t-elle été le mobile d'une rénovation profonde dans tous les domaines.

Son but était, en réformant les erreurs et les abus, de ramener la chrétienté à plus de fidélité à l'Évangile. Le christianisme avait, en effet, plus par la force des choses que par la faute de ses docteurs, subi l'influence du paganisme, lorsque, sous Constantin, il devint religion d'Etat. Il ne put s'affranchir complétement des idées religieuses apportées par les Barbares qui envahirent l'Europe occidentale, au ɪᴠᵉ siècle. Il lutta d'abord contre elles : puis il fut obligé d'admettre, par degré, certaines pratiques inconnues à la primitive Eglise. Ces altérations produisirent des résultats fort affligeants. qui allèrent en s'augmentant à travers les âges.

« Personne ne contestera, dit l'abbé J. Chevalier, que de graves désordres, des abus de toute espèce s'étaient glissés, avec le temps, dans tous les rangs de la hiérarchie ecclésiastique. Les familles nobles donnaient à l'Eglise ceux de leurs enfants qui étaient disgrâciés de la nature, ou bien encore ceux auxquels elles ne pouvaient assurer dans le monde une position élevée, sans amoindrir la part des aînés.

Ces jeunes seigneurs, entrés, le plus souvent, dans les ordres sacrés sans une vocation, et dotés par la faveur royale de riches bénéfices, n'avaient point les qualités, les vertus, que réclamait l'exercice de leur auguste ministère. Ils abandonnaient à d'autres le soin et la direction des fidèles et dépensaient à la cour, ou dans le luxe des villes, des revenus qui, dans les intentions des premiers bienfaiteurs du clergé, devaient être employés au service des autels et au soulagement des pauvres. Il n'était point rare de voir un même personnage en possession, à la fois, de plusieurs évêchés et de diverses abbayes (1). Le droit de percevoir des dîmes et les autres revenus des églises, vendu à des fermiers ou receveurs, s'exerçait parfois d'une façon odieuse et donnait naissance à une infinité de procès (2).

« Dès le temps du concile de Vienne (1311), dit Bossuet, un grand évêque chargé par le pape de préparer les matières qui devaient y être traitées, mit pour fondement de l'ouvrage de cette sainte assemblée, qu'il fallait réformer l'Eglise dans le chef et dans les membres ». Le grand schisme arrivé un peu après, mit plus que jamais cette parole à la bouche, non seulement des docteurs particuliers, d'un Gerson, d'un Pierre d'Ailly, des autres grands hommes de ce temps-là, mais encore des conciles, et tout en est plein dans le concile de Pise, et dans celui de Constance. On sait ce qui arriva dans celui de Bâles où la Réformation fut malheureusement éludée et l'église replongée dans de nouvelles divisions (3) ».

(1) Abbé Jules Chevalier: *Mémoires des frères Gay*, p. 3. — L'auteur ajoute en note: Le cumul des bénéfices, qui est la ruine de la discipline ecclésiastique, avait atteint, au XVIᵉ siècle, des proportions incroyables. Le cardinal de Lorraine, par exemple, percevait les revenus de 12 évêchés, de 2 archevêchés et de 5 abbayes.

(2) Une enquête faite en 1450, dans la ville de Die, par ordre de l'évêque Louis de Poitiers, constate le mécontentement du peuple à l'égard des clercs et des moines et en laisse clairement entrevoir la cause. Après avoir dit que les chanoines et les prêtres de l'église cathédrale sont au nombre de 30, le commissaire de l'évêque ajoute qu'il y a « encore 25 Frères Mineurs qui vivent aux dépens de la cité, tout « autant de Frères-Prêcheurs, environ 15 moines ou serviteurs dans le « prieuré de St-Marcel, environ 15 autres dans le prieuré de Saint-Mau- « rice; — le prieuré de Sainte-Agathe... celui de Saint-Pierre... Ces « établissements religieux possèdent les meilleures parties des terres et « ils exigent tant de pensions et de cens que les habitants peuvent à « peine les payer. L'Eglise cathédrale perçoit, environ, 1200 florins « (d'or) et 1000 setiers de blé...» Abbé Jules Chevalier op. cit.

(3) Abbé Jules Chevalier : *Mémoires des Frères Gay*.

En 1412, le vertueux archidiacre de Baïeux, Nicolas de Clémanges, disait avec douleur : « On expose en vente, aujourd'hui, dans l'église de Jésus-Christ, les sacrements et tous les ordres, jusqu'à celui de la cléricature. » Et Pierre de Villars, archevêque de Vienne, ajoutait : « Si la piété ancienne, se trouve, du tout éteinte ; non, non, n'en rejetons point la faute sur les laïcs, parce que, s'ils en ont, elle est toute nostre et toute nous sera imputée (1) ».

Le discrédit où la religion était tombée et « l'extinction de la piété ancienne » venaient de l'abandon progressif de la simplicité apostolique et du véritable Evangile. Aussi a-t-on fait remarquer que, de tout temps, il s'est formé des partis d'opposition contre les erreurs qui s'introduisaient peu à peu dans la doctrine, le culte et la vie chrétienne de l'Eglise. Citons les Priscillianistes, dont le chef fut décapité, en 385, comme hérétique, mais qui lui survécurent plusieurs siècles, encore; les Massaliens; les Donatistes, à l'occasion desquels Saint-Augustin écrivit ce mot si souvent rappelé : *Contrains-les d'entrer*. Plus tard, nous entendons Claude, évêque de Turin, en 820, chargé d'expliquer l'Ecriture Sainte, combattre le mérite des œuvres, les pélérinages et surtout l'adoration des images qu'il fit disparaître de son diocèse ; Arnaud de Brescia censurer vivement les mœurs du clergé, les Albigeois, les Vaudois, les Pauvres de Lyon, les Frères de Bohême, Wicklef, Jean Huss, Jérôme de Prague, Savonarole, Gerson, Jean de Wésel et bien d'autres demander avec instance « le retour à la Bible, seule règle de foi et de conduite. »

Des conciles, que l'on a surnommés *Réformateurs*, s'ins-

____

(1) Abbé Chevalier, opus cit. p. 4.

pirant du désir et de la volonté de la chrétienté tout
entière, décidèrent, mais, sans succès, que l'on reviendrait
à la doctrine apostolique : celui de Pise (1409), — celui
de Constance (1414, 1418), — celui de Bâles (1431, 1443,
1449.) — Des prélats fort distingués, et même des rois,
tentèrent encore, mais inutilement, une réforme partielle.
« C'était pour apporter un remède salutaire à tous ces
maux que le 4e concile de Trente fut convoqué. On y rédigea
des règles pleines de sagesse sur les pricipaux points de la
doctrine ecclésiastique. Leur application immédiate eut
peut-être détourné de l'Église et de la société d'incalculables malheurs. Mais que peuvent les meilleures lois
contre de vieilles habitudes, contre des vices que l'intérêt
oblige à ménager ! Les décrets disciplinaires furent
écartés et réservés pour un autre temps : ces sages
réformes contrariaient les appétits du plus grand nombre,
les désordres continuèrent et la guerre éclata » (1).

Préparée par la Renaissance, la Réformation trouva une
alliée précieuse dans l'imprimerie que Gutemberg décou-
vrit en 1440. C'est par elle que les docteurs protestants
parlèrent à l'Europe et purent lui offrir le volume sacré
laissé dans l'oubli, depuis des siècles. C'est aux peuples
qu'ils s'adressèrent, et ces derniers, dès longtemps pré-
parés, se levèrent à leur voix, comprenant qu'ils défendaient les droits imprescriptibles de la conscience, de la
raison et de la liberté.

Zwingle en Suisse, Luther en Allemagne, Calvin et
Farel en France furent les promoteurs de cette immense
révolution religieuse. Dans notre patrie, la Réforme traversa

____

(1) Abbé Jules Chevalier, p. 4. Mémoires des Frères Gay.

plusieurs périodes : le règne de François Ier la vit s'établir à la lueurs des bûchers, — celui de Henri II, s'organiser, — ceux de Charles IX et de Henri III, se défendre les armes à la main, — et celui de Henri IV, conquérir son droit de cité.

§ II. *LA RÉFORME DANS LE DIOIS*

Quelques historiens racontent que notre vallée entendit parler du véritable Evangile, par un disciple de Valdo, nommé Joseph qui avait trouvé au milieu de nous un accueil sympathique ; aussi appela-t-on ses premiers adhérents *Joséphistes* (1).

Leur nombre s'accrut, bientôt, avec Pierre de Vaux et Pierre de Bruys. Lorsqu'au commencement du xiiie siècle, le pape Innocent III et Philippe-Auguste, roi de France, publièrent une croisade contre les Albigeois, ceux qui purent échapper aux recherches du moine Dominique (fondateur de l'Inquisition) et du terrible Simon de Montfort, se hâtèrent de gagner nos contrées. Dans sa bulle de 1380, Clément VII, chargea l'inquisiteur François Borelli de purger les diocèses de Die, d'Aix et d'Embrun de tous les hérétiques qui s'y étaient réfugiés. Mais, cachés dans des vallées profondes, ou perdus sur les hauts plateaux des montagnes, ces vaillants proscrits supportèrent toutes les persécutions qui durèrent, presque sans interruption, jusqu'à la fin du xve siècle (2) et furent les premiers à

---

(1) Le pape Urbain II, en 1096 désignait certaines vallées alpestres comme un foyer d'hérésie. — Plus tard, Ulric, évêque de Die et Guillaume, évêque de Gap, travaillèrent avec beaucoup d'énergie à la conversion de tous leurs sujets.

(2) Cf. *Columbi opuscula* etc...

embrasser les doctrines de la Réforme, lorsqu'en 1522, Anemond de Coct, Pierre de Sébiville et Farel les leur annoncèrent. Ce dernier « de fort noble maison », et doué d'un caractère énergique, avait fait ses études à Paris sous Lefèvre d'Etaples et désirait ardemment faire partager à ses concitoyens, les lumières évangéliques qu'il avait trouvées auprès d'un maître vénéré. Mais repoussé par Gap, sa ville natale, il fit de nombreuses tournées dans le Dauphiné et obtint de légitimes succès. Saillans eut, sans doute, le privilège de le posséder dans ses murs et d'entendre sa parole éloquente, lorsqu'il se rendit, en 1562, au synode de Montélimar. Il en fut nommé le modérateur (président) et il fit prendre à l'assemblée des résolutions d'une extrême importance (1).

L'apôtre du Dauphiné se rendit, ensuite, auprès de Luther; il laissait derrière lui un peuple fidèle, qui conserva les grands principes qu'il avait entendus de sa bouche autorisée. Aussi, voyons-nous Jacques de Tournon, évêque de Valence et de Die, faire « une tournée pastorale dans notre vallée pour la purger et nettoyer des erreurs, scandales, fausses et réprouvées doctrines qui contaminaient le troupeau de Jésus-Christ (2) ». Sous son successeur, Jean de Montluc, le protestantisme fit, encore, des progrès. Ce prélat déplorait, amèrement, les affreux désordres qui s'étaient introduits dans l'Eglise officielle et nous le voyons, à l'Assemblée de Fontainebleau (en 1560), s'unir à Charles

---

(1) Eug. Arnaud. Histoire des protestants du Dauphiné. Tome I, p. 99.

(2) Procès-verbal de la visite pastorale de Jacques de Tournon, évêque de Valence et de Die, à Die et à Crest (26 mars-4 avril 1551). p. 1-21, 78-84. — Bulletin d'Histoire et d'Archéologie... 1882-83.

de Marillac, archevêque de Vienne, pour « signaler les
» désordres et l'insuffisance des curés avares et ignorants
» occupés à toute autre chose qu'à leur charge et pour la
» plupart pourvus de bénéfices par des moyens illicites ».
Aussi réclamaient-ils, tous deux une réforme dans les
mœurs du clergé (1).

Sur ces entrefaites, François II mourut : la reine-mère,
Catherine de Médicis, trouvant que les Guises devenaient
trop puissants, feignit de se rapprocher des réformés. Elle
fit mettre quelque douceur dans les ordonnances royales,
et raviva les espérances du roi de Navarre, de Condé et de
Coligny. Toute sa vie, d'ailleurs, cette femme ambitieuse,
suivant les besoins de sa cause, fit alterner les persécutions avec d'adroites flatteries et de belles promesses. Elle
autorisa le colloque de Poissy et couvrit de sa protection
les protestants du Dauphiné ; des églises s'organisèrent
alors dans plusieurs petites cités de notre pays : en 1561,
à Valdrôme, à Châtillon, à Die, à Bourdeaux, etc. Les
habitants de Gap envoyèrent une députation à Farel, pour
le prier de venir annoncer l'Évangile dans sa ville natale.
Il se rendit à leur désir, et l'un des premiers qui abjura le
catholicisme, fut précisément l'évêque, Gabriel de Clermont, frère d'Antoine de Clermont, ex-lieutenant-général
du roi, en Dauphiné.

Bientôt après, l'on apprit la nouvelle du massacre de
Vassy (1er mars 1562), la fuite de la reine-mère et du
jeune roi Charles IX à Fontainebleau, l'enlèvement de ce

---

(1) Cf. Mémoires de Condé, Tome I, p. 325-326, — Charvet p. 553;
— Négociations relatives au règne de François, II p. 772 ; — Eug. Arnaud, I. p. 66.

SIÉGE DE MONTÉLIMAR

dernier par le roi de Navarre et le duc de Guise réunis,
qui le conduisirent à Melun, puis à Paris, enfin, la retraite
du prince de Condé, de la Cour, son entrée à Orléans et
son alliance avec les seigneurs huguenots. Les protestants
de notre vallée firent cause commune avec leurs frères des
autres provinces; ils appelèrent à leur secours le baron
des Adrets qui venait d'embrasser le parti de la Réforme.
Ce dernier accourut et eut bientôt rassemblé une armée
de huit mille hommes; il avait sous ses ordres des officiers d'une grande valeur: Claude de Mirabel, Pierre Sau-
vin du Cheylard, Jean de Vesc et Montjoux, le capitaine
de Beaumont, Hector Marcel de Pontaix. Montbrun, lui-
même, vint leur offrir son épée. Il ne fallait plus qu'une
occasion pour que les deux partis en vinssent aux mains.
Les exécutions, à Valence, de Lamotte-Gondrin, intendant
du Dauphiné, la firent naître et, à partir de cette époque,
pendant trente années, des flots de sang ruisselèrent sur
notre Dauphiné.

§ III. *SAILLANS PENDANT LES GUERRES DE RELIGION*

Dans un pays montagneux comme le Dauphiné, la
guerre devait se faire par surprises; à vrai dire, on n'y
compte pas une bataille pendant nos guerres religieuses,
mais plusieurs combats. A la fin de la campagne, les partis en sont au même point qu'au commencement: quelques
trèves ménagées de temps à autre, offrent un peu de
repos à ces lutteurs obstinés. On se dispute avec acharne-
ment les plus petites places, les moindres châteaux-forts
et les vainqueurs souillent, d'ordinaire, leur victoire par

d'inutiles cruautés. Les catholiques et les protestants ont, d'ailleurs, à leurs gages, suivant l'habitude de l'époque, des étrangers ramassés dans tous les coins de l'Europe. Espagnols, Allemands, Suisses, Ecossais, Italiens, nous montrent pendant de longues années, à quels excès peut se porter une soldatesque effrénée. Les chefs ne peuvent qu'à grand peine se faire obéir de leurs hommes. Nous nous hâtons d'ajouter que dans les échaffourées, les sièges, les surprises, tous se conduisent avec une grande bravoure. Mais, malgré l'intérêt qu'ils nous inspirent, nous nous demandons si l'Evangile a besoin du bras de pareils défenseurs pour continuer ses pacifiques conquêtes, et s'il ne possède pas, en lui-même, une force divine capable de lui assurer des triomphes plus beaux et plus durables...

Les guerres de religion en Dauphiné peuvent se diviser en trois périodes: la première, un an, est remarquable par les excès du baron des Adrets; la seconde, treize ans, par les entreprises audacieuses et la catastrophe de Montbrun; la troisième, vingt-deux ans, par le triomphe de la Réforme et de la royauté, sous Lesdiguières. L'histoire de ces trois capitaines est celle des guerres de notre province.

PREMIÈRE PÉRIODE, 1562-1563

ANTOINE DE CLERMONT et GASPARD DE TAVANNES, lieutenants-généraux catholiques. — JEAN DE MONTLUC, évêque de Die. — Le baron DES ADRETS, chef des protestants.

François de Beaumont, baron des Adrets (1), était né au château de la Frette, dans le département de l'Isère.

---

(1) « Il était tout blanc mais... vigoureux. Il avait les yeux farouches, le nez aquilin, le visage maigre et parsemé de rougeurs. On aurait dit de la boue tachée de sang répandue sur sa bouche, comme on l'avait remarqué chez Sylla... » De Thou. Cité d'après E. Arnaud I. 452

Par son courage, dans les guerres d'Italie, il avait mérité le
brevet de colonel des légions du Dauphiné, de la Provence, du Lyonnais et de l'Auvergne, lorsque les Guises,
par un déni de justice, le jetèrent furieux dans la guerre
civile. Il se fit protestant par vengeance. Il est à remarquer
que la politique joue un grand rôle dans ces luttes fratricides.

En 1552, lorsque le massacre de Vassy eut donné le
signal des guerres de religion, des Adrets soulève la
noblesse protestante du Bas-Dauphiné, fond sur Valence
et s'en empare sans coup férir. Le lieutenant-général du
roi, Lamotte-Gondrin, dont les cruautés avaient révolté
même ses soldats, est pris dans la place et massacré par
la multitude furieuse. Ce premier succès jette la conster-
nation parmi les catholiques et donne au baron une autorité sans bornes. Avec une hardiesse et une activité prodigieuse, il se précipite presque en même temps sur le
Lyonnais, le Languedoc, le Dauphiné, la Provence, le
Forez et le Beaujolais. Surprises par la rapidité de ses mou-
vements et malgré de terribles retours offensifs, les troupes catholiques « fuyaient, dit un contemporain, au seul
vent de son nom. On le craignait comme la tempête qui
passe en de grands champs de blé ».

Les villes et les châteaux se rendaient ou étaient emportés d'assaut sans ralentir sa course. Partout, sur son passage, ses soldats détruisaient les images du culte romain,
rançonnaient les églises et les monastères en commettant
des excès dont le souvenir est resté vivant dans les tradi-
tions populaires. En peu de temps, ce digne émule du duc
d'Albe, de Tavannes et de Montluc, assura le triomphe
de la religion réformée dans le Dauphiné. Mais ses san-

glantes exécutions, blâmées sévèrement par Calvin (1), Coligny et Condé, indignèrent tellement les huguenots qu'ils demandèrent avec énergie son renvoi immédiat. Le baron en fut profondément irrité et il s'apprêtait à livrer, par vengeance, aux catholiques, Valence et Romans, deux places qui, dès le commencement, s'étaient déclarées pour la Réforme, lorsqu'il fut arrêté par ses lieutenants, Montbrun et Mouvans (2) et remercié de ses affreux services.

Tour à tour prisonnier des protestants ou du roi, — retiré dans ses terres, ou combattant dans les armées catholiques, il vécut toujours dans le mépris qu'inspire l'homme sans conviction qui, n'écoutant que son intérêt et ses passions, est capable de servir ou de trahir toutes les causes. L'édit d'Amboise (19 mars 1563), mit fin à ces tristes démêlés, mais ne satisfit personne. Les deux partis le considérèrent comme une trêve; cependant, elle ne fut rompue que cinq ans plus tard.

Saillans ne prit point une part active à la première guerre, son attention fut attirée du côté de Die par un des spectacles les plus intéressants. Sur la fin d'avril 1562, cette ville, deux fois plus peuplée qu'aujourd'hui, eut une assemblée générale, afin de décider si l'on adopterait la Réforme protégée par l'évêque Montluc. C'était par le vote universel que devait se décider cette question si difficile et si importante. Ce moyen extraordinaire avait été

---

(1) On connaît depuis longtemps la lettre qu'il lui adressa et dans laquelle il lui dit que « se conduire de cette manière, c'était exposer en opprobre et rendre odieuse la cause si sainte, si bonne de l'Evangile. » — Long : La *Réforme et les guerres de religion en Dauphiné,* p. 74. — E. Arnaud, T. I., p. 120.

(2) Paul de Richieud, seigneur de Mouvans et de Taulanne. Il fut tué à Messignac, en 1568.

employé à Sainte-Foy (dans l'Agénois), à Milhau et en Suisse. On se décida, comme l'on devait s'y attendre, pour l'affirmative, en faisant publier que le 1er mai, *on annoncerait le nouvel Évangile, dans toute sa pureté, dans le grand temple des Jacobins, à condition qu'on en ferait tirer toutes les idoles.* Le même jour, de catholique la ville se fit protestante. Les cordeliers embrassèrent la Réforme et donnèrent les biens de leur couvent à la cité, en considérant que *ce qui étoit dudit couvent est venu de la libéralité, aumônes, bienfaits d'ancienneté dudit Die et de leurs prédécesseurs et pour ce, et comme plus raisonnable que leur revint et retournât.* De son côté, la ville s'engagea à leur servir une pension leur vie durant. Les dominicains suivirent l'exemple des cordeliers et furent également pensionnés (1).

Cette conquête pacifique, conforme aux principes de l'Evangile, nous console un peu des violences de cette triste époque, mais nous fait d'autant plus déplorer les désordres qui se produisirent dans notre pays.

DEUXIÈME PÉRIODE, 1563-1575

Le baron DE GORDES (2), lieutenant-général du roi; — le maréchal DE BELLEGARDE (3), chefs des catholiques. — MONTBRUN (4), chef des protestants.

Après l'arrestation de Des Adrets, la noblesse protes-

---

(1) Long: opus cit. p. 51, 52. — Armand T. I. p. 114, 115.

(2) Bertrand-Raimbaud de Simiane, baron de Gordes, lieutenant-général du roi en Dauphiné, est un des hommes les plus distingués de cette époque. Les hautes qualités de son caractère, son équité, sa bravoure, l'ont fait surnommer l'*Epaminondas Français*.

(3) Roger de Saint-Lary, seigneur de Bellegarde, un des courtisans les plus accomplis de son temps.

(4) Charles du Puy, seigneur de Montbrun, fils d'Aimar et de Catherine de la Vallette de Parisot, un des chefs les plus renommés des protestants. Emule de Bayard, il était brave jusqu'à la témérité.

tante, comprenant le danger qu'il y avait à livrer tout le pouvoir à un seul homme, le divisa entre les principaux chefs du parti; mais, Dupuy Montbrun ne tarda pas à les dominer par l'ascendant de ses talents guerriers et finit par être le successeur du redoutable baron. La paix de 1563, en donnant un peu de repos à la province, le fit rentrer dans ses terres. Mais, malgré l'édit d'Amboise, les protestants et les catholiques s'observaient avec défiance. Le baron de Gordes, successeur de Lamotte-Gondrin, demandait des secours au roi et les huguenots s'armaient. Montbrun, à leur tête, fait des courses jusqu'aux portes de Vienne et de Grenoble, pour couvrir les places réformées de Valence, de Montélimar et de Romans. Un nouvel édit de paix (1568), ne calme pas les esprits, et dans tout le Dauphiné, comme dans le reste de la France, on se prépare à une prise d'armes générale.

Persuadés que cette longue guerre se terminerait en Guyenne, les protestants s'y rendirent, de toutes parts, auprès du prince de Condé, de l'amiral Coligny et du jeune roi de Navarre (Henri IV). Montbrun arriva, lui-même, avec un régiment de dix enseignes et un escadron de cavalerie. Il se battit à Jarnac et à Moncontour. Mais, voyant ses soldats, décimés et découragés par ces deux défaites, regretter leurs montagnes où la guerre de partisans leur offrait plus de chances de succès, il les ramena à travers l'Auvergne et le Vivarais, attaqué et poursuivi par les garnisons catholiques, traqué par les paysans accourus au son du tocsin, mais invaincu et leur infligeant de terribles leçons lorsqu'il était serré de trop près. Le 29 mars 1572, il passa le Rhône, malgré le baron de Gordes et rentra dans

le Dauphiné, affaibli , mais triomphant, après une retraite
« dont l'histoire, dit un écrivain du temps, eût tenu
compte en des jours moins remplis d'événements (1) ». Il
se joignit à Coligny, devant Montélimar : cette place
venait d'être reprise par les catholiques ; malgré ses efforts
il ne put contraindre son gouverneur, Jean d'Orgeoise de
la Thivolière, à l'abandonner.

L'édit de pacification du 8 août 1572 ne fit, comme
les précédents, que suspendre les hostilités. Le 24 du
même mois, eut lieu l'affreux massacre de la Saint-Bar-
thélemy, tramé depuis longtemps par Catherine de Médicis et consenti, au dernier moment, par le roi qui en
donna, lui-même, le signal. Plus de 6,000 protestants
furent égorgés et la première victime fut le grand amiral
Coligny. Le Dauphiné resta pur de ce forfait. Le gouverneur De Gordes, par une noble désobéissance, refusa
d'exécuter les ordres du roi. Il assembla le parlement de
Grenoble, le 3 septembre, et lui exposa que les ordres du
souverain étant « plutôt le témoignage d'une timide
volonté que des ordres positifs », — il valait mieux
attendre quelques jours. Le président Truchon, Fiançayes,
Emery, furent non-seulement de cet avis, mais encore
décidèrent de « châtier rigoureusement les catholiques qui
porteraient la main sur les huguenots » (2).

Après ce grand crime, tout paraissait calme en Dauphiné. Les réformés n'y possédaient plus une seule place,
leurs temples étaient déserts et les chefs, frappés de terreur,
se cachaient. Montbrun ranime les courages abattus ; il

----

(1) Long. op. cit. p. 103.
(2)   Id.

MONTBRUN

MAUGIRON

DES ADRETS

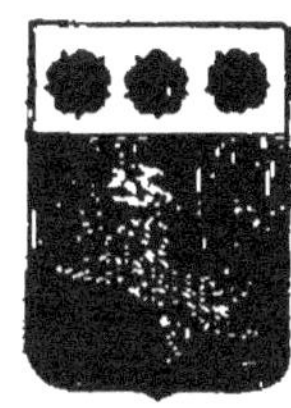

LESDIGUIÈRES

MORGES

ARMOIRIES DU DAUPHINÉ

CHAMPOLÉON

BARDONNANCHE

LASTIC

DE GORDES

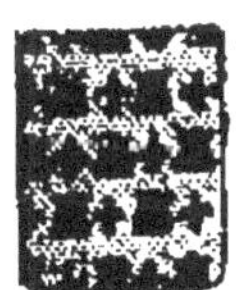

MONTJOUX

DU PILHON D'ANGÈLE

D'HÉLIS

SOUBREROCHE

7*

sort de sa retraite avec 18 cavaliers et 20 fantassins et voit accourir à lui tous ses anciens compagnons d'armes : Mirabel (1), Lesdiguières (2), du Poët (3), Giraud de Béranger,

(1) Claude de Mirabel, fils de N. de Mirabel et de Catherine de Genas, seigneur de Mirabel, près d'Aouste, figure dans l'histoire des premières guerres de religion, parmi les plus vaillants capitaines protestants (Voir pour la généalogie de cette famille illustre, l'abbé Chevalier : les Frères Gay, p. 132, 133, 134, 135, 136).

(2) François de Bonne, seigneur des Diguières, en Champsaur, connu sous le nom de Lesdiguières. Cette famille compte plusieurs branches.

1° La branche aînée de laquelle est né le connétable duc de Lesdiguières, apparait en Dauphiné en 1210.

2° Branche des seigneurs de Veynes et Rabaud, baron d'Oze et de Vitrolles.

3° Branche des seigneurs d'Auriac et la Rochette, vicomtes de Tallard.

4° Branche des seigneurs de La Motte d'Ambel.

5° Branche des seigneurs de Molines.

6° Branche des seigneurs de Lazer et du Vercors.

1518-1528. Georges de Bonne épousa N... dont il eut : Baltazar, Catherine, Jeanne, Barthélémy.

1543-1573. Balthazar de Bonne épousa Faucher de Lazer, dont il eut : Rolland et Madeleine.

1573-1600. Rolland de Bonne, épousa Françoise d'Agoult dont il eut : Georges Balthazar, Catherine, Gaspard, Louis, Anne, Marchonne ou Melchione.

1600-1627. Georges de Bonne, coseigneur du Vercors, épousa Bonne de Coni et en eut François et Isabeau.

1627-1668. François de Bonne, coseigneur du Vercors, épousa N..., dont il eut François...

1711-1727. François de Bonne, coseigneur du Vercors, mort le 14 mars 1751 et enseveli dans la chapelle des pénitents à Saillans, épousa Françoise du Pillhon d'Angèle, dont il eut : Charles de Bonne...

1727-1810. Charles de Bonne, coseigneur du Vercors, né en 1727, officier d'infanterie, testa en 1786, et mourut en 1810. Il épousa Marie Bernard, veuve de Jacques Vial, en 1763 et en eut : 1° Charles-Auguste-François de Bonne, né vers 1766, mort célibataire, en 1793 ; 2° Barthélémy-Honoré Scipion de Bonne qui suit :

1769-1848. Barthélemy-Honoré-Scipion de Bonne qui se qualifiait de marquis de Bonne Lesdiguières (et dont nous possédons des autographes dans nos archives consulaires) né en 1769, capitaine d'infanterie, chevalier de Saint-Louis, est mort à Montélimar, en 1848. Il était borgne.

(Comte Douglas et Roman : Actes et correspondance du connét. de Lesdig. T. III).

(3) Louis de Marcel de Blaïn, baron du Poët-Célard, seigneur de Mornans, Saou, Barri-Vercheny, etc.

De Morges, (1), Champoléon (2), Bardonnanche (3) Piégros, Vercoiran (4), Montjoux (5), lui amènent des renforts.

A leur tête, il renouvelle les marches du baron des Adrets. Il envahit le bailliage de Gap et s'empare de Serres, d'Orpierre, de la Roche-des-Arnaud, de Veynes et de quelques autres places. Puis, il se transporte, tout-à-coup, dans le Trièves ; Saint-Maurice, Le Monestier, Vif tombent entre ses mains ; de là il se dirige vers les Baronnies et reprend Sahune. Revenant sur ses pas, il se rend maître de Condorcet, de Nyons, de Vinsobres, de Dieulefit, de Poët-Laval, de Poët-Célard, de Manas, de Bourdeaux, de Loriol, de Livron, de Soyans.

Puis, il prend la route de Crest et dresse contre la ville ses machines de guerre. Comme le siège l'occupait quelques jours, il ordonne à Claude de Mirabel, à Roisses (6) et à Mary de Comps, ses meilleurs lieutenants, de marcher sur Saillans, alors occupé par les soldats catholiques.

---

(1) Giraud de Bérenger, seigneur de Morges, Tréminis, Saint-Jean d'Hérans, fils de Jean et d'Olive-Odde de Bonniot, marié avec Georgette de Bérenger. Il descendait des Bérenger, princes d'Italie.

(2) Albert Martin, seigneur de Champoléon et d'Orcières, épousa Madeleine de Bérenger, sœur de Georgette.

(3) N... de Bardonnanche, seigneur de Saint-Martin-de-Clelles, Thoranne, etc., vicomte de Clermont.

(4) François des Massues, seigneur de Vercoiran, d'Eurre, de Château double, etc., épousa Justine, fille de Montbrun.

(5) Mary de Vesc, seig. de Comps, de Dieulefit, etc. fut un des meilleurs amis de Montbrun.

(6) Philibert de Roisses, d'une famille des environs de Crest « remontant à noble Lantelme de Roisses... qui vivait en 1339 » avait embrassé de bonne heure le parti de la Réforme. — Brun-Durand, *Mémoires d'Eustache Piedmont*, p. 593.

ENTRÉE DE CREST

SAILLANS PRIS PAR LES PROTESTANTS,
ENSUITE PAR LES CATHOLIQUES EST DE NOUVEAU REPRIS PAR LES PROTESTANTS.

Les troupes protestantes arrivèrent devant notre cité vers le mois de mai (1573). Claude de Mirabel fit pointer ses canons sur la porte du Riosec, assigna à chacun son poste, puis envoya un héraut aux deux consuls pour les sommer de livrer la place. Les Saillantinois, se croyant complètement à l'abri derrière leurs remparts, refusèrent ; le siège commença aussitôt. En quelques heures, les boulets eurent ouvert une large brèche dans les murs, depuis la seconde tour de Véronne jusqu'à la porte (1). L'assaut fut remis au lendemain.

Les habitants envoyèrent d'abord, pendant la nuit, un « exprès » au baron de Gordes pour lui demander des secours, puis ils se mirent fiévreusement à « remparer » leurs murailles. Le soleil levant les surprit dans ce travail et leur montra les réformés prenant leurs dernières dispositions pour l'assaut. Les Saillantinois se battirent avec leur bravoure accoutumée ; mais, malgré leur valeur, les soldats catholiques durent céder devant les vétérans des campagnes de Flandre et du Piémont. La ville fut prise, et ses derniers défenseurs sortirent, lentement, par la porte de la Soubeyranne.

A peine les huguenots étaient-ils les maîtres de la place, que parurent à quelque distance les compagnies des capitaines Menon et Gessans (2), envoyés pour la secourir.

---

(1) De là le nom de « quartier de la Brèche », qui lui a été donné.

(2) Jean de Clermont-Chatte, quatrième fils de Jacques, seigneur de Gessans et de Jeanne de Formerie. Il était officier dans la compagnie du comte de Suze.

La bannière de Claude de Mirabel, qui flottait glorieusement sur les portes, les clameurs confuses qui s'élevaient de la petite cité, le lit du ruisseau comblé de débris et de cadavres, tout leur disait : C'est trop tard... Mais, l'honneur les poussait en avant et leur faisait un devoir de regagner une place, que des circonstances impérieuses les avaient empêchés de protéger. Ils s'approchent de Saillans et occupent tous les passages. Le baron de Gordes accourt, lui-même, au camp des assiégeants avec des troupes fraîchement levées dans le Valentinois et, par sa présence, communique une grande activité aux opérations. Ce fut un siège mémorable. Notre cité, s'illuminant d'une ceinture de flammes et de fumée, répondait avec vigueur à l'artillerie ennemie qui foudroyait ses remparts. La résistance fut longue et acharnée; cependant, après des prodiges de valeur, les protestants, écrasés par le nombre et réduits à leur dernier morceau de pain, durent songer à la retraite. Claude de Mirabel dirigea sur Pontaix les débris de sa petite armée.

Quelques mois après, Saillans retomba de nouveau, — et cette fois pour plusieurs années, — entre les mains des réformés. Ses murailles ne furent point relevées de peur que les catholiques ne fussent tentés de s'emparer de la cité pour en faire une place de guerre.

Espenel, Aouste, Allex, La Vache, Montellier, se rendirent aux troupes protestantes. Ce fut à la suite de ces divers événements militaires que le roi fit proposer à Montbrun de mettre bas les armes et d'en venir à un accommodement; mais celui-ci répondit aux propositions de paix, par la prise du château de Grane, propriété personnelle

AOUSTE

du baron de Gordes. La cour résolut alors d'agir vigoureusement « contre ce sujet révolté ». Une armée de sept
mille fantassins et de mille deux-cents chevaux, entra dans
le Dauphiné, au mois de mai (1574), sous le commandement de François de Bourbon, duc de Montpensier, dauphin d'Auvergne.

L'armée royale s'empara de Pont-en-Royans (que Montbrun reprit immédiatement après), et se dirigea sur Grane
où elle commit des excès inouïs. — « Les pauvres femmes n'eurent si bon moyen de se sauver, car, plusieurs
d'icelles furent meurtries, d'autres violées, d'autres mises
à ransson; plusieurs filles avoyr perdu leur pudicité furent
vendues des uns aux aultres. Plusieurs aultres méchance-
tez furent perpétrées; brief, des choses si barbares, que le
Turc seroit marri d'en faire de semblables sur les chres-
tiens (1) ».

Aouste et Allex se rendirent quelques jours plus tard.
De là, l'infanterie, la cavalerie et l'artillerie prirent la
route de Livron qui passait pour le boulevard du protestantisme. La vaillante cité était défendue par Roisses, le
gendre de Montbrun. Le duc de Montpensier croyait l'emporter d'emblée : il fit tirer six-cents coups de canon et
ouvrit une brèche assez large pour qu'on pût donner
l'assaut, le 30 juin. Mais il fut repoussé avec une telle
vigueur que le duc, profondément découragé, reprit le
chemin de Lyon.

______

(1) Long : opus cit. page 124. — Abbé Chevalier: Les frères Gay,
page 52. — N'oublions pas que l'armée royale comptait de nombreux
mercenaires. — Quelques mois après de grands excès furent commis,
de même, à Lamotte-Chalançon par les réformés (11 mai 1575).

PROJET DE FORTIFIER SAILLANS

Mais, avant son départ, il reçut la visite de Jean de Vercors (1), de Saillans, qui lui demanda l'autorisation de réparer les remparts de notre ville pour en faire un poste militaire, capable de résister aux attaques des chefs protestants. Le duc le lui permit bien volontiers. Aussitôt, De Vercors se rend à Crest, communique son dessein à quelques seigneurs et leur propose de l'accompagner. Ces derniers, heureux de l'occasion de rompre la monotonie de la vie de garnison, acceptent de faire « cette chevauchée. » Le 30 juillet (1574), ils partent de Crest et arrivent, bientôt, à Saillans. « Ils examinent avec soin les ruines et bresches, font le tour complet de la ville et disent entre eux qu'il seroit encore possible de la manteler. » Cette résolution prise, ils tournent bride et se rendent à leur quartier-général : ils n'étaient même pas descendus de leurs coursiers.

Mais, cette visite inattendue avait excité au plus haut point la curiosité de la population ; les protestants n'avaient pas tardé à deviner le projet des chevaliers. Comme Montbrun était trop loin pour lui demander conseil, ils envoyèrent des « exprès » à leurs frères d'Espenel et de Pontaix. Ceux-ci arrivèrent, bientôt, avec « pics, marteaux et autres outils convenables » achevèrent d'abattre la porte de la Soubeyranne, découronnèrent sa tour, démolirent les courtines en plusieurs endroits et découragèrent

***

(1) Jean de Vercors habitait Saillans vers le milieu du XVIe siècle ; Béatrix de Lhers, sa veuve, fit son testament le 1er avril 1581, et nous voyons que leurs enfants furent : Louis de Vercors, Jeanne qui épousa Jacques Chevalier, de Saillans ; Bonne, marié à Martin-Coni, de Poyols. Abbé Chevalier, (page 57).

pour longtemps de Vercors de fortifier Saillans, au profit
des « royaux ».

Le commandant du détachement, Antoine Gay, gouverneur d'Espenel, qui était poëte à ses heures, composa sur
cette aventure les quelques vers suivants (1) :

> *Pas ne fermèrent les bresches de Salbans*
> *Les catholiques, car plusieurs de nos gens*
> *S'y acheminèrent, et si belle ouverture*
> *Y firent lors, que clef aussi serrure*
> *On y verra de deux jours claveler.*
> *Leur ravelin nous fismes raser.*
> *Ce fut du mois de juilhet le dernier*
> *Jour, trente ung, que par fel guerrier,*
> *L'an mil sinq cents et septante et quatre*
> *Des murs Salbans fismes encor abattre (2)*

Charles IX était mort le 20 mai 1574. Son successeur
Henri III était en Pologne, lorsqu'il apprit qu'il venait
d'hériter de la couronne de France. Il se mit en route,

---

(1) Antoine Gay descendait d'une famille originaire d'Orgelet en
Franche-Comté. Catherin Gay vint s'établir à Die et y épousa, en 1498
Catherine Crestin, fille de Jacques Crestin, marchand de cette ville ;
Antoine Gay, était le petit-fils de Catherin. Il épousa en premières
noces, Jeanne Brunel, fille de Vincent Brunel, seigneur de Saint-Maurice-en-Trièves et, en deuxièmes noces, Jeanne-Faure de Vercors, fille
de Jourdan Faure, coseigneur de Vercors. Entre autres enfants, il eut
les trois frères : Thomas, Gaspard et Antoine Gay, qui nous ont laissé
des mémoires sur les guerres de religion et que M. l'abbé Chevalier,
de Romans, a fait imprimer en 1888.

(2) Abbé Chevalier : *Mémoires des frères Gay*, page 43. — Ce Jean
de Vercors de Saillans (appartenant à la sixième branche des De Bonne-
Lesdiguières) fut fait prisonnier par les protestants d'Espenel quelques jours
après, au moment où il inspectait les routes de Mirabel et d'Aouste
pour y faire passer de l'artillerie. Il fut d'abord interné à Espenel, puis
à Pontaix. Abbé Chevalier, p. 57, 58.

perdit un temps précieux dans les délices et les pompes de Venise, de Ferrare et de Turin et arriva, enfin, au pont de Beauvoisin, en Dauphiné. Montbrun, toujours audacieux, tomba sur son arrière-garde, pilla ses bagages et trouva dans sa garde-robe les essences, les poudres aromatiques et les parfums dont se servait habituellement ce prince lâche autant qu'efféminé, ce qui fit beaucoup rire ses rudes soldats. Comme on lui faisait remarquer le peu de délicatesse du procédé et qu'on lui remettait une lettre du roi, il répondit : « Les armes et le jeu rendent tous les hommes égaux... ; en temps de guerre, lorsqu'on a le bras armé et que l'on est en selle, tous les hommes sont compagnons ».

Le prince, l'ayant appris, dissimula sa colère mais résolut d'en tirer une vengeance terrible. Arrivé à Lyon, il tint un conseil où l'on décida de continuer la guerre. Il descendit, ensuite, à Avignon pour présider une assemblée des États de Provence et de Languedoc. Pendant ce temps, le prince Dauphin, le baron de Gordes et le maréchal de Bellegarde mettent le siège devant Livron défendu par 400 soldats (1) qui n'ont à leur disposition qu'un seul canon, — vingt-deux pièces d'artillerie sont pointées contre la ville en trois batteries et deux mille cinq cents coups ayant foudroyé les murailles et les barricades, on monte à

---

(1) Sur ce chiffre, Aouste et Pontaix avaient fourni quelques recrues. — Les catholiques fervents de Saillans étaient venus renforcer les assiégeants. — « Quelques papistes de Saillans, le premier jour de Noël, « envoyèrent à leurs femmes qu'elles vinssent au camp avec des bêtes « qu'ils prétendaient charger du pillage de Livron, leur assurant qu'ils « devaient y entrer le deuxième ou le troisième jour... » Abbé Chevalier: *Les frères Gay*. — E. Arnaud, I. page 303,

l'assaut. Les assiégés se battent avec une telle bravoure que deux heures après, Bellegarde et de Gordes font sonner la retraite : malheureusement, leur meilleur chef, Roisses, avait été tué dans l'action ; il fut enseveli dans le bastion qu'il avait si héroïquement défendu.

L'architecte Julien répara pendant la nuit les brèches de la ville qui se trouva prête le lendemain, pour de nouvelles attaques. Un second assaut fut livré ; on remarquait dans les rangs ennemis, Bassompière, le jeune roi de Navarre (Henri IV) et Jean de Montluc, seigneur de Balagny, fils naturel de Montluc, évêque de Die. Les assaillants furent, encore, repoussés après une résistance acharnée.

Montbrun charge Lesdiguières de porter, aux héroïques défenseurs de la cité, des vivres et des munitions. A la tête de cinquante hommes des plus braves, ce digne lieutenant du plus intrépide des capitaines, traverse le camp des catholiques. On le charge de toutes parts, mais il se défend comme un héros et entre dans la place n'ayant perdu que deux de ses soldats. Le soir, il sort avec le même péril et le même bonheur.

Un troisième assaut fut livré avec une furie indescriptible et repoussé avec un invincible courage. L'armée royale, désespérée et affaiblie, ayant perdu ses meilleurs soldats (1), leva le siège : il avait duré trente jours. En se retirant, elle incendia les moulins de Livron.

---

(1) 4000 hommes. — Parmi les Saillantinois combattant dans les rangs de l'armée royale, citons François Chevalier, fils de Jacques Chevalier, notaire de notre ville. Un coup d'arquebuse lui perça les deux cuisses : transporté à Crest, il y mourut peu de temps après. Il avait épousé Jeanne de Vercors, fille de Jean de Vercors et de Béatrix de l'Hère.

GOURDON

COMBAT DE GOURDON

Pendant que cette héroïque cité offrait un tel exemple de courage, les catholiques tenaient Aouste, Mirabel et Crest. Outre la garnison de celle-ci, ils avaient, dans le premier de ces villages dix enseignes de Suisses et, dans le second, quatre mille Italiens. Le typhus se mit dans leurs bandes et y exerça de si terribles ravages, que deux mille d'entre eux périrent en quelques mois. Obligés d'aller chercher des vivres dans la campagne, ils étaient décimés en détail, dans de perpétuelles escarmouches. Le 14 novembre (1574), un détachement de fourrageurs vint jusqu'aux vignes de Gourdon, à côté de Saillans. Le gouverneur d'Espenel, Antoine Gay, fut aussitôt prévenu; il se hâta d'envoyer à leur rencontre les compagnies des capitaines Cadet et Champs. Les protestants trouvèrent leurs adversaires occupés à chercher quelques misérables grappes de raisin, ils les attaquent à l'improviste, les mettent en fuite et les poursuivent jusqu'à la « prairie de madame d'Aubenas (son) » en leur tuant vingt-et-un hommes. On fit trois prisonniers, l'un, fut gardé à Espenel, et les deux autres échangés contre le capitaine Corsanges (1) (Coursange) de Die, que les catholiques avaient pris à Grane et retenaient captif à Mirabel.

Parmi les soldats huguenots, deux furent blessés dans l'action; l'un d'eux, « le caporal Claude Daneyrol (Deneyrol), reçut un coup d'arquebuse qui lui perça la cuisse, ainsi que son cheval, d'oultre en oultre ». L'animal put,

---

(1) Il appartenait à une ancienne famille. En 1577, nous trouvons parmi les chefs de maison, Louis Pierre et Arnoux de Coisanges.

cependant, porter son cavalier jusqu'à Espenel. Antoine Gay composa ce quatrain en l'honneur de ses hommes :

> *Desoubs Sailhans, au lieu nommé Gourdon,*
> *Fût attrapé maint fourrageur larron.*
> *Vingt et ung tuez y eust ceste journée,*
> *Pour eulx ne fust bonne ceste vesprée !...*

Les garnisons d'Espenel, de Pontaix de Beaufort, de Saint-Nazaire, poussaient des pointes audacieuses dans tous les sens et faisaient un mal affreux aux troupes catholiques. Ce fut pendant une de ces expéditions que le château-fort de Saint-Benoit fut emporté d'assaut par le capitaine Champs, le vainqueur de Gourdon.

Le 23 novembre (1574), Lesdiguières, à la tête de ses soldats du Diois, renforcés des contingents de Ponet, de Pontaix, d'Espenel traversa Saillans, et se dirigea sur Aouste. Arrivé devant la ville, les Suisses et les Italiens firent mine de résister ; mais plus de soixante d'entre eux, ayant été tués en quelques instants, ils se refugièrent derrière leurs remparts, qu'ils abandonnèrent bientôt pour aller se mettre sous la protection des canons de Crest.

BATAILLE DU PONT D'OREILLE

Défaite des Suisses commandés par le baron de Gordes

L'hiver, qui fut des plus rudes, imposa quelques mois de repos aux belligérants ; mais, au printemps, Montbrun ayant acheté de gros canons reprit les hostilités. Il s'empara de Saix, de Lamotte-Chalancon, de Saint-André de Rosans et ordonna à Lesdiguières de prendre Châtillon, la clef de la vallée du Trièves alors toute protestante.

Le baron de Gordes accourt, aussitôt, avec quelques

MOLIÈRES ET LE PONT D'OREILLE

troupes dauphinoises et vingt-deux compagnies de Suisses. Son gendre Rostaing d'Urre (Eurre), sieur d'Ourches, lui amène en outre quatre cents arquebusiers, deux mille cinq cents Suisses et deux cents chevaux. Certains historiens portent l'effectif complet de ces troupes à sept mille hommes. Lesdiguières se retira devant ces forces imposantes. Mais, Montbrun franchissant avec rapidité les montagnes au-dessus du village de Barnave, par le col de Pennes, vint au secours de son lieutenant qui avait mis en sûreté sa petite artillerie dans le château-fort de Menglon, peu éloigné de Châtillon. Les forces des protestants s'élevaient à mille cinq cents fantassins, trois cents arquebusiers à cheval et trois cents autres cavaliers bien montés. Les deux chefs réformés chargent les Suisses avec impétuosité ; mais ceux-ci les reçoivent pique baissée. C'est en vain qu'ils essaient, par deux fois, d'entamer ce mur d'airain ; la nuit sépare les combattants. De Gordes propose alors à leur colonel Frœlich de se retirer sur Die, mais il refuse en disant que « l'ordre de sa milice, porte de ne quitter, de tout le jour, le champ de bataille où l'on a combattu ». — C'est une réponse digne des anciens preux ; il est vrai qu'ils étaient les meilleurs soldats de l'Europe.

Pendant la nuit, le chef catholique munit de vivres et de soldats la forteresse de Châtillon, allume de grands feux pour faire croire à sa présence et se dirige sur Die. Mais Montbrun en est informé, il rappelle sept enseignes qui s'étaient avancées du côté de Luc pour se procurer des vivres, et se prépare à le suivre.

De Gordes forme ses Suisses en deux bataillons ; il renforce le premier, armé de piques, par des arquebusiers dauphinois et le second, armé de piques et de cuirasses, par des arquebusiers Suisses ; il place sa cavalerie au milieu.

Montbrun divise ses cavaliers en trois escadrons : il confie l'un à Morges et à Champoléon, l'autre à François des Massues de Vercoiran, à du Poët et à du Bar. Il se réserve le commandement du troisième avec Hector de Forest-Blacons et Comps.

Pour se rendre à Die, l'armée catholique devait passer sur le pont d'Oreille jeté sur le ruisseau de Valcroissant, près de Molières, village voisin. Les Suisses commencent à traverser le pont. Lorsque huit cents, environ, sont de l'autre côté, Montbrun fait monter en croupe deux cents arquebusiers sur les chevaux de Morges et les lance sur le pont ; en un instant, il est encombré de pièces de bois, de bagages et de chevaux. Les Suisses se rangent en bataille et abordent leurs adversaires la pique levée. Vercoiran voit le danger de ses frères d'armes bien inférieurs en nombre ; il se précipite comme un tourbillon à leur secours avec son escadron et met le désordre dans les rangs ennemis.

Montbrun descend, alors, au petit pas, de son éminence, traverse la Drôme et marche résolument vers le deuxième bataillon : le baron de Gordes s'ébranle à son tour et la mêlée devient générale. En un instant, ses arquebusiers sont rompus et dispersés ; mais les Suisses imitant la manœuvre de la veille se forment en carré et présentent aux soldats protestants un front impénétrable, hérissé de piques. Entourés d'ennemis, criblés de balles de mousquets, d'escopettes et de pistolets, ils serrent les rangs à mesure que leurs compagnons disparaissent dans la four-

LE PONT D'OREILLE

naise... — Le cœur magnanime de Montbrun s'émeut en présence d'un si grand courage ; plein d'admiration il crie aux siens : « Epargnez-les, épargnez-les ! »

Ils lèvent alors leurs piques et se rendent.

Ils livrèrent leurs drapeaux, mais conservèrent leurs épées en témoignage de leur bravoure héroïque, et le capitaine huguenot leur délivra un sauf-conduit, pour qu'ils pussent se retirer honorablement dans leur pays, sans être inquiétés. L'armée catholique perdit dans la bataille sept cents fantassins français, huit cents suisses et leur colonel Guillaume Frœlich, seize capitaines, dix-huit drapeaux, trente cavaliers et tout le bagage. Les morts furent immédiatement ensevelis (1).

Montbrun ne sut pas profiter de sa victoire. Il aurait pu entrer à Die presque sans coup férir ; il se contenta de faire bloquer la ville par Lesdiguières, et courut à Livron pour observer la marche des troupes envoyées au secours du baron de Gordes.

RENDEZ-VOUS GÉNÉRAL A SAILLANS. —
BATAILLE DU PONT DE BLACONS. — DÉFAITE DES PROTESTANTS
— RETRAITE SUR SAILLANS ET PONTAIX

Les renforts que d'Ourches (2) amena de Romans au baron, arrivèrent à Crest, le 3 juillet (1585). Montbrun ne les avait pas attendus et s'était porté en toute hâte à

______

(1) Brun-Durand : *Mémoires d'Eustache Piedmont*, page 36. — Delacroix : *Statistique du département de la Drôme.* 84-85.— Abbé Chevalier : *Mémoires des frères Gay*, page 145. — Eug. Arnaud, page 329, T. I. — Videl : *Vie du connétable-duc de Lesdiguières.* — Baron de Zur-Lauben : *Histoire militaire des Suisses* (Paris 1751). Tome V, page 10.—Etc.

(2) Rostaing d'Urre, seigneur d'Ourches, possédait à ce moment, Véronne, Lamotte-Chalançon, Ponet et Saou.

Saillans, où il avait donné rendez-vous à Lesdiguières et à ses lieutenants.

Aussi, notre cité offrait-elle, le 4 juillet, au soleil levant, un des spectacles les plus animés. Ses rues étaient encombrées de reitres, de lansquenets, de suisses, de piémontais, se formant en colonnes. Sur la place du Fossé, Montbrun, Lesdiguières, Mirabel, Forest de Blacons (1), Morges, Cugie (2), Gouvernet (3), Champoléon, Bardonnanche, du Bar, neveu de Montbrun; Vercoiran, Comps (4), du Poët, Sauvain du Cheylard (5), représentants les plus distingués de la cause protestante, hardis capitaines qui, depuis longtemps, combattaient pour la cause sacrée de la liberté, étaient réunis en conseil et délibéraient sur le choix du meilleur plan de bataille (6).

Les circonstances étaient graves. Aix et Die n'avaient pas capitulé et une armée ennemie de mille deux cents lances, quatre cents arquebusiers à cheval et mille deux cents fantassins, était aux portes de Saillans. Montbrun

(1) Hector de Forest, seigneur de Blacons, se maria en deuxièmes noces avec Françoise de Mirabel. Il prit les « armes » de sa femme et adjoignit son nom au sien à partir du 8 avril 1576.

(2) Aimé de Glane de Cugie (canton de Vaud, Suisse), épousa Antoinette des Massues, sœur de François de Vercoiran, gendre de Montbrun.

(3) René de la Tour, seigneur de Gouvernet, Montauban, Mévouillon, Aix, la Charce, etc.

(4) Mary de Vesc, seigneur de Comps, marié en 1572 avec Françoise des Alrics de Rousset.

(5) Pierre Sauvain du Cheylard, seigneur d'Egluy, Marche, Piégros, Chastel-Arnaud, St-Sauveur, Barry et Vercheny, est un des gentilshommes qui, le 8 janvier 1562, donnèrent pouvoir à Jean de Moreton de déclarer aux Etats du Dauphiné qu'il entendait désormais vivre « Dieu aidant, selon la pure doctrine réformée de l'Evangile ».

(6) Long, page 146. — Eug. Arnaud, I, page 328-329.

aurait voulu barrer le pont de Blacons à ses adversaires, mais Lesdiguières lui montrait combien il serait plus facile de les attendre au passage de l'Echarenne ou à Pontaix. Les avis étaient partagés, lorsqu'un courrier arriva à bride abattue auprès de Montbrun et l'informa que d'Ourches, à la tête de ses renforts, au lieu de suivre la vallée de la Drôme, se disposait prudemment à remonter le cours de la Gervanne, pour arriver à Die par Beaufort et Quint. Il n'y avait plus d'hésitation possible; les chefs donnèrent rapidement quelques ordres, et l'armée s'ébranla au milieu des cris et des fanfares. En voyant passer ces fiers vainqueurs du pont d'Orcille, bien des Saillantinois espéraient qu'une nouvelle victoire hâterait la signature de la paix que tout le monde désirait ardemment.

Arrivé à la hauteur de Mirabel, bâti sur un coteau qui cachait ses soldats à l'ennemi, Montbrun aperçoit les troupes catholiques engagées dans la vallée de la Gervanne. Il attend que l'avant-garde ait disparu à un détour du chemin, puis il ordonne à Lesdiguières de fondre sur l'arrière-garde et les bagages, entre les deux colonnes de l'armée ennemie. Le vaillant capitaine franchit le pont de Blacons au pas de course et arrive près de l'armée catholique. S'apercevant alors qu'elle dispose de forces imposantes, il en informe son général. Mais le fougueux Montbrun, emporté par son courage, s'écrie : « Qu'il marche à l'ennemi ou me laisse passer ! » (1). Dès lors, Lesdiguières n'hésite plus. Il se jette avec impétuosité sur l'arrière-garde de l'ennemi, culbute trois compagnies de gens de pied et fait

______

(1) Videl dans sa *Vie du connétable de Lesdiguières* raconte un peu différemment cette scène.

mordre la poussière à soixante Corses. Montbrun, de son côté, en vient aux mains avec un gros de cavalerie et fait des prodiges de valeur. Ses soldats, vainqueurs sur toute la ligne, oubliant qu'ils n'ont affaire qu'à une partie de l'armée royale, se débandent, poursuivent en tous sens l'ennemi, pillent les bagages et fouillent les morts. L'avant-garde revient immédiatement sur ses pas, et cherche à couper la retraite au général huguenot en s'emparant du pont de Blacons. Montbrun, du haut d'un col, voit le danger que courent les siens: au lieu de faire sonner la retraite, en présence de forces qui menacent de les accabler, il en rallie un grand nombre qu'il ajoute à ses trois cents gendarmes; c'étaient des vétérans qui avaient assisté à plus de vingt batailles. Il se met à leur tête; ces braves se consultent une dernière fois du regard..., leur vaillant capitaine lève son épée; sabre au clair et crinière au vent, ils partent comme la foudre. La terre trembla: lancé comme une tempête où les lattes et les casques mêlent les rayons du cuivre aux éclairs de l'acier, l'escadron se précipite comme un ouragan et s'ouvre une trouée sanglante dans les rangs ennemis. Mais la cavalerie de l'armée royale se déploie avec une rapidité merveilleuse, l'entoure dans un cercle de fer et de feu, et le crible de coups d'arquebuse. Les soldats huguenots réussissent cependant à se dégager et s'enfuient du côté de Saillans. Montbrun, laissé presque seul, atteint de trois blessures, se dégage du gros de ses adversaires avec une bravoure inouïe, renverse d'un coup d'épée un soldat qui le somme de se rendre et s'élance vers le pont pour protéger la retraite de ses derniers hommes. Mais, en voulant franchir le canal des moulins d'Aouste, son cheval, surmené toute la journée, s'abat sur lui et lui brise la cuisse. On l'entoure aussitôt; l'infortuné capitaine rend son épée à ses cousins d'Ourches (1) et François Du Puy de Rochefort (2). — Trente-huit de ses officiers furent faits prisonniers, au nombre desquels Comps et Timothée du Mas de l'Isle (3). Il fut conduit à Crest et traité avec tous les égards dûs à son rang et à son courage.

Lesdiguières rallia les fuyards et se dirigea sur Saillans. Son régiment n'avait perdu que vingt-deux hommes, mais, parmi ces derniers, le neveu de Montbrun, le brave Du Bar, qui, à lui seul, valait une armée. Lorsque les vaincus arrivèrent dans notre cité, on eût difficilement reconnu dans ces soldats fatigués, pâles, couverts de sang et de poussière, les valeureux combattants de Menglon et de Die. Sombres et marchant avec peine, ils s'arrêtèrent un instant dans nos murs où la population, accourue sur leur passage leur donna les premiers soins, puis ils se rendirent à Pontaix, dont les fortifications leur offraient un abri assuré.

A la nouvelle de la prise de son redoutable ennemi, Henri III montra une joie indécente. *Je savais bien qu'il s'en repentirait*, s'écria-t-il, *il en mourra, et verra à cette heure s'il est mon compagnon!* Il écrivit aussitôt au Parlement de Grenoble pour lui ordonner *d'en faire promptement justice.* Ce dernier répondit, avec dignité, que Montbrun serait

(1) Rostaing d'Eurre, seigneur d'Ourches, Véronne, Ponet, gendre du baron de Gordes.

(2) François Du Puy, seigneur de Rochefort, épousa Jeanne de Saint-Féréol, le 12 juin 1577.

(3) Charles Du Puy, seigneur du Mas, cousin de Montbrun. Son fils, François, épousa Antoinette de Lastic, de Saou.

PONTAIX.

traité en prisonnier de guerre et jugé comme tel. Mais un ordre plus précis lui apprit quel service l'on attendait de lui... Le vaillant capitaine fut transféré de Crest à Grenoble, le 29 juillet (1575).

Les frères d'armes de Montbrun : Lisle, Morges, d'Oraison, Gouvernet, Champoléon, du Poët, Saint-Auban et bien d'autres se réunirent à Mens et menacèrent le Parlement de représailles terribles si l'on exécutait leur vaillant général. Sa noble femme, Justine de Champs, alla même jusqu'à offrir, en échange de la liberté de son mari, Serres et Livron : les chefs protestants y consentaient par amour pour celui qui les avait si souvent conduits à la victoire. Tout fut inutile, l'ordre du roi était formel. Par arrêt du 12 août (1575), et au mépris de toutes les lois de la guerre, Montbrun fut condamné à mort. Comme sa blessure le faisait affreusement souffrir, on le porta sur une chaise au lieu du supplice (près de la Porte-de-France). « Il avait le visage serein et plein de noblesse ; le Parlement tremblait, la ville, affligée de la triste fin de ce héros, pleurait (1) ».

Le bourreau s'y prit à trois fois, pour trancher cette noble tête.

______

(1) Voir le martyrologe de Crespin et l'abbé Martin : *Vie de Du Puy-Montbrun*, page 111.

TÊTE SCULPTÉE SUR LA MAISON
DE FRANÇOIS DE BONNE DE VERCORS-LESDIGUIÈRES
(*Maison Roland*)

TROISIÈME PÉRIODE, 1575-1598

Le baron DE GORDES, LAURENT DE MAUGIRON (1) et ALPHONSE D'ORNANO (2), lieutenants-généraux catholiques. — LESDIGUIÈRES, chef des protestants.

Un des meilleurs officiers de Montbrun était François de Bonne, seigneur des Diguières, plus connu sous le nom de Lesdiguières, d'une pauvre et obscure famille de gentilshommes du Champsaur. Il était né à Saint-Bonnet, dans les Hautes-Alpes, en 1543. Son père, qui avait passé sa vie à guerroyer, était un rude compagnon. Un jour que, dans son château de Laye, il s'était pris de querelle avec l'évêque de Gap, Gabriel de Clermont, tout aussi batailleur que lui, il l'avait jeté par la fenêtre. Le jeune Lesdiguières, que ses parents destinaient au barreau, chercha dans la carrière des armes un nom et un avenir. « D'abord, simple archer dans la compagnie du baron de Gordes, dit

____

(1) Laurent de Maugiron, comte de Mont-Léans, marquis d'Ozon baron de Montbellet, etc... fut lieutenant-général en 1554, en 1562 et du 4 mars 1578 à sa mort en 1579. Il avait épousé sa cousine Jeanne de Maugiron.

(2) Alphonse Corse, dit d'Ornano du nom de sa mère Vanina d'Ornano, femme d'un colonel Corse. Il fut lieutenant-général en 1589, maréchal de France en 1596. « C'était un très honneste et très pertinent homme » dit Brantôme.

un éminent auteur, à la fin connétable de France, il fut comme le souverain de cette province, dans laquelle sa vie s'écoula presque tout entière. Hardi et rusé tout à la fois, brave jusqu'à la témérité, despote jusqu'à la cruauté, il fut pendant soixante ans le rempart et l'effroi de son pays. »

Des Adrets était protestant par vengeance, Montbrun le devint par conviction, Lesdiguières le fut par politique. Il avait combattu dans les rangs des Réformés à Jarnac, à Moncontour et avait suivi le glorieux vaincu du pont de Blacons dans toutes ses guerres. A la mort de ce dernier, la division se mit parmi les chefs réformés de la province. Les protestants du Haut-Dauphiné jugèrent Lesdiguières digne de succéder à Montbrun, mais ceux des Baronnies, du Valentinois et du Diois, ayant à leur tête Cugie, refusèrent d'obéir à un jeune homme de trente-deux ans et « de modeste maison. » Sous le nom de *Désunis*, ils lui firent une vive opposition. Quatre de nos églises, parmi lesquelles Pontaix et Bourdeaux, se rangèrent dans le parti des mécontents. Il fallut que le duc de Mayenne entrât en Dauphiné à la tête de seize mille hommes et s'emparât de Lamure, le boulevard de la Réforme dans la vallée du Drac, pour que les récalcitrants ouvrissent les yeux sur le danger de leurs divisions.

Lesdiguières commence les hostilités par la prise du château de Morestel (près de Bourgoin), d'Allières (près de Vif) et de Die. L'édit de Chastenay ne parvient pas à calmer les esprits, et les protestants continuent leurs conquêtes par la prises de Gap, de Donzère, de Saint-Paul-Trois-Châteaux, de Puy-Saint-Martin, de Châteaudouble. Mais les catholiques s'emparent d'Armieu, de Loriol et d'Eurre. Ni *l'Edit de Poitiers*, ni la *Convention de Jarrie*, ni les *Articles de Nérac* ne réussissent à pacifier notre malheureuse province.

La reine-mère, Catherine de Médicis, vint alors elle-même en Dauphiné ; elle invita les chefs Réformés à une conférence qui eut lieu à Montluel et dont les article furent sanctionnés par la *Convention* du Monestier-de-Clermont. « Protestants et catholiques devaient laisser de bonne foy tous actes d'hostilité, impositions, contributions, péages et autres levées et cueillettes de deniers, vivres ou munitions de quelque nature qu'ils soient, ensemble toutes courses et autres charges quelconques. » Nyons, Serres, Gap, Lamure, Livron, Pontaix, Pont-en-Royans, Die, Châteauneuf-de-Mazenc leur restaient comme place de sûreté et leurs adversaires étaient tenus de licencier les garnisons qu'ils avaient encore à Mévouillon, à Tulette, à Róynac, à Saou, à Grane. Il était entendu que les ecclésiastiques catholiques jouiraient d'une entière liberté, à la condition de « se comporter modestement. »

Ce réglement ramena pour quelques mois la tranquilité dans notre vallée. Mais le peuple, écrasé d'impôts « et tous les jours foulé par les gens de guerre », se souleva à Valence, à Montélimar, à Vienne, à Grenoble, à La Valloire et prétendit, avec raison, que d'après le *Droit delphinal*, l'Église et la noblesse, tout comme le tiers-état, devaient contribuer de leurs deniers à la défense du pays. Cette *Ligue des Vilains* acheva de troubler nos contrées : bien qu'elle fût née en dehors du protestantisme, les chefs réformés s'allièrent quelquefois aux mécontents pour s'emparer de certaines places.

DÉMOLITION DES REMPARTS DE SAILLANS

Le duc de Mayenne envahit alors le Dauphiné avec huit ou neuf mille hommes. Lamure est prise d'assaut après un siège digne de celui de Livron. La *Conférence de Fleix* n'arrête pas complètement les hostilités : des troubles éclatent encore à Saint-Paul-Trois-Châteaux. Mais les chefs protestants, décidés à poser les armes, envoient Soffrey de Calignon à Mayenne, pour traiter de la paix. Le duc leur communiqua les conditions du roi; elles étaient fort dures : trente-deux places durent être démantelées, de ce nombre furent Livron, Saillans, Pontaix, La Tour de Quint, Puy-Saint-Martin, Eyzahūt, Loriol, Grane, Châteaudouble, Saint-Restitut, Tulette, Vinsobres, Saint-Paul-Trois-Châteaux. Un pasteur protestant en exprimait tous ses regrets à Lesdiguières. Ce « fin renard », comme l'appelait le duc de Savoie, lui répondit : *Je les reprendrai par les mêmes brèches qu'ils font.*

Au mois d'août 1580, un détachement de soldats, soutenus des tenanciers et corvéables des communes voisines, parut sous les murs de Saillans. La mine et le pic entamaient, péniblement, ces vieilles murailles qu'avait édifiées la féodalité. Sous leur action destructive, les créneaux, les courtines et les machicoulis, tombèrent. Les fossés se comblèrent de ruines, et, l'année suivante, il ne restait debout que quelques tours découronnées, que des remparts ouverts, tristes débris laissés là pour proclamer l'impuissance des démolisseurs et rappeler des souvenirs qui n'étaient pas sans gloire et sans éclat.

BATAILLE DE MONTMARTEL. — PRISE DE SAILLANS.

Depuis l'alliance de Henri III et de Henri de Navarre, les royalistes et les protestants, avaient été unis contre la *Ligue* : les royalistes et les *Ligueurs* s'unirent en haine de la religion du nouveau roi. Mais du même coup, les protestants, de révoltés, devinrent les fidèles défenseurs de la royauté. Lesdiguières s'allie avec Alphonse d'Ornano, lieutenant-général de la province, pour la maintenir sous l'obéissance de Henri IV. A ce moment, la *Ligue* tenait Grenoble, Valence, Embrun, Briançon, Die, Montélimar, depuis le séjour du duc de Mayenne, frère cadet du duc de Guise.

Se sentant menacés, plusieurs réformés, sans attendre les ordres du roi de Navarre, commencent à se soulever. A Pâques (1585), ils s'emparent de Pontaix, et Lesdiguières emporte d'assaut Chorges, Montélimar, Aix, Montlaur, Châtillon et Embrun. Alarmé de tout ce qu'il apprend, Henri III charge Louis de Nogaret duc de la Valette, de soumettre à son autorité les *Ligueurs* et les protestants du Dauphiné. Il lui confie trois mille fantassins français, mille Suisses commandés par le colonel Gallaty, cinq cents chevaux et huit canons. Le 26 janvier (1586), l'armée royale s'empare de Mirabel et de Vachères où elle trouve une grande quantité de grains. Quelques jours après, Eurre succombe après un assaut acharné. Le froid est si terrible que plusieurs sentinelles meurent à leur poste : les troupes ne ralentissent pas leur marche, elles prennent Allex en passant et se dirigent sur Saillans où Lesdiguières avait donné rendez-vous à ses fidèles Diois.

SAOU

Les huguenots avaient une garnison dans notre cité, dont une bonne partie de la population était réformée. Mais la place n'offrait plus que le triste spectacle de ses remparts en ruine. Cependant, si l'édit du duc de Mayenne lui avait ôté ses tours et sa physionomie guerrière, il n'avait pu lui ravir les avantages qu'elle devait à sa position. Saillans demeurait, toujours, un point stratégique d'une haute importance ; il était encore la clef de la vallée. Des soldats aguerris, retranchés derrière ses vieux murs, pouvaient commander la contrée, résister à une attaque et arrêter même un corps d'armée. Les protestants, si habilement initiés à une guerre de « partisans », n'ignoraient pas tout le parti que l'on pouvait tirer de la position de notre bourg et, plus d'une fois, comme nous l'avons vu, ils le firent servir à l'accomplissement de leurs desseins.

L'approche de La Valette les jeta dans un profond émoi. Trop faibles pour soutenir un siège, mais trop dévoués à la cause sacrée qu'ils défendaient pour l'abandonner lâchement, ils préférèrent un sacrifice héroïque à une mort sans gloire et s'arrêtèrent à une détermination qui témoignait de leur valeur et de leur fidélité. L'ennemi était à une faible distance, traînant avec lui sa lourde artillerie. Les Saillantinois, renforcés de quelques soldats de Bourdeaux et des environs, sortent hardiment à sa rencontre et lui présentent la bataille, à Montmartel (1). Leurs

(1) Mons Martis, Mont de Mars, dieu de la guerre, parce que les Gaulois s'y réunissaient au printemps pour délibérer sur les expéditions guerrières qu'ils désiraient entreprendre. Ils ensevelissaient leurs morts sur le plateau et prêtaient serment sur les ossements des pères d'être « justes et vaillants. » Cette coutume s'est conservée pendant plusieurs siècles. Au Moyen-Age on tenait les grandes assemblées dans les cimetières. — Les tombes que l'on a trouvées à cet endroit sont de l'âge celtique.

adversaires sont d'abord très étonnés d'une action qui semble révéler plus de témérité que de prudence. Mais, à la voix de leurs chefs, ils engagent l'action. Cinquante huguenots, et avec eux leur chef, Hector de Peyroles, sont, en un instant, mis hors de combat; leurs frères d'armes ripostent alors, par une décharge générale et, pour éviter d'être entourés par des forces écrasantes, se déploient en tirailleurs et dirigent un feu meurtrier sur les masses profondes qui défilent devant eux Poursuivis par la cavalerie, les uns sont faits prisonniers, les autres se dispersent dans les montagnes voisines, ou vont demander asile à Pierre Sauvain du Cheylard, un de leurs coreligionnaires.

A vaincre sans péril on triomphe sans gloire!

L'armée royale entra dans Saillans et la cité dut assouvir la rapacité des vainqueurs (1). Environ douze soldats catholiques, parmi lesquels le capitaine Signat, furent tués dans cette journée (2).

De Saillans, l'armée s'achemina vers le château-fort de Saou, défendu par Raymond de Lasty (3), un brave huguenot, qui avait sous ses ordres seize soldats. Le village fut détruit de fond en comble, ainsi que le magnifique Hôtel d'Eurre; mais les efforts réunis des troupes ne purent

---

(1) La Valette était un fameux fripon. Pendant que la guerre ruinait tant de gens, il réussissait à faire une fortune princière. En dix-huit mois, seulement, il nous extorqua huit cent mille écus. — Abbé Jules Chevalier : les Frères Gay, p. 233.

(2) Brun-Durand : *Mémoires d'Eustache Piedmont*, 184-185.

(3) Lasty ou Lastic. Cette famille était originaire de l'Auvergne. Jean de Lastic s'établit en Dauphiné par suite de son mariage avec Antoinette d'Ambel en 1434. — Raymond de Lastic était fils de Jacques et de Jeanne de Saint-Féréol.

UNE RUE DE SAOU

déloger l'héroïque capitaine d'une tour bâtie sur un roc élevé où il s'était réfugié. — Sept de ses hommes furent pris et pendus aux chênes de la route. Après ces brillants faits d'armes, l'armée prit ses cantonnements à Loriol et à Livron. Après s'être reposée un mois, elle continua ses expéditions dans notre malheureux pays, rançonnant nos populations et brûlant nos petites cités : Chorges fut emporté après une résistance héroïque ; — un corps de trois mille Suisses fut battu près de Vizille, mais les protestants s'emparèrent de Montélimar après un siège mémorable. La peste vint s'ajouter aux horreurs de cette guerre interminable et décimer une contrée déjà si cruellement éprouvée. Cinq milles personnes à Die, seulement, furent moissonnées par le fléau.

Enfin, Lesdiguières, après de nombreuses campagnes, dont le récit n'entre pas dans le cadre de notre travail, acheva de s'emparer par force ou par adresse de tout le Dauphiné et de le soumettre à l'obéissance du roi Henri IV (1).

L'ÉDIT DE NANTES

Depuis longtemps, les Réformés espéraient que ce prince leur accorderait la liberté de conscience. Quand ils virent qu'il y mettait une extrême lenteur, ils réunirent plusieurs fois leurs assemblées politiques et la demandèrent énergiquement.

Ils obtinrent, enfin, l'*Edit de Nantes* (13 avril 1598)

_____

(1) Ce prince avait abjuré le protestantisme en 1594. — Lesdiguières duc et pair en 1611, maréchal de camp en 1621, l'abjura à son tour le 25 juillet 1622 dans l'église Saint-André de Grenoble et reçut, après la cérémonie, les « lettres » qui le nommaient connétable. — (Videl).

qui fut un immense bienfait pour tout le monde. Cette grande charte de la Réforme française, sous l'ancien régime, accordait en résumé ce qui suit : Liberté de conscience dans le for intérieur ; — exercice public de la religion dans tous les lieux où il était établi en 1597 et dans les faubourgs des villes (1) ; — permission aux seigneurs haut-justiciers de faire célébrer les offices dans leurs châteaux et aux gentilshommes de second rang de recevoir trente personnes à leur culte privé ; — admission des réformés aux charges publiques, de leurs enfants dans les écoles, de leurs malades dans les hôpitaux ; — droit de faire imprimer leurs livres dans certaines villes ; — des Chambres mi-parties dans quelques-uns des Parlements ; — une Chambre de l'édit, à Paris, toute catholique, moins un seul membre, mais offrant de suffisantes garanties par sa destination spéciale ; — quatre Académies pour l'instruction scientifique (une d'entre elles à Die) ; — l'autorisation de convoquer des synodes selon la *discipline* ; enfin soixante-dix-huit places de sûreté : Die fut du nombre avec vingt hommes de garnison.

L'Eglise catholique eut, aussi, sa part dans l'Edit. Les biens du clergé devaient lui être restitués, les dîmes payées et l'exercice du catholicisme rétabli dans tout le royaume. Ce dernier article restaura la messe dans deux cent cinquante villes et dans deux mille paroisses de campagne.

Ce n'était pas la liberté religieuse ; c'était un traité de paix entre deux peuples juxtaposés sur le même sol.

Il y avait deux droits, deux armées, deux établissements

____

(2) Il y avait à ce moment 611 églises réformées.

de justice, et chaque parti avait ses places de sûreté. Henri IV avait rempli le rôle d'arbitre entre les deux camps. Mais, c'était un grand progrès sur le passé.

La fausse maxime qu'il ne doit y avoir qu'une seule foi, comme il n'y a qu'un seul roi et un gouvernement, avait coûté à la France trois milliards de notre monnaie et deux millions d'hommes. Les protestants avaient mis quarante ans à conquérir cet Edit par le martyre et trente-six par les armes, il avait coûté la vie à six cent mille d'entre eux. A la fin de ces affreuses guerres, la moitié des villes et des châteaux étaient en cendres, les temples démolis, un grand nombre d'églises profanées ou détruites, l'industrie perdue et les campagnes tellement dévastées que des milliers de paysans avaient résolu de quitter la France, n'ayant plus de quoi vivre sur le sol qui avait nourri leurs pères (1).

Notre patrie a conquis le principe de la liberté religieuse à travers des flots de sang et sur des monceaux de ruines. Il lui a coûté assez cher pour qu'elle le garde avec un soin jaloux.

______

(1) François Barbier, de Saillans, n'avait pas attendu jusque là pour s'exiler. Le 23 octobre 1559 il était arrivé à Genève et y avait trouvé bon nombre de ses coreligionnaires dauphinois. — Eug. Arnaud, op. cit. p. 499, T. I.

SAILLANS EN HIVER

CHAPITRE VI

*DE LA PROMULGATION DE L'ÉDIT DE NANTES
A LA MORT DE LOUIS XIV (1598-1715).*

§ I. Saillans change de suzerain. — Achille Lambert, de Valence.
Réné de La Tour, seigneur de Gouvernet. L'évêque Gélas
de Léberon. — § II. Controverses. — § III. La peste de
1629. — § IV. Saillans avant et après la Révocation de
l'Édit de Nantes. — § V. Compte général des dettes de la
commune en 1700. — § VI. Fin du règne de Louis XIV.
Famine de 1709.

§ I. *SAILLANS CHANGE DE SUZERAIN.*
ACHILLE LAMBERT DE VALENCE.
RÉNÉ DE LA TOUR, SEIGNEUR DE GOUVERNET.
L'ÉVÊQUE GÉLAS DE LÉBERON

NOTRE pays, affaibli de toutes manières par les
guerres qu'il avait dû soutenir, profita de l'Edit
de Nantes pour travailler avec ardeur à son relèvement. Le commerce délaissé, l'agriculture en
souffrance, des dettes énormes, des ruines partout, tel
était le tableau qu'offrait Saillans à la fin des guerres de
religion. La commune n'avait, pour se rétablir, que de
faibles ressources sans rapport avec les besoins du moment; le passage des troupes, l'entretien d'une garnison,

des intérêts énormes à solder annuellement, les réparations
continuelles que l'on était obligé de faire aux moulins, au
canal, au pont de la Drôme, le traitement d'un « précepteur de la jeunesse », les dîmes à payer au prieur, à
l'évêque, ainsi que la taille royale absorbaient et au-delà
les fonds prélevés sur le travail d'habitants laborieux mais
appauvris. Le nouveau seigneur suzerain de Saillans
dut s'en apercevoir à l'irrégularité de la perception de ses
redevances.

En effet, dix-huit ans plus tôt, Charles de Gélas de
Léberon qui avait succédé, en 1580, à son oncle Jean de
Montluc, sur le siége épiscopal de Die, avait été obligé
d'aliéner la terre de Saillans de son domaine temporel, par
un acte de vente passé le 15 février de la même année au
profit d'Achille Lambert, de Valence, ancien receveur des
décimes (ou impôt dû au roi) sur les revenus du clergé de
Valence et de Die (1). Les troubles, qui agitaient la province depuis de longues années, avaient si fortement
diminué les ressources de ses deux diocèses que le prélat
en était réduit à cette extrémité pour avoir quelque argent.
Pour le prix de 293 écus d'or, il céda tous les revenus de
son mandement de Saillans, avec la « juridiction haute,
moyenne, basse, mère, impère, avec tous droits... qui
en dépendaient. » Il fut stipulé, cependant, que les successeurs du prélat pourraient rentrer en possession de la terre,
en restituant le prix d'achat à l'acquéreur (ou à ses héritiers) et en lui payant les intérêts de la somme versée
depuis le jour de la vente jusqu'à celui du remboursement.

---

(1) Archives départementales.

Le chapitre de l'église cathédrale de Valence approuva ces conditions (1).

Mais Gélas de Léberon ne se pressa pas de se rendre parmi nous. C'était un esprit essentiellement pacifique qu'effrayait tout ce qu'il apprenait sur nos contrées. Un de ses contemporains dit de lui: « Il était recommandable par sa piété et sa droiture; il était surtout d'une douceur sans égale, mais elle n'était pas accompagnée de toute la fermeté nécessaire à un évêque dans ces temps difficiles et orageux (2) ».

Après le traité de Fleix et le rétablissement momentané de la paix publique, il se décida à prendre le chemin du Diois. A cet effet, il se munit de lettres de recommandation pour les représentants de l'autorité royale dans le pays. Ces lettres, toutes datées de Paris, étaient écrites par Henri III, Catherine de Médicis, le duc de Mayenne, Glandage (3), le père. Ce ne fut cependant que deux ans plus tard qu'il fit, sans aucun apparat, son entrée à Valence. De là, il vint à Die, en ce moment au pouvoir des réformés. Comme ces derniers avaient une garnison au palais épiscopal, le prélat dut se contenter d'une demeure particulière. Il était si timide « qu'un jour il n'osa même pas faire dresser un autel dans l'intérieur de la maison où il

---

(1) Inventaire de la Chambre des Comptes de Grenoble.

(2) Abbé Jules Chevalier: les *Frères Gay*, page 201.

(3) Claude de l'Hère, baron de Luc et de Miscon, seigneur de Glandage et de Grand-Guisans fut pendant longtemps gouverneur de Die et défendit cette ville contre les protestants. Son fils, Hugues de L'Hère embrassa le parti de la Réforme et se distingua dans plusieurs batailles.

était logé, pour faire administrer les sacrements à un de ses domestiques qui se mourrait ».

Il fut remplacé, en 1600, par son neveu Pierre-André de Gélas de Léberon.

Pendant ce temps, Achille Lambert déplorait amèrement le marché qu'il avait conclu avec l'évêque. A peine investi du fief qu'il venait d'acquérir, il se repentit de son imprudence, au bruit des nouvelles qui circulaient. Séduit par l'espoir d'une paix profonde, il rêvait d'honneurs et d'écus, mais les rapports de son châtelain (fermier) et les graves événements qui s'accomplissaient ne tardèrent pas à l'éclairer sur l'inanité de ses illusions et de ses calculs ambitieux. Cependant, il est bon de faire remarquer qu'il avait fait bénéficier notre cité de l'édit de Henri IV sur les soieries et qu'il avait fait « exempter Saillans de tailles, impositions, ports, péages et autres subventions », notre pays étant « un lieu propre pour soyer et faire choses qui conviennent à l'art d'ouvrer la soie » et devenant ainsi une source de profit pour toute la contrée (1).

Ayant appris que Réné de la Tour, seigneur de Gouvernet, La Charce, baron de Die, chambellan du roi, capitaine de cinquante hommes d'armes de ses ordonnances, gouverneur pour S. M. en Diois et Baronnies, achetait d'importants châteaux dans notre vallée, il lui offrit la terre de Saillans. Le riche seigneur protestant y consentit, le 29 avril 1593, pour le prix de cinq cents écus d'or (2).

Mais le nouvel évêque de Die ne voyait pas, sans dou-

---

(1) Archives départementales, carton E. 1044 et 4119.
(2) Archives départementales. Livre blanc, fol. 134 et suivants.

leur, un des plus hardis capitaines réformés, posséder une cité qui, pendant de longs siècles, avait fait partie de son domaine temporel. L'état des finances épiscopales s'étant amélioré, le prélat rappela au seigneur huguenot qu'en vertu de l'acte de vente du 15 février 1580 il pouvait rentrer en possession de la ville, en remboursant le prix d'achat. Mais Gouvernet fit semblant de ne pas comprendre. Il s'était attaché à Saillans, avait relevé son commerce, et avait fait accorder au pays une nouvelle foire par Henri IV. De Liberon cita, bientôt après, devant la cour de Toulouse, l'oublieux et récalcitrant capitaine. Le tribunal condamna ce dernier, le 8 avril 1620, à restituer Saillans au prélat et nous voyons celui-ci, le 15 février 1635, consigner mille quatre cent huit livres entre les mains du présidial de Valence (dont neuf cent quatre-vingt-deux livres pour le prix de la terre) et rentrer définitivement dans ses droits (1).

Le 20 janvier 1637, le prélat se rendit dans notre ville. Il était accompagné de noble Faure de Chipre de Soubreroche (2), seigneur de Lus-la-Croix-Haute, de noble Salomon de Rochas, prieur de Grane, de noble Antoine Faure des Blains, chanoine de Valence et de quelques autres personnages distingués. Ils descendirent tous dans la maison d'Eymieu, capitaine-châtelain, où les consuls, les notables et beaucoup d'habitants avaient été convoqués.

Les Saillantinois reconnurent à l'évêque « toute juridic-

---

(1) Archives de la Préfecture de Valence. — Livre blanc fol. 193.

(2) Soubreroche, ou plutôt Souberoche, était le nom d'un petit fief de Châtillon-en-Diois. La famille de Chipre, originaire du Trièves avait embrassé de fort bonne heure le protestantisme. Charles de Chipre, dont il est ici question, avait épousé Claire de Dorne, fille du juge-mage de Valence.

» tion, haute, moyenne et basse, civile et criminelle,
» mère, mixte, impère sur les personnes et biens de la
» ville et mandement avec connaissance des cas royaux et
» droit de ressort immédiat au parlement de Grenoble,—
» les chemins et places publiques, bois, champs, prés,
» vignes, terres cultes ou incultes, eaux et cours d'eau de
» la ville et mandement (1)... » En retour, le prélat,
touché de la misère où était tombée notre population lui
accorda de « fortes sommes d'argent et s'empressa d'é-
tendre sur nous les effets d'une libéralité partout ré-
clamée » (2).

Pendant les guerres de religion, les bâtiments du
prieuré avaient été fort endommagés, mais l'église, quoique
dégradée, subsistait dans son ensemble. On la restaura et
les catholiques purent venir prier là où s'étaient agenouillés
leurs pères. L'église de Notre-Dame, à la place de la
Daraise s'éleva sur les ruines de l'ancienne église paroissiale de Sainte-Marie-du-Bourg : elle servit plus tard aux
réunions de la confrérie du tiers-ordre.

Les oratoires de Saint-Maurice et de Saint-Jean étaient
dans un état de délabrement qui aurait nécessité des réparations fort coûteuses ; ils furent abandonnés. Leurs décombres gisant çà et là, semblaient protester contre l'oubli.
Longtemps encore ils répandirent comme un voile de
deuil sur ces lieux vénérés des anciens : puis ils disparurent ; aujourd'hui il n'en reste plus que le nom.

Pendant que la sollicitude de la commune se portait sur

---

(1) Archives de la Préfecture de Valence. — Livre blanc fol. 194.
(2) Abbé Vincent, op. cit.

l'industrie, les foires, les marchés et les routes de Saillans, des controverses religieuses naquirent dans notre vallée : nous en dirons quelques mots.

§ II. *CONTROVERSES RELIGIEUSES*

On a appelé le xviie siècle, celui du bel esprit. Il est certain qu'il n'est peut-être aucune époque plus fertile en génies, en penseurs, en écrivains et en orateurs. Mais il n'en est pas de plus fertile non plus en discussions dans les domaines de la politique, de la littérature et de la théologie. En religion le combat est engagé sur toute la ligne. Il n'est aucun siècle plus brillant par les controverses et plus intéressant par le nombre et la valeur des combattants, par la gravité des questions débattues. La polémique entre les oracles des deux Eglises a un caractère véritablement épique. L'importance même de son objet, le nombre et la valeur des héros de cette épopée théologique, la puissance des armes employées en forment une des grandes choses de ce temps, où l'on en vit tant de grandes.

Elle porta en majeure partie sur le vrai nœud de la question : le principe d'autorité ; principe soutenu par les catholiques, combattu par les protestants. Elle donna naissance à des milliers d'écrits, où l'on ne trouve pas toujours beaucoup d'urbanité française ni de charité chrétienne, mais où l'on rencontre, sans cesse, une science prodigieuse.

Notre Dauphiné ne demeura pas étranger à cette lutte où la plume avait heureusement remplacé l'épée. Il avait été une des provinces où les guerres de religion avaient fait naître les plus beaux dévouements, comme les plus affreux brigandages. Les cent mille protestants qui le peuplaient, après avoir eu des capitaines renommés comme des Adrets, Dupuy-Montbrun, Lesdiguières, avaient des professeurs distingués à l'Académie de Die et des orateurs éminents, tels que Chamier, de Vinay, de Bouterouc, Eustache, de Joux, Scharp, Blanc, Crégut et bien d'autres.

Les catholiques étaient représentés par des hommes d'une haute valeur, tels que : Bouclier, Tolosany, Coton, Coyssard, Fenouillet, Brossard, Arnoux, Marcellin, Isnard, Pétriny, de Sabran, Calemard, etc., et surtout par les jésuites de Die dont l'érudition égalait le zèle convertisseur.

LE PASTEUR GASPARD MARTIN, DE SAILLANS, ET LES JÉSUITES DE DIE.

En 1621, il y avait à Saillans comme pasteur protestant, Gaspard Martin. C'était un ancien capucin de Carpentras, en religion P. Sylvestre. Instruit, éloquent, d'une moralité irréprochable, il avait été nommé prédicateur de son Ordre, le 23 mai 1602 par le général des capucins, Jérôme de Castroferettes, et avait obtenu d'importants succès en prêchant le carême à Roquevaire, à Aramon, à Vence, à Riez, à Gap, à Uzès, à Grasse, à Aix, à Marseille, à Aubusson et à Clermont.

En 1607, il reçut l'autorisation du F. Raphaël, son provincial, de lire la Bible en français et les livres hérétiques condamnés par l'index romain, afin de pouvoir réfuter les docteurs protestants. Mais la lecture de la Parole-Sainte fit sur lui une impression si profonde qu'il résolut de changer de religion. « Dieu me fit la grâce, dit-il, de sortir de la moinerie pour me ranger à la profession de l'Evangile en l'Eglise réformée. » Il fit imprimer un opuscule sur les *Motifs de sa conversion* qui fut aussitôt réfuté par A.B.C.*** d'Avignon. Mais malgré toutes les tracasseries qu'il eut à subir, il abjura officiellement le catholicisme au synode de Mens, le 7 mai 1615. Il fut nommé, d'abord, pasteur à Montélimar, mais il déclina un si grand honneur et se rendit à Genève pour y étudier la théologie, pendant une année. Il y resta beaucoup plus longtemps, avec l'assentiment des députés de nos Eglises et y fit paraitre un autre ouvrage : *Le capucin réformé de Gaspard Martin de Carpentras, déclarant au long les causes de sa conversion en l'Église réformée...* Ce volume d'un style mordant et d'une logique fine, serrée, imperturbable, fut pendant longtemps l'objet des attaques des docteurs catholiques. Les jésuites de Die, Isnard à leur tête, le décrièrent en toute occasion ; mais il ne parait pas qu'ils aient essayé de le réfuter par écrit.

Notre capucin défroqué fut nommé pasteur à Saillans en 1621, et y resta jusqu'en 1625. A ce moment, il fut appelé à desservir l'église de Die et publia la même année une *Apologie en faveur des mariages contractés après le vœu illicite de célibat monacal contre les calomnies des Jésuites résidant à Die...* — Les Jésuites, ne pouvant le réduire au silence firent appel au bras séculier et, par l'entremise de l'évêque Gélas de Léberon, obtinrent du roi son exil de Die, en 1629.

Pour le dédommager, le synode du Dauphiné lui assigna le poste avantageux de Courtheson, dans le Comtat-Venaissin (1).

ABJURATION

DE LOUIS DE MARCEL-BLAIN, SEIGNEUR DE POËT-CÉLARD

— SA FEMME SUIT SON EXEMPLE

Deux abjurations qui eurent à cette époque un grand retentissement, furent celles de Louis de Marcel-Blaïn, seigneur de Poët-Célard, et celle de sa femme. Ce jeune homme était le neveu du vaillant capitaine huguenot Du Poët, qui avait longtemps combattu pour la cause de l'Évangile avec ses amis Gouvernet, Montbrun et Lesdiguières. Il offrit peu de résistance aux arguments des docteurs catholiques. Lorsqu'on apprit, bientôt après, que sa femme s'apprêtait à suivre son exemple, les pasteurs protestants les plus distingués du Dauphiné, cherchèrent à l'en dissuader. Le colloque du Valentinois lui envoya même une députation. Sa sœur, ses frères, Lesdiguières lui-même et bien d'autres s'efforcèrent de lui faire changer de résolution.

Gaspard Martin, qui avait un talent particulier de controversiste, lui adressa, de son côté, une lettre imprimée qu'il intitula : *Lettre escritte à Madame du Poët contre les sollicitations des Jésuites et autres qui la pressent de se révolter de la foi chrétienne... (A Die, 1619).* Les représentations de ses parents et de ses amis ainsi que les arguments du

---

(1) E. Arnaud. *Notice historique et bibliographique sur les controverses religieuses en Dauphiné.* — Grenoble 1872, page 33. — *Histoire des protestants de Provence, du Comtat-Venaissin et de la principauté d'Orange.* Paris, Grassart, 1884, pages 269, 70, 71, 72, 73, 74, 75.

pasteur de Die, n'obtinrent aucun succès: Madame du Poët abjura le protestantisme, et le jésuite Isnard, qui avait contribué puissamment à sa défection, célébra sa victoire dans *Le Mercure réformé*, *apportant consolation à MM. et RR. PP. les ministres de Diois et Valentinois, désolés, hélas!... pour la perte de Madame du Poët... (A la Rochelle, 1620)*.

Nous ne dirons rien de trente-six à trente-sept autres controverses qui s'engagèrent, alors, entre les représentants des deux cultes, non plus que de plusieurs centaines de pamphlets parus à cette époque: la courtoisie et le bon goût, dont notre patrie a le monopole, nous interdisent d'en parler.

§ III. — *LA PESTE DE 1629.*

Ce fut au milieu de ces discussions religieuses qu'un terrible fléau fit son apparition dans notre vallée et emporta des milliers de victimes. La peste avait éclaté dans le Valentinois et avait décimé une multitude de villes et de villages. La municipalité de Saillans eut recours à toutes les précautions que peuvent inspirer la prudence et le dévouement pour détourner l'épidémie et rassurer une population justement alarmée. On nomma « un conseil de santé » composé de dix habitants, sous la surveillance des deux consuls, chargé de faire nettoyer à fond toutes les rues, surveiller les arrivants, examiner minutieusement toutes les bêtes à laine venant du Valentinois.

Le jour de la foire de Saint-Giraud, on ouvrit seulement trois portes: celles du Riosec, du Pont de la Drôme, et de la Soubeyranne. Une garde de six hommes fut appe-

lée à exiger de tous les marchands un « certificat de santé ».
Il fut défendu à tous les « hostes » (maîtres d'hôtel) de
donner à manger et à boire ni chez eux « ni aux Fossés,
ni aux Samarins, ni à la Soubeyranne, sous peine de dix
livres d'amende ».

L'épidémie approchant, la porte du Pont de la Drôme
fut seule ouverte sous la surveillance d'un capitaine de
garde et de trois hommes. Les remparts furent réparés, de
de façon à interdire l'accès de la cité à tous les étrangers.

Le commerce étant complétement interrompu et aucun
échange ne pouvant se faire avec les villes voisines, la
famine ne tarda pas à se faire sentir. Les consuls, le châtelain, les conseillers de ville firent appel à la générosité
de tous les habitants riches, et dressèrent une liste générale de ceux qui durent être assistés. Ils mirent en lieu
sûr tous les grains disponibles et en firent une distribution proportionnelle, deux fois par semaine, aux indigents.
Malgré les dispositions prises partout pour écarter le fléau,
les Saillantinois voyaient avec terreur la contagion gagner
du terrain ; elle avançait en dépit des quarantaines établies
autour des villes ; les cordons sanitaires étaient impuissants
à l'arrêter. Au commencement de 1629, elle pénétra dans
notre cité.

On ne vit plus, bientôt, dans le bourg, que des visages
hâves et amaigris ; les cloches de l'église et du temple
retentissaient lugubrement, la désolation et la mort étaient
partout, un voile de deuil se répandit sur Saillans. Les
cadavres étaient emportés rapidement et ensevelis à cinq
cents mètres hors des remparts : le tiers de la population
fut moissonné par cette terrible épidémie. Le commerce

en reçut un coup funeste, beaucoup de fabriques de soie, de ratines, de draps, un grand nombre de métiers à bas furent abandonnés. Les foires et les marchés, qui s'étaient relevés avec Henri IV, furent désertés. Ils ne devaient reprendre qu'au siècle suivant (1).

§ IV. *SAILLANS AVANT & APRÈS LA RÉVOCATION DE L'ÉDIT DE NANTES*

Depuis la promulgation de l'Edit de Nantes, la Réforme jouissait du droit de bourgeoisie. Elle avait bien souffert après l'assassinat du Béarnais. Toutefois, comme les protestants avaient cessé de constituer un parti politique depuis la prise de la Rochelle, une ère de paix et de travail avait commencé. Dans notre Dauphiné, ils s'appliquaient à l'industrie, aux arts, au commerce. Le pays s'enrichissait par leur intelligence et leur activité. A Saillans, immédiatement après la peste, ils s'adonnent à l'agriculture, installent de nouveaux métiers, multiplient les manufactures et les filatures et envoient des produits renommés à Lyon. Ils se distinguent dans tous les domaines, servent leur prince en toute sincérité, car, pour eux, l'obéissance au roi est non-seulement un devoir, mais encore une condition de bien-être et de prospérité.

Même avant Louis XIV, les protestants avaient donné,

---

(1) Les pestes les plus terribles qui aient désolé notre contrée sont celles de 1080, 1348, 1451, 1482, 1485, 1505, 1532, 1583, 1586. La famine avec toutes ses horreurs les accompagnèrent presque toujours. — Ce fut pendant celle de 1629 que Saillans vit le roi Louis XIII, à son retour du Piémont, passer dans ses rues.

dans notre pays, beaucoup de preuves de patriotisme Lorsque, sous Louis XIII, Henri de Montmorency e Gaston d'Orléans voulurent raviver de vieilles haines, ils leur répondirent avec une telle dignité, que ces brouillons se retournèrent vivement d'un autre coté. A cette occasion, le roi leur dit : « Je vous remercie, continuez de bien me servir, je vous maintiendrai ». Richelieu leur rendait le témoignage « qu'ils avaient fait plus que tous les autres », par leur dévouement et leur fidélité à la couronne. Sous la Fronde, ils défendirent leurs villes et leurs châteaux avec succès et gardèrent au roi les plus belles provinces de la patrie. Ces services étaient grands : Mazarin appelait les pasteurs huguenots : « mes bons amis » et le comte d'Harcourt disait : « la couronne chancelait sur la tête du roi, ils l'ont raffermie ».

Louis XIV leur en témoigna, plus d'une fois, sa reconnaissance. En 1652, il fit le serment qu'il « les maintiendrait et les garderait dans la pleine et entière jouissance de l'Edit de Nantes ». Un peu plus tard, en 1666, il écrivit à l'électeur de Brandebourg qu'il « conserverait les édits, qu'il y était engagé par sa parole royale et par les services que les réformés lui avaient rendus. »

Cependant, ce prince qui n'a que de bons témoignages à rendre à de fidèles sujets qui ont versé leur sang pour lui, publie contre eux, en 1642, en 1654, en 1662, des ordonnances vexatoires. Dans les années qui suivent, les édits se multiplient et redoublent de sévérité. Pourquoi ce changement d'attitude ? — Nous croyons que ce prince était fort mal conseillé et qu'il n'était pas éloigné d'ajouter foi aux bruits malveillants qui représentaient les protestants comme les ennemis de l'État. Il s'affermissait aussi dans la résolution de n'avoir, en France, « qu'une religion et qu'un roi ». Le clergé catholique « dans ses *Assemblées quinquennales*, lui dictait la conduite à suivre. Fidèle aux maximes qu'on lui répétait sans cesse, il se mit à défaire, article par article, l'œuvre de son aïeul. Les arrêtés de 1651, de 1665, de 1675 et de 1682 préparèrent les réformés à la révocation de l'Edit de Nantes qui fut solennellement prononcée en octobre 1685. A partir de ce moment, il leur « fut expressément défendu de faire exercice de leur religion dans les terres et domaines de Sa Majesté. »

Les amis du roi l'entourent alors et le félicitent « du grand œuvre qu'il vient d'accomplir », ne comprenant pas que cette législation impolitique et cruelle est la ruine de la patrie.

Bossuet célèbre la gloire « de cet autre Charlemagne », Michel le Tellier entonne le cantique de Siméon, et l'évêque de Die, Daniel de Cosnac, s'adressant au monarque, lui dit :

Sire, je chercherais vainement dans les siècles passés, j'appellerais inutilement à mon secours tous les éloges des premiers et des plus saints empereurs chrétiens, ils ne me fourniraient point de termes qui pussent, assez noblement, exprimer la gloire que Votre Majesté s'est acquise en prenant l'intérêt de la religion. Avoir relevé l'Église catholique, avoir trouvé l'Église de France oppressée, et l'avoir rendue l'admiration des autres Églises, être le restaurateur de la foi, l'exterminateur de l'hérésie, ce sont des titres immortels qui, non seulement, perceront l'épaisseur des temps, mais qui subsisteront encore, quand il n'y aura plus de temps... (?!)

L'éloquent évêque évoquant ensuite les ombres de François Ier, de Henri II, de François II, de Charles IX et de Louis XIII, se demande *ce qu'elles éprouveraient, si elles revenaient à la vie; serait-ce de la joie ou de la jalousie......?*

Laissons-le décider cette importante question et venons à des choses plus sérieuses, c'est-à-dire aux douloureux résultats produits dans la cité par les édits de persécution (1).

LES PROTESTANTS A SAILLANS

On a vu le rôle considérable que les protestants jouèrent dans notre ville pendant les guerres de religion, c'est dire que leur nombre était considérable à cette triste époque. Avant l'Édit de Nantes, le colloque de Valentinois, vers 1580, selon nous, avait fait une seule Église de Saillans et de Beaufort. Cette union dura fort peu, et Saillans forma une paroisse à part, ayant ses pasteurs particuliers.

Ce qu'il y a de fort remarquable, et que nous constatons avec bonheur, c'est que, parmi nous, les protestants et les catholiques vécurent presque toujours dans une harmonie parfaite pendant les troubles qui divisaient nos contrées et sous les édits de persécution des rois. Habitués à se gouverner par eux-mêmes et passionnés pour la liberté, les Saillantinois nous offrent un exemple bien rare dans l'histoire: celui d'un peuple comprenant si bien ses devoirs et le véritable esprit du christianisme, qu'il se sert de l'in-

____

(1) Les plus sévères sont ceux de 1630, 1642, 1654, 1662, 1664, 1665, 1666, 1669, 1670, 1671, 1680, 1682, 1684 et 1685. — On en compte environ 1000, de 1630 à 1751.

telligence, du dévouement et de la piété de tous, pour le bien-être et le bonheur de tous. Notre ville plus cultivée et plus sage que beaucoup de ses voisines, pratiqua la tolérance religieuse dans un siècle où un mousquet et une robe rouge étaient les apôtres d'une religion d'État.

C'est un de ses plus beaux titres de gloire.

Aussi, les commissaires exécuteurs de l'Édit de Nantes, lorsqu'ils vinrent en Dauphiné faire le recensement des églises réformées, purent-ils constater dans leur rapport au roi, le 9 novembre 1599, qu'à Saillans, *depuis longtemps les catholiques font en toute liberté l'exercice de leur religion et aussi ceux de la R(eligion) P(rétendue) R(éformée), en toute liberté et sans contredit et en bons compatriotes.*

Peut-on rendre un plus bel hommage à une cité ?

Aussi, s'empressèrent-ils de maintenir l'exercice des deux cultes.

Les élections des consuls et des conseillers de ville se faisaient le lundi de Pentecôte, la première année, dans l'église de Notre-Dame, et la seconde « dans le cimetière de Messieurs de la Religion », près des *Prisons* et limité par les remparts. Le conseil était renouvelé toutes les années par moitié. L'assemblée générale présentait deux candidats, dont l'un d'eux était, définitivement, nommé dans la réunion particulière qui avait lieu le dimanche suivant. On avait, de cette façon, un consul « ancien » remplacé l'année d'après par un consul « moderne ».

On élisait aussi, de chaque côté, six conseillers, dont trois d'entre eux, seulement, étaient choisis dans la séance du conseil privé. L'on obtenait, ainsi deux consuls et douze conseillers se partageant entre les deux cultes, sous

la présidence du fermier de l'évêque. On l'appelait capitaine-châtelain; il dirigeait la discussion avec les consuls,
mais ne pouvait convoquer le conseil que dans certains
cas et avec l'assentiment de ses collègues.

De plus, un *recteur* catholique et un *procureur* protestant étaient chargés de la direction de la *Maison de l'Aumône* et de la perception des petits revenus de la *Maladrerie* dont le terrain, qui lui appartenait, était affranchi de
tout impôt.

L'union était si profonde que, le 5 juillet 1667, le curé
Henri Brunel, ayant demandé l'autorisation d'assister aux
délibérations avec voix consultative et délibérative, sa
requête lui fut accordée. Depuis cette époque, jusqu'à la
Révolution, le curé assista aux séances. L'on avait besoin
du concours de tous pour la gestion des intérêts de la
commune dont les dettes augmentaient d'année en année.

D'après cela, on comprendra facilement la douloureuse
surprise des réformés de Saillans, lorsqu'ils virent les deux
commissaires royaux de 1664 se partager sur le maintien
de leur culte. Arbalestier (1) désirait vivement le leur
conserver, mais Bochard exigeait impérieusement l'exécution des édits. Ce dernier était appuyé par l'évêque de
Die, Gabriel de Cosnac, qui nous dit dans ses *Mémoires* :
Je fus si heureux que, dans moins de deux ans, de quatre-vingts
temples que j'avais dans les diocèses de Valence et de Die, il
n'en restait qu'environ dix ou douze qui, dans le cas, n'étaient
pas dignes d'être rasés. Avant son départ pour la grande

______

(1) Charles d'Arbalestier, seigneur de Montclar et de Beaufort (pour
le parti protestant), — François Bochard de Champigny, intendant du
Dauphiné (pour le parti catholique).

réunion du clergé, au printemps de 1685, il en fit démolir quelques autres. *Quand je fus à l'Assemblée, ajoute-t-il, il n'en restait plus que deux. Je m'en fis donner un par Le Tellier... et je suppliai si pressamment Sa Majesté de m'accorder l'autre que je l'obtins de sa piété et de sa bonté...* A la fin de 1685, il n'en restait plus un seul debout dans le Diois et le Valentinois (1).

DÉMOLITION DU TEMPLE DE SAILLANS

Avec un prélat si zélé, le temple de Saillans ne devait pas tarder à subir le sort commun. Sur ses vives instances, le conseil du roi ordonna, le 29 novembre 1683, sa démolition dans les deux mois et la suppression de tout exercice religieux. Quelques jours après, le commandant de la province, accompagné d'un certain nombre de dragons, se rendit dans la cité. Il réunit les Anciens et les Diacres, leur signifia l'arrêt du Conseil et leur proposa de raser eux-mêmes l'édifice. Ils se contentèrent de lui jeter un regard d'indicible tristesse et ne répondirent point. Alors, il enrôla une escouade d'ouvriers et, suivi de ses soldats, se dirigea vers le temple réformé. Construit un siècle auparavant au moyen des sacrifices que s'étaient imposés les protestants, il s'élevait, simple et de bon goût dans son architecture austère, sur une petite place comprise actuellement entre la maison de M. Samuel, les *Pri-*

---

(1) C'est en 1683 que furent démolis ceux de Saint-Julien-en-Quint, de Saint-Andéol-en-Quint, de Saint-Étienne-en-Quint, de Poyols, de Bouvières, de Menglon, de Vesc, de Lèches, de Comps, de Saillans, d'Espenel et de Vercheny.

sons, les remparts et le jardin de M. Agénor Roche (1). Quelques coups de hache firent voler en éclats la porte d'entrée, puis, le commandant entrant dans l'intérieur, renversa la chaire, vendit les bancs à la criée et démolit les murs. Lorsque cette œuvre de dévastation fut accomplie, il planta une grande croix de bois noir sur les décombres et se retira.

Après la démolition du temple, les réformés se réunirent, malgré les édits du roi, d'abord chez Esther Rimond, veuve de Pierre Souvion, puis, après que les dragons les y eurent surpris deux fois (2), ils s'assemblèrent dans le ruisseau de Lourabel, sur le grand Dômas de Couspeau (3), dans la forêt de Saoû, dans les cavernes, dans la combe d'Espenel, au col de Saint-Moirans, dans les gorges des montagnes de Véronne,

> *N'ayant pour pavillon que la voûte azurée*
> *Pour musique sacrée*
> *Que le bruit des torrents et le souffle des airs.*

Mais ces « assemblées du désert » étaient fort dangereu-

---

(1) On l'appelait la *Place de Bonne-Lesdiguières*. Le cimetière des réformés s'étendait jusqu'aux remparts. On s'y réunissait tous les deux ans en Assemblée générale pour la nomination des consuls.

(2) La seconde fois, Abraham Béret, Antoine Sibourg, David Maillefaud, de Saillans — et Pierre Allard, de Véronne, qui avaient été pris le 28 août 1863, furent relachés le 6 septembre suivant ; mais la première fois, François Colombier dit la Conche, fait prisonnier le 16 août 1683, fut condamné au bannissement et à 200 livres d'amende. *Inventaire de la Chambre des Comptes, B. 789, 806.*

(3) Où l'on voit encore les sièges qu'ils taillèrent dans le roc vif pour faire asseoir les femmes et les enfants. — Plus tard, vers 1760, ils se réunirent chez Antoine Roche, puis chez David Roche (maison Alphonse Faure), chez Pierre Gros (maison Samuel), enfin chez Barnoin-Deneyrol (maison Goy-Reboul-Lauthelme-Murguet-Rulat).

ses, car Louis XIV, après avoir défendu à ses sujets de la R. P. R. de sortir de France, leur défendait, sous peine de de mort, de se réunir pour l'exercice de leur culte. Coutaud de Beauvallon, ayant été fait prisonnier dans une de ces « assemblées », fut cependant amnistié par le roi, avec quelques-uns de ses coreligionnaires.

MARTYRE DE COUTAUD DE ROCHEBONNE

Mais son frère, Coutaud de Rochebonne, fut moins favorisé que lui. Ayant été pris, ainsi que plusieurs réformés, dans une réunion « tenue dans un lieu interdit, il fut condamné à être pendu à Crest, après avoir souffert la question ordinaire et extraordinaire ». Le bourreau, par deux fois, lui déchira les membres, sans amener sur ses lèvres le moindre murmure. Tout brisé et couvert de sang, il refusa de monter dans un tombereau pour aller jusqu'au lieu du supplice, en disant « qu'il sentait que Dieu lui donnait assez de force pour se rendre à la mort, malgré le cruel traitement que son corps avait souffert. Il y marcha avec une si grande résolution et en donnant de si beaux témoignages de sa piété, de sa foi et de son espérance, que les catholiques de Saillans furent contraints de dire qu'il était mort comme un saint (1).

Un apologiste romain a dit, avec infiniment de raison, qu'un tel exemple d'héroïsme attirait plus d'adhérents à la Réforme que les prêches de vingt ministres. Les protestants de notre cité furent en effet si profondément encou-

____

(1) Bibliothèque publique de Genève : Mns. Court, B. n° 17.

ragés par cette mort admirable qu'ils jurèrent de rester attachés à l'Evangile avec une fermeté inébranlable (1).

(1) Saillans comptait, en 1692, environ 321 chefs de famille : Voici les noms des familles catholiques : Pierre Audibert, Etienne Audra, Jean Arbod, Barthélémy André, Louis Arnaud, Gaspard Arnaud, Claude Autussac, Jean Alibert, Antoine Aubert, Jean Allemand, Jean Allemand, Jean Allard, Jean Audra, Jean Aubert, Antoine Aubert, Pierre Aubert, Jacques Aubert, Jeanne Aubert, Antoine Artaud, Henri Aubert, Jean Aubert, Jeanne Archinard, François Allard ; — Pons Barnave, François Barnave, Antoine Brun, Félix Baudouin, David Boutin, Jean Bernard, Pierre Brun, Jacques Brunel, Jean Boutre, Jean Blanchard, Pierre Blanchard, Jean Barthélémy, Guillaume Beylieu, François Bayle, Pierre Brun, Guigues Brun, Antoine Brunel, Antoine Blanchard, Antoine Brun, Jean Beylieu, Jacques Boutin, François Blanchard, Jean Borie, Giraud Bernard, Jacques Brun, Jean Boutin, Gaspard Borne, Antoine Bricard, Jeanne Bonnet, Jean Barnave (la veuve), Pierre Bénistant, Guillaume Bayle, Laurent Baudouin : — Jacques Chafoix, Chambers, François Chafoix, Etienne Cheyron, Laurent Chapouton, Jean Charles, François Charles, Antoine Charles-Brandy : — Antoine Délégue, Claude Délégue, Antoine Debon, Jean Debon, Antoine Deub, Benoit Deydier, Bertrand Debon, Jean Deydier, Pierre Devise, André Délégue, Guillaume Délégue, Guillaume Dutour, — Abraham Eustachy, Etienne Eynard, Jean Eymieu, Etienne Eymieu, Paul Eymieu, Antoine Eymieu, Pierre Eymieu ; — Simon Faure, Jacques Fauchier, François Faure, Jean Fauchier père, Jean Fauchier fils, Jeanne Faure, Louis Fauchier, Jean Fauchier, Jean Faure, Pierre Fauchier, Verancye Fauchier ; — Jean Girard, Pierre Gerbe, Jacques Girard, Guibon-Guirard-la-Verdure, François Gros, David Gros, Antoine Gion, Claude Genevès, Jean Gros, Claude Guion, François Guion, Louis Garcin, Laurent Genevès, Pierre Genevès, François Girard, Sébastien Guicharel ; — Louis Hours ; — Antoine Jouve, Nicolas Jouve, Louis Joubert ; — Isaac Liotier, Moïse Lombard, Antoine Lombard, Guillaume Lombard Jean Liotard, Jean Lantheaume, Antoine Lombard, la veuve Jean Lombard ; — Antoine Mège, Jacques Marcel, Pierre Morin, Antoine Monnier, Jacques Mège, David Maillefaud, Claude Maron, Louis Meynés, Jacques Milon, Jean Mouchon, Jacques Morin, Jean Mérinin, Pierre Marran, Barthélémy Monr7 ; — Pierre Noir, François Nicolas : — Jacques Plèche, Guillaume Peyrol, Pierre Prudhomme, Louis Pestel, Louis Pralong, Paul Peloux, Sébastien Preux, Jeanne Pascal, Jacques Pascal ; — Pons Reynaud, Jean Roman, Claude Ruel, Claude Reynaud, Antoine Richaud, Jean Roux, Antoine Reboul, Jean Richard, Antoine Raillon, Pierre Réboul, Etienne Reynaud, Paul Ruel, Louis Roustaing, Michel Reynaud, Antoine Reboul, Jean Roustaing, Jean Roustaing, Rimond, Jean Richard, Antoine Sibourg, Jacques Sibourg, Antoine Serpeille, Paul Sauvain, Joseph Sérusclat, Paul Sibourg, Antoine Sibourg (le fils) ; — Pierre Trabuc, Pierre Thomé, Mathieu Terrail, Mathieu Thomé, Pierre Terrail-Thomasson, Jean Terrail-Tho-

A ce moment, les dragons du marquis de Saint-Ruth,
furent envoyés en garnison dans les villages qui s'obsti-

------

masson, Jacques Ternil ; — Isaac Voulet, Pierre Vincent, Jean-Louis
Vache, (Total 181 familles).

« État des anciens catholiques de Saillans... le 16 novembre 1685.
Archives municipales. A ces noms, il faut ajouter Henri Brunel, sacris-
tain ; le recteur de la chapelle de Saint-Nophasy, le prieur, François
Faure, curé ; N***, le vieux curé, — le vicaire.

Voici les noms des familles protestantes :

Uranye Albanel, Paul Alexis, Etienne Audra, Isabeau André, David
Arnaud, Barthélémy André, Louis Armand, Honorade André, Louis André,
Jean Allard, François Archinard ; — Moïse Bérenger, Jean Barthélémy,
Pierre Beylieu, Jean Brun, François Blain, Vincent Brocard, Abraham
Bérenger, David Brouttier, Pierre Barthélémy, Moïse Bérenger (le fils),
Pierre Bérenger, Gaspard Bondra ; — Pierre Coutaud, Bertrand Chi-
pron, David Chipron, Louis Chaussedan, Jean Caillet, David Chauvet,
Pierre Cherfys, Pierre Caillet, Pierre Cherfys (le fils), Pierre Chotard,
Abraham Chafel, Louis Cheyron, Barthélémy Coutaud, André Chabas,
Etienne Cheyron, Simon Clausel, Antoine Chastet, Jean Chastet, Fran-
çois Chastet ; — Jean Deneyrol, Bertrand Debon, Jean Dermenon,
Marie Deneyrol veuve d'Hector Dutour, Jean Deub, Antoine Deladret,
Guillaume Deub, Jean Dermenon, David Dermenon, Pierre Deydier,
Laurent Deydier, François Deub ; — Abraham Eustache, Joachim Eus-
tache, Paul Eymieu , — Jacques Faure ; — Uranye Galleys, Jean Gros,
Barthélémy Gros, Claude Girard, Pierre Girard, Jean Granon, Mathieu
Gros, Madeleine Gros, veuve David Gros, David Guicharel, Pierre
Guicharel, Michel Guicharel, Louis Gautier, Bertrand Granon, Antoine
Gros, Jacques Gros, Timothée Gros, Pierre Gros, Pierre Gros-Révilla,
Pierre Gros, Antoine Guicharel, Barthélémy Granjon, Paul Gros, Pierre
Gros, Jean Genevès ; — Jacques Jean, Jean Jalouin, François Jean,
Alexandre Joubert ; Salomon Laurie, Guillaume Liotard, Jean Lan-
theaume, Antoine Lombard, Antoine Lombard, Georges Lombard ; —
Jean Masseran, Jacques Morin, David Maillebaud, Etienne Morin,
Antoine Morin : Pierre Noir, Antoine Noir, Antoinette Noir, veuve de
François Archinard ; — Marguerite Odon ; — Daniel Pillard, Jean
Pralong, Paul Peloux, messire Pillard de Sagnes, ministre ; — Charles
Ruel, Jean Richaud, Jacques Roux, Antoine Roux, Jean Roux, Pierre
Rimond, Bastien Rimond, Antoine Richard, Jean Reynaud, Paul
Ruel, Pierre Rimond, Claude Ruel, Joël Roche, Etienne Roche,
Antoine Roche, Pierre Roche ; — Mathieu Souvion, David Souvion,
Pierre Souvion, Antoine Sibourg, Jacques Sibourg, Abraham Sérusclat,
Daniel Serpeille, Abraham Sauvain, Antoine Sauvain, Pierre Sibourg,
Paul Sauvain, Jean Sauvain, Jean Servel, Gabriel Séguin, André Sau-
vain ; — Pierre Vincent, Jean Vache (Total 140 familles).

« Rôle de taille faicte et péréquée au lieu de Sailliens sur les Nouveaux convertis... qui ont fait profession de la Religion P. R. jusques
au mois de septembre 1685 ». — Archives municipales.

naient à garder la foi évangélique. Après une « mission
bottée » à Dieulefit et à Bourdeaux, ils vinrent à Saillans.

ADMIRABLE CONDUITE DE QUELQUES JEUNES FILLES

Ils s'installèrent dans les maisons des réformés où, tout
en faisant bonne chère (1), ils exigèrent, encore, trois
livres par jour et par cavalier. Ne pouvant lasser la patience
de leurs hôtes, ils devinrent furieux et dépassèrent de
beaucoup les ordres qu'ils avaient reçus. Après un repas
où ils avaient bu avec excès, ils rencontrèrent dans la rue
quelques jeunes filles : ils leur ordonnèrent d'aller, immédiatement, à la messe ; sur leur refus, ils les emportèrent
dans les maisons qu'ils avaient envahies, suspendirent par
les pieds ces pauvres enfants aux crémaillères des chemi-
nées et les enfumèrent jusqu'à ce qu'elles eussent promis
d'abjurer (2).

AMENDES IMPOSÉES SUR LES PROTESTANTS

Bouchu, l'intendant du Dauphiné, ayant appris que ses
soldats obtenaient peu de succès parmi nous, eut recours
à un autre moyen. Par ordonnance du 24 avril 1692, il
imposa sur les *Religionnaires* mille quatre cent quatre-
vingt-dix-huit livres, dix sols, huit deniers. Ils les payè-

---

(1) A Espenel, dans un seul repas, quatre d'entre eux et leurs domestiques mangèrent « 1 poule, 1 nomble de pourceau (cochon de lait)
pesant 5 livres, 12 andouilles, 18 saucisses, 2 mous d'eschines, pesant
2 livres le chacun, le pain. — et le dessert consistant en noix
confites, poires confites, olanies (noisettes), châtaignes, amandes, pommes et... une omelette au lard. Ils ne burent pas moins de 18 pots
de vin ». — Archives d'Espenel, carton des Religionnaires.

(2) Bibliothèque publique de Genève. Mns. Court: B. 17.

rent entre les mains d'Eymieu, capitaine-châtelain de l'évêque de Die, et n'en continuèrent pas moins à servir Dieu selon leur conscience (1).

DAVID HENRI ET SA SŒUR, FOREST, MARIE ALBANEL, JEAN DEUB ET ISABEAU DEUB, MADAME COUTAUD DE ROCHEBONNE, DAVID SOUVION ET MADELEINE SOUVION, SONT CONDAMNÉS A MORT.

Malgré toutes les précautions qui avaient été prises, une réunion de vingt à trente personnes, tenue un jour à Espenel, fut découverte et plusieurs huguenots conduits à la tour de Crest, ou à Valence. Les autres, furent condamnés à divers supplices: David Henri, d'Espenel, ainsi que sa sœur, — Forest, — Madame Coutaud de Rochebonne, — Marie Albanel, — David Souvion et Madeleine Souvion, — Jean Deub et Isabeau Deub, subirent la peine capitale.

Madame Coutaud de Rochebonne, la veuve du martyr, « sans courir au-devant de la mort, désirait pouvoir rejoindre, bientôt, son mari. Elle quitta ce monde avec joie, en confessant le nom de Jésus-Christ ». Le prédicant, qui avait présidé l'assemblée, fut pendu et la maison rasée.

TARDIEU, JEAN FAURE ET JEAN REY,
FORÇATS POUR LA FOI.

Tardieu, Jean Faure et Jean Rey, de Saillans, furent condamnés aux galères. Ils rejoignirent la *chaîne* à Monté-

---

(1) Cette somme ainsi que plusieurs autres amendes furent affectées aux réparations des deux églises de Saillans : Saint-Giraud et Notre-Dame.

limar. On leur emprisonna le cou dans des colliers de fer reliés les uns aux autres par une chaîne, ce qui les forçait à marcher la tête renversée en arrière. La nuit, on les cantonnait dans des écuries. — Jean Faure, moins robuste que ses deux amis, ne put supporter longtemps un pareil supplice. Un jour, il tomba au milieu de la marche et, malgré les coups de bâton de l'argousin, il ne se releva plus. Les autres arrivèrent à Marseille où ils trouvèrent un certain nombre de leurs coreligionnaires.

La galère sur laquelle on les conduisit avait cinquante mètres de long et treize de large. Elle était mise en mouvement par cinquante rames de seize mètres de longueur. Il y en avait vingt-cinq de chaque côté. Six forçats attachés deux à deux, l'un à l'autre et à leur banc par la jambe gauche, en tenaient une et la levaient et l'abaissaient en mesure. Leur banc était leur demeure : ils y travaillaient, ils y mangeaient, ils y dormaient, souvent ils y mouraient. Les argousins circulaient entre les bancs et frappaient de coups de nerf de bœuf les rameurs fatigués. Leur vêtement se composait d'une sorte de jupon, d'une casaque rouge et d'un bonnet. Pour toute nourriture, on leur donnait de l'eau, du pain et des fèves.

La messe était célébrée sur la galère. A l'élévation de l'hostie, tous devaient ôter leurs bonnets. Si l'un d'eux refusait, on l'étendait sur son banc et le bourreau, armé d'une corde goudronnée, raidie par l'eau de mer, frappait de toutes ses forces sur le dos mis à nu. On lavait ensuite les plaies avec du sel et du vinaigre. Dans les batailles navales, c'était sur les rameurs que l'ennemi tirait tout d'abord, afin de paralyser la manœuvre de la galère. Les forçats le voyaient s'approcher lentement, puis la mèche descendre sur la lumière des canons..., un fracas épouvantable retentissait : un ouragan de feu et de mitraille passait... — On jetait à la mer les morts, et l'on balayait le reste.

Tardieu, Jean Rey et Pierre Didier supportèrent cet affreux régime jusqu'en 1714. Au traité d'Utrecht, les puissances protestantes voulurent contraindre le roi « à relâcher tous ceux qui étaient sur les galères pour cause de religion », mais il s'y refusa obstinément. Cependant, quelques jours après, il céda aux instances de la reine d'Angleterre.

CLAUDE TAILLOTE, JACQUES VIEUX, ANTOINE CHERFIS, ANDRÉ CARDEAU, LE CAPITAINE CHASTET DIT BLANCHEVILLE ET SON FRÈRE LE LIEUTENANT, DAVID CHIPRON, ETIENNE FAURE, PIERRE TARDIF ET LEURS FAMILLES PRENNENT LA ROUTE DE L'EXIL.

Vers la même époque (1694), Jacques Vieux « fabricant d'indiennes » se réfugia à Neufchâtel, Cherfis « ouvrier de bas au métier, sa femme et sa fille ; — André Cardeau, sa femme et un enfant », gagnèrent Halle, le capitaine Chastet passa en Amérique en abandonnant avec douleur sa jeune femme à Saillans où elle accoucha, peu de temps après, de deux jumeaux ; son frère, le lieutenant, demanda asile à Genève ; Pierre Tardif fut reçu à Berlin. Nous ne savons pas quel pays accueillit les autres (1).

Malgré les gardes frontières du grand roi, six à huit

____

(1) Leurs biens furent donnés à ferme a divers particuliers, suivant l'arrêté de l'intendant Bouchu, du 24 juillet 1701.

cent mille protestants sortirent de notre patrie, emportant avec eux soixante millions de numéraire, leurs procédés industriels, leurs arts, leur savoir, leurs métiers. « Notre pays, dit Henri Martin, baissa de ce qu'il perdit et de ce que gagnèrent l'Angleterre, la Hollande et l'Allemagne ».

Dans le Dauphiné, vingt mille environ quittèrent en pleurant le sol qui avait nourri leurs pères. L'on décida aussitôt de confisquer leurs biens et de les vendre au profit de l'Etat. Mais, comme les catholiques mettaient quelque répugnance à se rendre acquéreurs ou à louer des biens de compatriotes qu'ils estimaient et qu'ils en offraient des prix dérisoires, par crainte de voir les légitimes possesseurs rentrer dans la patrie, Bouchu, l'intendant du Dauphiné, fort mécontent de ce que lui apprenaient ses subdélégués, se rendit à Crest et adressa ce *mot* en particulier, aux consuls de Saillans, d'Espenel et des communes voisines :

A Crest, ce 19ᵉ juin 1688.

Je vous envoie, messieurs, ce messager exprès pour vous donner advis de mon arrivée en celle ville et vous dire que vous ne manquiés pas de vous rendre ici demain, de la meilleure heure qu'il vous sera possible et d'amener avec vous des enchérisseurs, pour prendre les baux des biens immeubles des Nouveaux Convertis et Religionnaires de vostre lieu qui ont quitté le royaume, — à des conditions raisonnables; autrement, j'en chargerais votre communauté et vous-mêmes en vos propres et privés noms, si je m'aperçois que vous apportiez la moindre négligence en celle affaire. Vous ne manquerés pas, aussi, de porter avec vous les certificats des publications qui ont esté faictes, suivant mes ordres, pour l'arrentement desdits biens,

*et d'advertir les anciens rentiers de venir avec vous. Je suis,
messieurs, tout à vous.*

BOUCHU (1).

L'on se demande pourquoi le monarque s'attachait à la
ruine de tout un peuple. Les réformés étaient-ils des cri-
minels ? Non. Profanaient-ils les sanctuaires catholiques ?
Non. — Se révoltaient-ils contre l'autorité ? — Non,
encore, « ils priaient pour la personne sacrée du roy ».
— Mais qu'étaient-ils, enfin ? — Ils étaient protestants et
représentaient la Liberté à une époque d'absolutisme.

LES PETITS PROPHÈTES DU DAUPHINÉ.
ISABEAU VINCENT, LA BERGÈRE DE CREST.

« La plupart des assemblées du désert étaient présidées,
à cette époque, par des prédicants ignorants et exaltés, et
même par des femmes et par des filles, dont les sentiments
religieux étaient vivement surexcités par la vue des supplices. Leur zèle, quoique maladif, l'esprit prophétique de
quelques-uns d'entre eux, quoiqu'erroné, nullement surna-
turel, procédaient d'un sincère principe de foi et contri-
buèrent puissamment, en l'absence de pasteurs réguliers, à
entretenir chez leurs coreligionnaires un vif attachement
pour les doctrines réformées (2) ».

On appela ces nouveaux prédicants *Petits-Prophètes*. Il

---

(1) Archives municipales de Saillans et d'Espenel (carton des Religionnaires). — Le 13 juillet 1701, Bouchu leur adressa encore un *messager* qui leur remit une lettre (imprimée) où il se plaignait de nouveau
du peu de valeur rapportée par *la ferme des biens des Religionnaires
fugitifs.*

(2) Eug. Arnaud, op. cit. Tome II. p. 81, 82.

n'y eut d'abord dans leurs exhortations que des paroles
évangéliques, des appels à la piété et à la sainteté. Mais,
après eux, on vit apparaître des fanatiques animés d'un
tout autre esprit. Les inspirés des deux sexes devinrent de
plus en plus nombreux ; il y en eut jusqu'à près de quatre
cents dans le Dauphiné. Ils dictaient des ordres aux assemblées, avaient la prétention de prédire à coup sûr les événements, proposaient pour modèles les hommes vaillants
de l'Ancienne Alliance, poussaient les fidèles à prendre les
armes, et substituaient à la Parole Sainte leurs passions,
leur ignorance et leurs rêveries. L'Eglise protestante,
assise jusque-là sur le roc de l'Ecriture, tombait dans l'illu-
minisme. La terrible *Guerre des Camisards*, qui ne fut
étouffée que dans le sang et dans les ruines, est due en
grande partie aux excitations de ces sombres mystiques.

Les seuls *Petits-Prophètes* du Dauphiné, dont les noms
soient parvenus jusqu'à nous, sont : Bompard, Mazel, Pas-
calin, Gabriel Astier, et Isabeau Vincent, surnommée, bien
à tort, la bergère de Crest. Cette dernière était une jeune
fille de seize à dix-sept ans, née de parents fort pauvres à
Saoû, près de Bourdeaux. Elle était sincèrement pieuse, ne
disait jamais une parole contraire à l'honneur de Dieu, ou
à l'amour du prochain. Ce fut le 3 février 1688 qu'elle
commença à tenir certains discours dans son sommeil.
Elle s'exprima, d'abord, en patois du pays « puis en français et avec un bon accent ».

Elle exhortait avec une énergie extraordinaire ses auditeurs à rester fidèles à la foi évangélique. Elle tombait
quelquefois dans un sommeil extatique : alors son visage
s'illuminait, ses traits se transformaient, au point que,

malgré sa laideur naturelle, on l'appela *la belle Isabeau*. Ses discours étaient sans suite, ils se composaient de pensées détachées exprimées dans un style biblique où abondaient les images. Ainsi, en parlant de la messe, elle disait : « Elle est semblable à deux assiettes d'argent, quand on les a jointes ensemble, les dehors en sont beaux, mais le dedans est vide ».

Isabeau Vincent fut arrêtée le 8 juin 1688, conduite dans les prisons de Crest, puis à l'hôpital des filles de cette ville où elle fut enfermée si étroitement, que l'on n'entendit plus jamais parler d'elle.

De longues souffrances entraînent souvent à de maladives exaltations.

§ V. — *COMPTE GÉNÉRAL DES DETTES DE LA COMMUNE EN 1700*

Les guerres de religion avaient laissé à la commune des dettes fort considérables qui ne firent qu'augmenter avec les années suivantes, malgré les efforts des consuls pour les amortir et les éteindre. L'argent était si rare que les habitants virent bien des fois la maréchaussée et les dragons s'installer au milieu d'eux, jusqu'au paiement intégral d'impôts qu'il pouvaient à peine solder. Pour se débarrasser au plus vite de cette soldatesque gênante, la cité avait recours à un emprunt. Elle se vit si souvent dans la nécessité d'en contracter de nouveaux et à un taux si élevé, qu'à la fin du siècle ses dettes s'élevaient à un chiffre énorme. Sur l'ordre de l'intendant, elle dressa, le 6 mai 1698, le tableau général de ses finances.

A ce moment, elle devait au marquis Joseph de la Baume de Pluvinel ex-gouverneur de Crest (1). . . . . . . 17222 livres.

A messire Charles-Louis de La Tour, chevalier, marquis de La Chau, héritier de messire René Alexandre de Gouvernet-Montauban son père (2). . . . . 13731 —

A messire Philippe-Guillaume de Grammont, seigneur de La Chaudière, marquis de Vachères (3)   935 —

A Hélène Deloule, veuve de sieur De Collet d'Anglefort (4)   . . . . 1455 —

A Jean-François Martignac et Jacques Offerand   3481 —

A messire Jean de Rouillac de La Chau . . .   1118 —

A Jean de Lamande, docteur en médecine à Crest . . . . 420 —

A messire François de Bonne Lesdiguières, co-seigneur de Vercors . . . . 440 —

A reporter . . . . .   38802 livres.

(1) Antoine de La Baume avait pris nom de Pluvinel pour obéir à une clause du testament de Jean de Pluvinel son aïeul maternel. Il était seigneur de Quint, Pontaix, Egluy, La Rochette et avait été gouverneur de Crest. Le 23 février 1649, il épousa Lucrèce-Alexandrine de Rafféhs.

(2) Hector de La Tour, baron de Montauban et de La Chau se maria avec Anne-Charlotte de Sauvain, dame du Cheylard, Soyans, Auriple, Barry, Vercheny, Chastel-Arnaud, Saint-Sauveur, Saint-Moyrans, etc. Nous parlerons plus loin de son fils aîné René-Louis de La Tour, seigneur de Soyans, père de René-Antoine en faveur de qui la terre de Soyans fut érigée en marquisat en 1717.

(3) Philippe de Grammont descendait de Louis de Grammont frère de Jean qui s'illustra pendant les guerres de religion. Il était seigneur d'Espenel, de la Chaudière, de Vachères, etc.

(4) Gaspard Collet, sieur d'Anglefort (du nom d'un petit fief près de Romans), juge-mage de Die, épousa en premières noces Anne Poyte, fille de Pierre, chaudronnier, et de Françoise de Sablières, — et en deuxièmes noces Hélène De Loule, fille de Pierre, président en l'élection de Romans. Cette famille s'est éteinte le 25 juin 1872 à Romans.

Report. . . . . . .   38802 livres.

A Pierre Souvion, fils et héritier de Mathieu
et d'Esther Rimond sa mère.   2835   —

A messire Joseph d'Athénor, seigneur des
Tourrettes.   58   —

A Antoine Monnier, notaire.   1451   —

A Antoine Chabanas, chirurgien.   84   —

A Pierre Noir et à Michel Barnave.   141   —

A Isabeau Coutaud   2000   —

A Etienne et à Jean Eymieu.   200   —

A divers particuliers.   7908   —

53479 livres.

La commune avait, en outre, à payer annuellement pour un
prédicateur de carème et « l'ustensile du curé ». .   123 livres.

Pour les réparations de l'église « et la conduite
de l'horloge »   50   —

Pour le maire, l'assesseur, le secrétaire et le
garde-champêtre.   168   —

Pour les gages du maître d'école.   180   —

Pour les réparations des remparts, des ponts, des
chemins publics et le traitement du portier   50   —

Pour les gages des conseillers et des consuls . .   50   —

Pour le transport des malades et des pauvres
à Crest   12   —

633 livres.

RECETTES

Les moulins et les pressoirs à vin qu'elle possédait, en toute
propriété, rapportaient à la ville, environ . . . .   800 livres.

Les pressoirs à huile.   40   —

840 livres

La cité, étant dans l'impossibilité absolue de solder en un seul paiement les cinquante trois mille-quatre cent-soixante-dix-neuf livres qu'elle devait à ses créanciers, dressa, par les soins de l'intendant du Dauphiné, un « rôle d'écart » ou d'impôt supplémentaire fort élevé, pour se libérer peu-à-peu à leur égard. Un arrêt du conseil d'État, le 18 mai 1700, assigna à chacun la somme qu'il avait à percevoir sur les tailles « négotiales » imposées sur tous les habitants, forains et manants de Saillans.

La commune s'acquitta de cette manière, en quelques années, de toutes ses dettes.

§ VI. *FIN DU RÈGNE DE LOUIS XIV FAMINE DE 1709.*

Il n'y a rien de plus douloureux à contempler que la fin du règne de Louis XIV. Le vieux roi, survivant presque seul à tous les grands hommes de son siècle; l'irréparable vide laissé dans sa Cour par la mort de ses enfants et de ses petits-enfants; une guerre interminable autant que désastreuse ouvrant à l'ennemi les frontières du royaume; trois milliards de dettes; le peuple accablé d'impôts qu'il ne pouvait payer, le commerce détruit, l'industrie éteinte, une partie des terres en friche; le monarque, méprisé de la nation dont il avait été l'idole, consumant ses journées dans les devoirs d'une puérile étiquette ou d'une dévotion plus puérile encore, et trainant péniblement une royauté, dont le prestige tombait avec lui, quelle expiation pour son insatiable et despotique orgueil !

À ces calamités déjà bien grandes, vint s'en ajouter une dernière. L'hiver de 1709 fut exceptionnellement rigoureux : les oliviers gelèrent dans le midi de la France, les arbres fruitiers et les blés dans notre Dauphiné. La famine vint à la suite. On vit les laquais du roi mendier aux portes de Versailles et Madame de Maintenon manger du pain d'avoine. Nos armées, peu ou point approvisionnées, étaient démoralisées. Le roi avait nommé des « commissaires » pour rassembler les grains de chaque province et en faire une distribution proportionnelle à chaque cité; mais les particuliers cachaient le peu de blé qu'ils possédaient encore, sachant bien qu'on ne le paierait jamais.

Les communes en étaient donc réduites à elle-mêmes.

A Saillans, la détresse fut immense. Dans une délibération du 10 avril (1709), on lit ces mots : *la misère où sont les habitants de notre bourg et la nécessité où sont les pauvres est incroyable. Car, outre la perte des grains... semés dans leurs fonds, la racine d'iceux étant morte par la rigueur de l'hiver dans tout le territoire et mandement, ils se trouvent dans l'impossibilité non-seulement de payer leurs charges, mais encore de se nourrir et d'alimenter leurs familles... Une multitude de pauvres sont contraints par la faim d'aller dans les prés manger des herbes, ce qui fait compassion.* Pour venir à l'aide de tant de malheureux, le conseil délégua De la Lauze et Michel Aubert auprès des « commissaires royaux du Diois » pour les supplier de *départir à la cité trois ou quatre cents sétiers de froment. Car,* leur dirent-ils, *sur une communauté de douze cents habitants il n'y en a pas quinze qui aient suffisamment de grains ni farines pour aller à la récolte.* Quand l'on aura quelque blé *on fera cuire du pain et l'on commettra des gens pour le distribuer aux nécessiteux.*

Les consuls se rendirent de leur côté à Chalencon et à

Villeperdrix pour se procurer du blé; de plus, ils chargèrent François Gros d'aller à Châtillon pour en acheter à
Messire Accarias. Mais les femmes de Villeperdrix s'oppo-
sèrent énergiquement à la livraison du froment qui avait
été acheté et payé. Comme Pierre Cherfils insistait, pré-
textant l'ordre formel des consuls et leur disant qu'il ne
pouvait *revenir avec ses mulets non chargés*, elles devinrent
furieuses et l'auraient mis en pièces, s'il ne s'était retiré.

Plainte fut portée devant MM. les *Commissaires* qui
firent exécuter le marché qui avait été conclu. Cependant,
on avait fort peu trouvé de grain ; *plus de sept cents personnes* n'avaient absolument rien à manger, on fut obligé
de rationner le pain : *chaque habitant en reçut une livre par
jour et par chaque personne de sa maison et dut la payer trois
sols.* Sur ces entrefaites, *Sa Majesté voulut bien accorder quelques quintaux de sel aux manants et forains de la province, et
Saillans en eut pour sa part un minol et demi.* Grâce à
l'énergie et à l'équité des consuls et des notables, grâce
surtout au patriotisme de la cité qui *mit toutes ses ressources en commun, pour que personne ne pérît de faim,* l'on put
aller jusqu'à la nouvelle récolte sans avoir à déplorer de
trop grands malheurs. Pendant toute la durée de la famine,
une surveillance active empêcha les habitants de dévorer
les blés qui avaient été semés au printemps et qui commençaient à lever. A la moisson, les pauvres furent autorisés à ramasser les épis *qui seraient restés dans tous les
chaumes du mandement.*

Le grand roi s'éteignit, enfin, le 1er septembre 1715.
La France respira. Notre pays travailla aussitôt au relèvement de ses manufactures et de son commerce.

CHAPITRE VII

DE LA MORT DE LOUIS XIV A LA RÉVOLUTION
1715-1789

§ I. Relèvement de l'industrie. — § II. Les fontaines. — § III. Etat
des protestants du Dauphiné depuis la mort de Louis XIV.
Les Frères des écoles chrétiennes à Saillans. L'école des filles.
Martyre de Louis Ranc. Dernières rigueurs. L'édit de tolérance
(1787). — § IV. Saillans *lieu d'étape*. — § V. La cité à la veille
de la Révolution : Troubles à Grenoble. Journée des tuiles.
Assemblées de Vizille et de Romans.

§ I. *RELÈVEMENT DE L'INDUSTRIE*

L y a eu quatre grands siècles : celui de Périclès,
celui d'Auguste, celui de Léon X, et celui de
Louis XIV. Nous n'avons pas à parler des trois
premiers, — quant au dernier, il nous offre
l'image d'un prince possédant un merveilleux instinct pour
absorber les rayons divergents autour de lui. Tout au
contraire du soleil qu'il avait pris pour emblème, ce n'était
pas lui qui brillait, mais qui était éclairé par les hommes
de génie, les écrivains, les penseurs, les poètes, les musi-
ciens, les peintres, les artistes, les orateurs, qui donnèrent

à son règne un si prodigieux éclat. Ce monarque fut grand de la grandeur des autres.

Le but qu'il se proposa, toujours, fut l'unité de gouvernement. Tout le pouvoir des vieux rois de France était provincial, celui de Louis XIV fut administratif. Après avoir obtenu l'unité politique et courbé nos contrées sous sa domination, il comprit qu'il lui manquait encore l'unité religieuse. Il y avait en dehors de l'Eglise officielle deux croyances : le calvinisme et le jansésisme. Les protestants de France furent traités avec la même rigueur que les *solitaires* de Port-Royal. C'est le propre de celui qui arrive à posséder la souveraineté du corps, de réclamer la souveraineté de la pensée. Alors, une ligue formidable se forme contre nous : les nations s'émeuvent et, comme une marée immense, viennent battre les frontières du vieux sol gaulois qu'elles envahissent. Un accident, plutôt qu'une victoire, arrête les alliés à Denain et la paix d'Utrecht laisse à la France quelques contrées qu'elle a mis un demi-siècle à conquérir et qu'elle a failli perdre d'un trait de plume.

Or, de ce long règne trois résultats demeurèrent acquis : l'unité monarchique, la centralisation administrative et l'augmentation territoriale. Au prix de quels sacrifices ? — Nul ne l'ignore : l'industrie ruinée, le commerce anéanti, l'agriculture abandonnée, la morale ébranlée, la misère partout. Vauban, dans un *Mémoire*, disait au roi avec une tristesse indicible : « Sire, près de la dixième partie de vos peuples est réduite à mendier ; des neuf autres parties, cinq ne peuvent faire l'aumône à celle-là dont elles ne diffèrent guère ; trois sont fort malaisées, la dixième ne compte pas plus de cent mille familles dont il n'y a pas dix mille fort à l'aise ». Aussi, la nation accueillit-elle comme une délivrance la mort de celui dont elle avait salué l'avènement avec tant d'enthousiastes acclamations. Désormais, le pouvoir absolu était jugé dans notre patrie.

Le Dauphiné, en particulier, avait cruellement souffert des guerres interminables du grand-roi et des persécutions dirigées contre les « religionnaires ». La vallée de la Drôme, ruinée par les contributions qu'elle était appelée à fournir aux renforts se dirigeant vers nos frontières de l'Italie, et très éprouvée par l'exil de ses habitants les plus riches et les plus laborieux, était réduite à une situation des plus précaires.

Mais il y a chez notre peuple une élasticité, une persévérance et un courage admirables. Saillans, après la mort du Roi-Soleil, se prit à espérer de meilleurs jours. Il crut qu'avec ce monarque avaient disparu l'inquiétude et la persécution ; il porta ses soins vers l'agriculture et l'industrie. La vigne et les vers-à-soie lui procurèrent, d'abord, quelques ressources ; mais ce fut le développement de la draperie qui augmenta d'une manière vraiment efficace ses revenus. Le bourg possédait de nombreux troupeaux qui paissaient librement sur les terres de la commune, ainsi que dans les pâturages de Chastel-Arnaud, de Mirabel, de Véronne et de Saint-Benoît. Il fallait un homme qui donna une vigoureuse impulsion au commerce et reprit, surtout, la fabrication des ratines et des petites étoffes qui avaient fait précédemment la réputation et la richesse du pays. Au lieu d'un, il s'en présenta deux : ce furent Antoine Barnave et David Roche. La famille du second était originaire de la Chaudière où ses troupeaux paissaient dans les forêts de Couspeau en vertu d'une franchise féodale que Philippe-Marie-Guillaume de Grammont, seigneur de cette commune, avait accordée à ses tenanciers (1).

Barnave installa, croyons-nous, sa fabrique dans une grande et belle maison qu'il possédait sur la place de l'église et Roche dans celle qu'occupe en ce moment l'ancien agent-voyer, M. Torel. Il leur fallut autant d'énergie que de persévérance pour réorganiser une industrie délaissée par tous, depuis plusieurs années. Leurs efforts furent couronnés de succès : les tissus qui sortirent de leurs ateliers furent d'une souplesse et d'une solidité remarquables, aussi leurs compatriotes ne tardèrent-ils pas à suivre leur exemple. Au bout de quelques années, plusieurs fabriques furent fondées sur le modèle de la leur, dans le bourg et dans la grande rue. Ce furent celles de David Jossaud, de Jean Ruel, de Daniel André, d'Antoine Beylieu, de Claude Poulet, de Jean Reynaud, d'Antoine Gros, de Jean Barthélémy, de Pierre Sibourg, de David Souvion, de Jean Guicharel, de Claude Audra, d'Antoine Reboul, d'Antoine Souvion, de Claude Chipron, de Pierre Archinard, de Pierre Faure, de Jean Planel, de Jacques Aubert, de Louis Guérimand, de Pierre Beylieu, de Simon Deneyrol, de François Deneyrol, de Jean Autrand, de Mathieu Flachaire, de Pierre Jossaud, de Claude Bouillanne, d'Etienne Chastet. Des métiers à bas s'installèrent dans plusieurs maisons et augmentèrent, aussi, les revenus d'une population intelligente, honnête et laborieuse.

---

(1) Archives municipales de La Chaudière. En 1762 Rostaing de Grammont renouvela le même privilège à ses « manants et forains ».

Saillans avait, désormais, une source précieuse d'aisance et de prospérité. L'intendant, instruit, par son subdélégué de Crest, du relèvement de l'industrie dans notre vallée, envoya, le 20 août 1726, un *inspecteur de commerce* chargé de constater la bonne qualité des étoffes et de nommer avec le concours des marchands, des *gardes-jurés* pour en surveiller la fabrication. Leur rappelant les édits royaux de 1669, de 1698 et de 1723 il leur donna quelques renseignements sur « la qualité et la largeur que devaient avoir leurs tissus ». De plus, il les invita à choisir un magasin où l'on « marquerait les pièces de drap, d'un *coin* aux armes du roi ». La « maison de marque » qui obtint les suffrages unanimes fut celle de David Roche. Saillans la conserva fort longtemps et dut payer, chaque année, à l'intendant, un impôt de 80 livres.

Les laines du Dauphiné, de la Provence et du Languedoc produisaient de si belles étoffes « qu'une grande jalousie fut excitée à la ville de Crest. » Il est vrai de dire que, suivant le témoignage d'une délibération du temps, les foulonniers ne se servaient point de cardes de fer, n'employaient que des chardons pour leur donner le brillant, et ne les tiraient ni ne les enroulaient jamais (1).

La misère était pour longtemps chassée de la cité; toute la population était pleine d'entrain, la caisse du « Conseil de ville » renfermait quelques milliers de livres, l'on décida de les employer à la construction de deux fontaines.

---

(1) « Cahier pour servir aux délibérations des manufactures de la Communauté de Saillans ». Archives consulaires.

§ II. — *LES FONTAINES*

Pendant plusieurs siècles, Saillans ne posséda que cinq ou six puits et la fontaine du portail des moulins. Lorsque le temps était beau, les habitants se contentaient des eaux de la Drôme et du ruisseau de l'Echarenne ; mais, en hiver, il devenait plus difficile de s'en procurer. En 1719, une députation des notables de la cité vint « à la maison » de ville exposer au châtelain et aux conseillers, qu'il » serait très-utile de faire venir à Saillans une fontaine pour » l'usage public ; que celle proche des moulins, tantôt » tarissait, pendant la grande sécheresse, tantôt était » inondée par les débordements de la rivière, ce qui » mettait les habitants dans l'impossibilité d'avoir de » l'eau. »

Le châtelain Mathieu Peloux et les consuls répondirent, aussitôt, que leur plus grand désir était « d'amener dans la ville des eaux saines et abondantes », mais que les dépenses occasionnées par une telle entreprise, les avaient empêchés jusqu'alors de commencer de si grands travaux. A ce moment, Michel Barnave, *dit La Comté-Riche*, qui fut l'aïeul du jeune et illustre député à la Constituante (1),

---

(1) La famille Barnave est fort ancienne. Le 21 mai 1415, dans une Assemblée générale tenue à l'église de Notre-Dame, à la place de la Daraise, pour nommer deux syndics, nous trouvons un Gononus de Barnava. — En 1654, un François Barnave est consul ; — en 1657-58 c'est Jean Barnave qui occupe cette charge. — En 1664-65 c'est encore un François Barnave qui lui succède. Un peu plus tard, cette famille était représentée par : 1º Jean Barnave (La Comté-Riche), capitaine de cavalerie, il fut tué à la guerre d'Italie ; 2º par François-Michel et 3º par Antoine, — François-Michel, né en 1644, marié en 1678 avec Jeanne Aubert de Crest, fut père de : 1º Antoine, né en 1680, marié le 24 mai 1703 avec Jeanne Grivet d'Orange. (Nous donnons plus loin une notice généalogique de ce personnage qui est devenu la tige de la branche protes-

possédait une grande prairie arrosée par une fort belle
source. Les consuls lui proposèrent de la lui acheter. La

tante des Barnave et qui est le grand-père du député à la *Constituante*).
— 2° Michel, né en 1682, qui suit ; — 3° Marie, née le 30 septembre
1686 morte le 27 mars 1687 ; — 4° François, né le 26 mars 1688, marié
avec Marie Aubert, dont la fille épousa De Glasson, capitaine de cavalerie, et dont le fils Jean-François Barnave de Boudrat, maire de Saillans et capitaine-châtelain de l'évêque de Die, eut de son épouse « dame
Hippolyte de Beaudet de Beauregard » une fille Marie-Thérèse-Hippo-
lyte Barnave de Boudrat qui se maria, le 2 juin 1783, avec Charles-
Joseph de Barral, capitaine-commandant au régiment de Noailles-Dra-
gons, fils légitime de haut et puissant seigneur messire Charles-Gabriel-
Justin de Barral de Rochechinart, marquis de Montferrat, doyen du
Parlement, — et de dame Claudine-Françoise Vande ; — 5° Marie, née
le 21 août 1689 ; — 6° Pierre, né le 28 août 1690 ; — 7° Joseph, né
le 4 août 1695 ; — 8° Marguerite, née le 3 janvier 1698, décédée le 13
mars suivant ; — 9° Catherine, née le 22 février 1699, morte le 22
janvier 1779.
  Michel Barnave, né en 1682, mort le 7 avril 1732, se maria vers
1709 avec Anne Imbert et en eut : 1° Jean-Michel, qui suit ; — 2° Marie-
Anne, née le 18 août 1714, morte le 22 juillet 1717 ; — 3° Jean-Antoine,
né en 1718, décédé le 11 août 1731 ; — 4° François, né le 19 mai 1723.
  Jean-Michel Barnave, né le 24 décembre 1710, mort le 3 août 1775,
se maria, le 27 septembre 1740, avec Catherine Gros et en eut : 1° Marie-
Anne, née le 8 décembre 1743, décédée le 17 mars 1748 ; — 2° Michel,
qui suit ; — 3° Marguerite, née le 29 août 1748, morte le 24 août
1822 ; — 4° Antoine, né le 17 juillet 1750, décédé le 3 août 1775.
  Michel Barnave, né le 31 décembre 1745, mort chef de bataillon à
Perpignan le 7 germinal an II (1793), notaire, juge de paix, colonel
de la garde-nationale de Saillans, se maria le 18 novembre 1783 avec
Elisabeth Révol, fille de César Révol, maître chirurgien, et de demoi-
selle Poitevin. De cette alliance naquirent : 1° Pierre-Michel, le 8
septembre 1784, décédé le 11 septembre de la même année ; 2° Michel-
César, le 8 novembre 1785 ; — 3° Pierre Raphaël, le 3 avril
1788, mort le 27 juin 1793 : — 4° Jean-Michel-Théodore, qui suit ;—
5° Louise-Elisabeth-Déon, le 21 août 1792, morte le 18 décembre
suivant.
  Jean-Michel-Théodore Barnave, né le 18 août 1792, décédé le 4 décembre 1875, officier, chevalier de la Légion d'honneur, se maria le 17
janvier 1816 avec Louise Buffet, fille d'Antoine, juge de paix, et de
Madeleine Baudouin. — 9 enfants sont nés de ce mariage : 1° Jean-
Michel-Théodore, — 2° Marie-Julie-Mélanie, — 3° Jean-Antoine-Michel-
Théodore, — 4° Marie-Mélanie-Louise, — 5° Jacques-Antoine-Auguste,
— 6° Louis-Charles-Paul, — 7° Joseph-Venance, — 8° Mélanie-Anastasie-Mathilde, — 9° Madeleine-Louise. — Trois d'entre eux existent
encore : Madame Mélanie-Anastasie-Mathilde Cornillon-Barnave, M. l'abbé
Louis-Charles-Paul Barnave et M. le commandant Joseph-Venance
Barnave. Ce sont, donc, les descendants de Michel Barnave bisaïeul du
député à la *Constituante*.

demande était quelque peu indiscrète, aussi Barnave leur fixa-t-il un chiffre relativement élevé : mille cinq cents livres. Il se récrièrent beaucoup ; cependant comme leur interlocuteur le maintenait, ils tournèrent leurs recherches du côté de Saint-Julien et des Auberts. On apercevait çà et là quelques filets d'eau qui, réunis, auraient peut-être pu alimenter une fontaine sur la place du fossé ! Ils firent venir de Montjoux un certain Gamaure et le chargèrent de faire des fouilles. Des puits de *trois ou quatre canes* furent creusés et reliés entre eux par des canaux qui conduisirent l'eau dans un bassin disposé à cet effet. Les propriétaires Antoine Souvion et Louis Faure « remirent gratuitement, à la commune, les sources qu'ils possédaient en Saint-Julien, territoire de Chastel-Arnaud », Gaspard Boudra, exigea un petit réservoir et Daniel Dutour une somme de trente livres. « Des tuyaux en terre devaient conduire les eaux le long du pont de la Drôme jusqu'au fossé, devant la maison de ville ».

Comme la population près de l'église, demandait instamment d'avoir, elle aussi, sa fontaine, les consuls résolurent de s'adresser à l'intendant pour faire entendre raison à Barnave. Ce dernier, qui était châtelain (fermier) du marquis de Soyans, seigneur de Chastel-Arnaud et de Vercheny, informa son maître du projet des Saillantinois et l'engagea à réclamer une indemnité, pour laisser construire des canaux « sur un territoire dont il était le suzerain ».

L'intendant conseilla, de son côté, aux habitants de présenter une requête au roi, pour le prier de fixer la somme que l'on paierait à Barnave. Grâce au crédit de Peloux « premier secrétaire de Monseigneur d'Armenon-

ville, garde des sceaux » et frère de Mathieu Peloux de
Saillans, un arrêt du Conseil d'Etat, le 6 novembre 1723,
« ordonna que les fontaines des sieurs Souvion, Faure,
» Boudra, Dutour et Barnave situées dans la communauté
» de Chastel-Arnaud seraient conduites dans le lieu de
» Saillans, aux frais des habitants du lieu et aux conditions
» convenues entre eux, à la charge de payer au sieur Bar-
» nave cent quatre-vingts livres, somme à laquelle Sa
» Majesté avait fixé le prix de celle qui lui appartenait à la
» Comté-Riche, dont il serait tenu de fournir bonne et valable
» décharge sans retardation, — et de faire annuellement
» au seigneur de Montauban, Soyans, Chastel-Arnaud et
» autres places, une rente de deux quartes blé froment
» dont le premier paiement serait fait au jour et fête de
» Saint-Martin de l'année prochaine, à quoi Sa Majesté avait
» réglé tout ce qui pouvait être dû au seigneur de Chastel-
» Arnaud, tant pour l'albergement desdites eaux que pour
» tous autres droits, prétentions et indemnités, pour rai-
» son desdites fontaines; — permettait, Sa Majesté, aux ha-
» bitants de racheter leur rente en blé si bon leur semblait,
» faisait défenses à toutes personnes de troubler lesdits habi-
» tants dans la propriété et possession desdites eaux, à peine
» de trois mille livres d'amende et de tous dépens, dom-
» mages et intérêts (1) ».

---

(1) « Lequel arrêt a été expédié par l'intendant au sieur Peloux subdélégué, et par lui remis aux sieurs consuls, étant en parchemin : signé
Fleuriau ministre et secrétaire d'Etat, avec l'attache et ordonnance de
Monseigneur l'intendant, au bas, du 16 du présent mois, — signé Boucher
d'Orsay, et les lettres et commissions de la grande chancellerie, signées
Louis, et, plus bas, Par le Roy-Dauphin, — Fleuriau. — Scellé du grand
sceau en cire rouge ». — Archives municipales.

Le Conseil, tout entier, acclama avec enthousiasme Peloux, son châtelain, lui exprima, au nom de toute la population, sa vive reconnaissance et le chargea de dire à son frère « combien tous les habitants étaient heureux de ce qu'il avait fait pour le bien public ».

On se mit fiévreusement à l'ouvrage : comme il s'agissait d'une œuvre qui intéressait tout le monde, chacun y contribua volontairement par des journées de travail et de l'argent. Artaud et Gautier, maîtres-maçons de Caubonne, en quelques mois seulement, achevèrent la construction des canaux et des fontaines. Il est vrai que « les aides et les manœuvres » ne leur manquaient pas. Le 24 avril 1725, le « bassin en pierre de taille et le triomphe de la fontaine » de la place du fossé étant terminés, l'eau se mit glorieusement à couler......

La nouvelle s'en répandit avec la rapidité de l'éclair, les maisons furent aussitôt désertées, tout le monde se précipita vers le Conseil de ville, la foule fut bientôt énorme. Les conversations étaient fort animées, lorsqu'une voiture à deux chevaux apparut à l'angle de la place de l'église et se mit à descendre la rue, au petit pas. C'était l'évêque de Die et son neveu « Monseigneur l'abbé de Cosnac » qui se rendaient à Paris. Ils s'arrêtèrent, un instant, au milieu de ces braves gens : le prélat leur adressa quelques paroles aimables, bénit toute la population inclinée devant lui et se remit en route.

La fontaine de l'église ne fut terminée que quelques mois plus tard. Pour reconnaître les services de Mathieu Peloux, il fut autorisé à « distraire deux pouces d'eau du canal de la commune, au-delà du pont de la

Drôme et à la conduire dans sa maison du quartier de la Brèche, en traversant la place de la Daraize (1) ».

Depuis quelques jours, les deux fontaines « satisfaisaient beaucoup les habitants par leur agrément et leur utilité », lorsqu'un matin, un piqueur remit au châtelain une grande enveloppe scellée aux armes du marquis de Soyans. Pressentant quelque nouvelle complication, il ne l'ouvrit pas sans inquiétude. Le noble seigneur se plaignait amèrement d'avoir été trompé. « La commune, disait-il, m'assurait qu'elle ne prendrait sur mes domaines que l'eau nécessaire à ses deux fontaines ; au lieu de cela, elle s'est emparé de toutes les sources de Saint-Julien, des Auberts et de la Comtériche, elle les a réunies en un grand canal qui alimente des bassins où l'on rouït le chanvre, fait marcher des moulins à blé, des battoirs de draperie, des fabriques de blanchisserie et va même arroser les jardins d'un particulier de l'endroit. Il terminait en informant le conseil de ville qu'il avait présenté une requête en opposition à l'édit du roy du 6 novembre 1723, et en menaçant de faire détruire tous les ouvrages ».

Le châtelain réunit immédiatement tous ses collègues. L'on sourit un peu en entendant les prétendus abus de pouvoir, dont la commune s'était rendue coupable. Les consuls furent chargés d'adresser au marquis un rapport fidèle des travaux exécutés. « Monseigneur, lui dirent-ils en substance, vous avez été induit en erreur. La Drôme est assez puissante pour faire tourner nos moulins et faire marcher nos fabriques. Nous traversons, en effet, votre

---

(1) C'est la maison occupée par M. Tabardel, notaire.

seigneurie de Chastel-Arnaud, mais vous n'ignorez point que nous devons vous payer une rente en nature pour cet objet. Aux Samarins, notre canal quitte vos domaines et entre sur les propriétés de notre prieur à qui nous donnons pour le droit féodal de passage, deux civayers de gros blé et une galine. Au lieu d'écouter de faux rapports, daignez, plutôt, considérer, Monseigneur, les immenses services que nous rendent nos fontaines. Certes, si nous avons fait de grands sacrifices pour les avoir, nous sommes bien dédommagés de nos peines. Elles nous coûtent quinze mille livres : nous avons dû faire construire des beilières et des canaux sur une longueur de mille toises, des bassins de pierre de taille sur deux de nos places. Mais, elles nous sont si nécessaires, que nous aimerions mieux être privés de nos foires et de nos marchés que de les abandonner. Elles font l'admiration de tous les étrangers, et à l'occasion d'un incendie qui éclata dernièrement chez Bertrand Laget, elles nous permirent de nous rendre maîtres du feu à bref délai, et d'éviter une conflagration générale ».

Mais le marquis ne voulut rien entendre : il était du nombre de ces grands seigneurs qui, ne pouvant répondre à une fine épigramme que leur lançait Voltaire, le faisaient bâtonner par leurs laquais. Peut-être avait-il, seulement, un mauvais caractère. Le procès suivit son cours : le 25 septembre 1729, Sa Majesté décida que la « commune resterait en possession de ses canaux, de ses réservoirs et de ses fontaines, — qu'elle remettrait trois cents livres à Barnave, et paierait une rente annuelle foncière, non *rachetable*, de quarante-trois livres au seigneur de Montauban, Soyans et Chastel-Arnaud ».

`La cité avait mis dix ans pour obtenir ses fontaines (1) :
il est vrai que les travaux avaient été interrompus pendant
la terrible peste de 1720, qui fit un nombre immense de
victimes dans le Dauphiné et la Provence, mais dont
Saillans fut absolument préservé, grâce aux énergiques
mesures d'hygiène et aux minutieuses précautions qui
furent immédiatement prises par une municipalité patriote
autant qu'éclairée.

Dans le bourg, tout le monde vivait heureux et content,
au milieu d'une paix profonde, lorsque de nouvelles persécutions, dirigées contre les protestants, vinrent jeter la
désolation et l'épouvante dans un grand nombre de familles.

---

(1) Le nom de celle qui est en haut de la rue Centrale a une origine singulière. On raconte qu'en 1790, un brave vieillard était assis
vers la porte de l'église Saint-Giraud, sur une des auges de pierre ren-
versées qui avaient servi au prieur à percevoir ses dîmes de grains et
de vendanges. Un bataillon de la Reine vint à passer : notre homme
fut si émerveillé à la vue des uniformes et des armes, que sa bouche
s'ouvrit dans un ébahissement profond. Un des soldats qui l'aperçut dit
à ses camarades : Voyez, donc, ce vieux *comme il rit*. Quelques personnes l'ayant entendu le surnommèrent *Coumari* et appelèrent la fontaine
près de laquelle il habitait, la fontaine du *Coumari*, nom qu'elle porte
encore. Il mourut en mai 1794, au moment où les curés et les pasteurs
avaient été remerciés de leurs services : la population l'accompagna au
cimetière de Saint Giraud en portant des branches d'arbustes en fleur.
(*Sous toutes réserves*).

Maison Bastet.

§ III. *ÉTAT DES PROTESTANTS DU DAUPHINÉ DEPUIS LA MORT DE LOUIS XIV. — NOUVELLES PERSÉCUTIONS. — LES FRÈRES DES ÉCOLES CHRÉTIENNES A SAILLANS. — L'ÉCOLE DES FILLES. — MARTYRE DE LOUIS RANC. — DERNIÈRES RIGUEURS. — L'ÉDIT DE TOLÉRANCE. — (1715-1787).*

On peut caractériser d'un mot la situation des protestants au xviiie siècle : *légalement*, ils n'existaient pas. La loi ne les reconnaissait pas. De 1660 à 1685, seulement, trois cent-neuf édits furent dirigés contre eux, leur arrachant, lambeau par lambeau, leur titre d'homme et de citoyen. Leur huit cent-treize temples avaient été démolis et leur religion interdite. La terrible *guerre des Camisards*, qui ne fut pas sans gloire pour ces braves proscrits, montra ce que peut faire un peuple pacifique, exaspéré par la plus inique législation dont l'histoire nous offre l'exemple. D'ailleurs, ce ne fut là qu'une exception ; la masse des huguenots supporta avec une admirable patience les persécutions qu'on se plut à leur infliger. Cependant, le bon sens populaire faisait quelquefois justice des ordonnances cruelles autant qu'impolitiques des gouvernants. Saillans nous en offre un exemple, peut-être unique dans nos annales.

Aux termes des anciens édits, les réformés ne pouvaient occuper aucun emploi public. Mais la loi qui les excluait de toutes les charges, faisait retomber sur une seule partie de la nation tout le fardeau de l'administration. Un peuple est obligé, pour tenir un rang honorable, de faire appel au dévouement, à l'intelligence et à la richesse de tous ses enfants.

La ville avait à nommer deux consuls, le 30 mai 1719. Respectueuse des arrêts du roi, elle avait jusqu'alors écarté du conseil tous les protestants. Mais, s'apercevant du grand préjudice que lui causait cette mesure absurde, elle résolut de demander à l'intendant l'autorisation de ne point se conformer aux édits... Elle lui adressa donc cette requête : « La commune se plaint, Monseigneur, du petit nombre d'habitants qui peuvent être nommés consuls. Cette charge retombe, toujours, sur les mêmes : elle est très-onéreuse et préjudiciable en ce que, suivant l'usage de la commune, depuis quelque·temps, ceux qui sont nommés consuls sont obligés de faire la recette des tailles, qui est fort difficile, à cause du peu de facultés des habitants et de la force des impositions. Et comme il se trouve un plus grand nombre des habitants dudit lieu, Nouveaux Convertis, qui seraient en état, par leurs facultés, de supporter la charge de consul et de receveur, ce qui soulagerait beaucoup les autres habitants, nous vous supplions, Monseigneur, de nous permettre de nommer pour consuls et receveurs des tailles, les Nouveaux Convertis qui se trouvent en état de supporter ces charges, attendu le peu de nombre d'habitants qu'il y a d'anciens Catholis (*sic*) ».

Il va sans dire que l'intendant garda le silence : mais nous nous demandons si une autre commune, en France, aurait osé tenir un semblable langage. Aussi, les Saillantinois s'empressèrent-ils de faire entrer les protestants dans le conseil et de nommer Paul Deneyrol pour second consul.

Ces réformés étaient donc des hommes de quelque mérite, puisqu'on avait absolument besoin d'eux. Dans notre vallée, l'industrie, le commerce, l'agriculture, les fabriques de soie, les maisons de banque leur appartenaient. C'étaient ces Religionnaires laborieux et honnêtes qui étaient frappés de mort civile.

D'après les édits de 1716 et de 1724, les mariages bénis *au désert* étaient déclarés nuls: or, comme les protestants, désireux d'obéir à leur conscience, s'obstinaient à demander à quelque prédicant d'implorer la bénédiction divine sur leurs unions, l'on comptait par milliers ces prétendus mariages *illégaux!*

Saillans comptait beaucoup de ces ménages pieux et même estimés de tous, et comme les réformés se rassemblaient régulièrement, pour leur culte, dans la forêt de Saoû, dans le ruisseau de Lourabel, à Espenel, le comte de Médavy, commandant de la province, en ayant été informé, envoya, immédiatement, dans la cité la «compagnie de M. de la Boussière, capitaine au deuxième bataillon du régiment de Dauphin-Infanterie». Cet officier, beaucoup moins fanatique que son général, logea ses hommes chez tous les habitants, indistinctement. Les consuls, voulant se débarrasser au plus vite de ces hôtes incommodes, se rendirent auprès de l'évêque (mai 1717), afin de l'assurer de la *soumission* de tous les Saillantinois, et le prier de s'entendre avec le commandant de la province pour débarrasser la ville de ces *missionnaires* d'un nouveau genre.

Le prélat hocha gravement la tête et leur fit une réponse évasive; ils quittèrent alors le palais épiscopal et allèrent à Grenoble, auprès du comte. Ils plaidèrent si éloquemment la cause de la cité, qu'au bout de peu de jours, le capitaine reçut l'ordre de se retirer avec ses hommes.

Mais les protestants, résolus à ne jamais abandonner une cause qui leur était si chère et qui leur coûtait tant de sacrifices, continuèrent leurs « assemblées au désert ». Les pasteurs, Jacques Roger et Faure, les exhortaient à la patience et ranimaient leurs courages abattus. Ce fut à ce moment que le marquis de Maillebois, commandant des troupes royales en Dauphiné, reçut de la Cour l'ordre de faire exécuter sévèrement les anciens édits. Le 3 septembre 1733, trois compagnies du deuxième bataillon du régiment de Picardie, entrent dans la vallée de la Drôme et se dirigent, à marches forcées, sur Saillans où l'on avait appris que les Religionnaires tenaient des réunions. Les troupes arrivent dans la cité et somment les consuls de leur donner, à l'instant, des billets de logement. La population épouvantée envahit l'Hôtel de Ville : les conseillers, en face des bayonnettes et des mousquets que l'on voit étinceler sur la place du fossé, par les fenêtres ouvertes, *prometlent d'obéir et de se conformer aux ordres de M. le marquis de Maillebois, de ne donner retraite à aucun prédicant, ni à d'autres personnes qui pourraient passer pour séduire les Nouveaux Convertis et, s'il en passait, de les arrêter et d'en donner advis au sieur châtelain et aux consuls, pour en informer le marquis, et les faire punir suivant les ordonnances du roi.* Malgré cette assurance et *l'acte de soumission* qui fut envoyé au commandant de la province, les trois compagnies restèrent dans la cité dix-sept jours. C'est ainsi que l'on traitait une ville, au moment où ses enfants les plus patriotes et les plus laborieux, réunissaient tous leurs efforts pour relever son industrie.

Si la loi était cruelle pour les mariages et défendait les assemblées, elle n'était pas plus douce pour les naissances. Elle ordonnait aux parents de faire baptiser leurs enfants, dans les vingt-quatre heures, par le curé de la paroisse. Lorsqu'ils avaient atteint l'âge de onze ans, ils devaient suivre le catéchisme catholique et si les adolescents, après leur cours d'instruction religieuse, refusaient de recevoir la *confirmation*, on logeait chez leurs parents des garnisaires jusqu'à ce que les uns et les autres eussent cédé.

Sibeud, subdélégué de l'intendant à Crest, était d'une adresse consommée pour enlever les enfants des protestants. Il faisait appeler des familles entières chez lui. Là, il les épouvantait par des menaces terribles, ou bien les séduisait par d'adroites flatteries. Les enfants dont il parvenait à s'emparer étaient conduits à Die. L'hôpital de cette ville (le 4 septembre 1740) ne comptait pas moins de cent à cent-vingt de ces infortunés : « les pauvres petits, dit une relation du temps, étaient presque toujours malades ». L'évêque de la ville avait aussi créé des écoles de filles et de garçons ; elles étaient dirigées par des Frères et des Sœurs qu'il avait fait venir de Paris.

En 1738, Pierre Faure, d'Espenel, qui avait réussi à déjouer les projets du subdélégué, vit un jour sa maison envahie par les archers et ne réussit à s'en délivrer, après mille persécutions, qu'en leur abandonnant ses enfants. En 1747, six petites filles furent prises à Saillans et conduites à Die, deux d'entre elles, Louise-Marie (1) et Marie-Anne (2) appartenaient à Antoine Souvion, une autre à Barthélémy Chipron qui avait été signalé au prélat comme un « des religionnaires les plus entêtés » de la ville. Sa fille, la jeune Claudine (3), fut enfermée « au couvent des dames de Sainte-Ursule ». Le petit garçon d'André, s'étant évadé de la maison de la Propagation, à Die, l'évêque ordonna de saisir le père et de l'enfermer à la Tour de Crest. Les dragons s'emparèrent de lui à Saillans, dans sa maison même (4).

---

(1) Louise-Marie Souvion était née le 21 décembre 1735. Sa mère Elisabeth-Madeleine Barnoin, de Dieulefit, était une femme d'un rare mérite. Elle élevait ses deux filles dans une grande piété. Aussi, l'aînée qui était d'une intelligence remarquable et qui avait une fermeté de caractère toute virile, non-seulement n'abjura point, mais encore ranima si bien le courage de ses jeunes compagnes que les *conversions* devinrent de plus en plus rares. De guerre lasse, l'évêque à qui elle avait tenu tête plus d'une fois, la renvoya à Saillans en imposant à son père une forte amende annuelle. Elle épousa plus tard Jean-Louis Roche (8 mars 1760).

(2) La cadette, Marie-Anne Souvion, née le 28 janvier 1741 fut retenue au couvent et convertie au catholicisme. Elle épousa un M. Gache dont elle eut une fille unique, mariée à M. Lagier, jurisconsulte distingué, Les trois enfants de M. Lagier, Auguste, Aristide et Madame Reboul ont vécu à Die et y sont morts. Les descendants actuels de la jeune Souvion sont la comtesse de Courcelles et ses enfants, la marquise de Florans, Mesdames Guérin, Arnaud-Coste et de Novel, — le vicomte de Courcelles.

(3) Elle était née le 8 novembre 1736. Sa mère Claudine Du Monteil appartenait à l'une des familles les plus honorables de la contrée. Elle resta au couvent de Sainte-Ursule jusqu'à sa majorité, fut nommée directrice de l'école de filles de Saillans en 1758 et se maria le 30 janvier 1769 avec Barthélémy-Joseph Arnoux, un des plus riches propriétaires d'Aurel.

(4) Citons encore Antoine Faure, né en 1735, qui fut arraché à ses parents en 1751. On réussit à faire de lui un prêtre catholique. — Jeanne Jossaud, née en 1734, enlevée à sa famille en 1753, entra dans un ordre religieux. — H. de Terrebasse : *Les Maisons de propagation de la foi*. Lyon, 1890, p. 134, 138.

Ces enlèvements d'enfants causèrent une telle tristesse, que des familles entières prirent des vêtements de deuil.

LES FRÈRES DES ÉCOLES CHRÉTIENNES A SAILLANS.

De tout temps, Saillans avait eu un *précepteur de la jeunesse* pour l'instruction des enfants de la ville. Après la mort du roi-soleil, la population songea, non-seulement, à relever l'agriculture et l'industrie, mais encore à ouvrir de nouvelles écoles. Depuis 1717, la commune avait un instituteur à qui elle donnait cent cinquante livres de traitement, qu'elle prenait sur les revenus des moulins banaux. Comme le nombre des enfants croissait, rapidement, on lui adjoignit un *sous-maître*, à qui l'on alloua soixante-quinze livres de traitement, par an. Des leçons particulières leur permettaient à tous deux, d'augmenter beaucoup cette somme.

Les enfants suivaient avec plaisir cette école qui se faisait *dans la grande chambre, au dessus de la salle des séances de la maison de ville.* Les progrès des « lecteurs », des « écrivains » et des « chiffreurs » apportaient un peu de joie à leurs parents, au milieu des inquiétudes sans nombre qui étreignaient leurs cœurs, lorsqu'au mois de novembre 1739 les consuls Jacques Aubert et Paul Souvion reçurent la visite du F. Grégoire, supérieur des écoles chrétiennes de Die, qui leur remit une lettre de recommandation signée du vicaire-général de l'évêque. — « Monseigneur l'évêque, » leur dit-il, a jugé qu'il serait très utile et très avantageux » aux habitants de Saillans d'avoir des Frères des Ecoles » chrétiennes. Désireux, moi-même, de contribuer à l'ins-

» truction de vos enfants, je vous offre deux Frères
» capables de bien les enseigner. Ils se chargeront de la
» conduite de l'horloge. Vous leur donnerez un logement
» convenable et leur allouerez trois cent-soixante-dix livres
» de traitement ».

Les consuls répondirent qu'ils ne pouvaient prendre seuls une détermination aussi grave, qu'ils allaient immédiatement convoquer leurs collègues. Le conseil s'assembla le lendemain ; il comptait parmi ses membres, un consul et cinq conseillers protestants. Le curé François Faure, de Saillans, Piffard, curé de Chastel-Arnaud, et le Frère Grégoire assistaient à la séance. Ils plaidèrent tous trois, avec chaleur, la cause des écoles chrétiennes. Faure offrit de fournir « les meubles et ustensiles nécessaires à la nouvelle installation pour cent vingt livres », — Piffard, une maison qu'il possédait dans la ville : la commune aurait à la réparer et à lui payer une rente annuelle de quarante livres.

Les conseillers présentèrent quelques objections. En effet, à ce moment la commune était surchargée d'impôts ; la *taille royale* était de deux mille-cinq cent-quatre vingt-sept livres, la *capitation* de deux mille-cent-vingt-cinq, le *quartier d'hiver* de mille-dix, sans compter les dîmes de l'évêque et du prieur ! (1) Elle faisait construire de nouveaux moulins, et la Drôme venait de lui emporter une partie du pont. Où prendre l'argent nécessaire à de si

____

(1) Ajoutons pour mémoire qu'elle payait encore annuellement une émine de blé au prince de Monaco, dont les ancêtres avaient rendu quelques services à Louis XIII dans le Milanais et auxquels ce roi avait accordé, par reconnaissance, certaines censes féodales sur les communes du Dauphiné.

coûteuses et à de si urgentes réparations ? Comment imposer aux contribuables un nouveau sacrifice ? — D'ailleurs, le but que se proposaient l'évêque et le subdélégué était-il légitime ? Les habitants n'avaient-ils pas, déjà, pour l'instruction de leurs enfants, deux instituteurs auxquels la population tout entière rendait un excellent témoignage ?

Les conseillers catholiques Jacques Aubert, de la Lauze, Claude Audra, Chalenton, Louis Barnave, Poitevin et Louis Audra, reconnaissaient fort bien la justesse de ces observations, mais n'osaient point manifester leur avis devant les représentants les plus autorisés de leur culte. Ils cédèrent à la nécessité, votèrent le renvoi de leurs braves instituteurs et l'appel des deux Frères des Ecoles chrétiennes. Archinard, Jossaud, Dejean, David André, Serpeille, Beylieu, Paul Souvion, au nom de leurs coreligionnaires Réformés, signèrent immédiatement une protestation sur le registre et se retirèrent.

Mais le conseil s'aperçut, bien vite, de la faute qu'il venait de commettre. Quelques jours après, il s'assembla de nouveau et annula une décision prise trop précipitamment, et que des circonstances particulières avaient inspirée. Le châtelain et les consuls en informèrent loyalement l'évêque. En lui exprimant leurs regrets d'être obligés de revenir sur leur décision, ils lui firent observer que leurs charges étaient trop écrasantes, pour leur permettre de faire de nouvelles dépenses. Le prélat leur répondit de « s'en tenir à la forme et teneur de la délibération du 22 novembre 1739 ».

Cette réponse ne satisfaisant personne, le conseil chercha des alliés autour de lui. Il s'adressa à Sibeud et lui expliqua les motifs qui l'avaient porté à revenir sur sa première détermination ; de plus il chargea Barnave d'une supplique éloquente pour l'intendant. « *Si l'on ne fait pas droit à notre requête*, lui disaient-ils noblement, *si l'on nous contraint à recevoir les FF. nous présenterons nos très-humbles et très-respectueuses remontrances à son Eminence le cardinal de Fleury, pour le supplier très-instamment de ne point forcer la communauté à cet établissement, et pour l'assurer que tous les habitants de Saillans et leurs familles, tant anciens catholiques que nouveaux convertis, seront, toujours, très-fidéles et très-soumis à Sa Majesté* (1).

Sibeud adressa, de son côté, à Jomaron, « commissaire départi pour le roi en Dauphiné » toutes les pièces du procès et une lettre explicative. Il termina en lui demandant ses ordres. Ce dernier en référa à l'intendant d'Angerviliers qui lui répondit : *Le Roi est informé qu'une délibération que la communauté de Saillans avait prise pour y établir deux Frères des écoles chrétiennes, pour l'instruction des jeunes enfants, surtout des Religionnaires, est demeurée sans exécution. L'intention de Sa Majesté est que cet établissement ait lieu.* .... —

D'autre part, en communiquant cette lettre à Sibeud, Jomaron ajouta : *Je vous prie de voir M. de Wamberghe (vicaire général) et de vous arranger avec luy, sur tout ce qui doit être fait pour l'exécution de l'ordre du Roy. Vous en donnerez ensuite connoissance aux officiers de cette communauté, en leur ordonnant d'obéir sans différer ; vous leur demanderez pour cet effet un état exact et bien circonstancié des revenus,*

---

(1) Archives municipales. Cahier des délibérations consulaires.

*charges et dettes de la communauté, afin de connoître sur
quels fonds on prendra les gages qu'on donnera à ces Frères ;
s'il y a un maître d'école, il me paroît qu'il doit être congédié,
et que la rétribution qu'on luy remet, doit servir d'autant au
paiement de ces gages. Vous aurez attention de m'instruire de
ce qui sera fait, en conséquence de ce que je vous marque*
(7 février 1740).

Sibeud ayant informé le commissaire de l'obstination
des Saillantinois, et lui ayant adressé « l'état exact et bien
circonstancié » qu'il réclamait, ce dernier lui fit remarquer
qu'après avoir renvoyé ses instituteurs, la commune aurait
à sa disposision une somme de deux cent-cinq livres et
qu'il ne resterait à trouver, par conséquent que cent-qua-
rante-cinq livres. — « *Une pareille augmentation,* ajouta-t-il,
*ne doit pas suspendre ce projet. Je vous prie d'écrire aux officiers
de cette communauté qu'ils ne doivent pas hésiter à suivre les
intentions du roy, que leurs représentations seroient regardées
comme l'effet d'une désobéissance condamnable...* — (28 mars
1740).

Aussi, le subdélégué, tout joyeux d'être arrivé à ses fins,
leur écrivit durement : *Les raisons dont vous vous servez pour
différer l'établissement des Frères, ne sont pas suffisantes...,
M. Barnave a dû vous dire que les représentations dont il
étoit chargé ont été inutiles... Il ne vous reste donc, Messieurs,
d'autre ressource que d'obéir et d'obéir promptement. Je vous
prie de prendre pour cela les plus justes mesures, dans les quinze
premiers jours de ce mois pour tout délai, et de m'en informer,
afin que j'en puisse rendre compte, étant obligé de vous avertir
que si vous cherchez, encore, de nouveaux prétextes pour éloigner un établissement, pour lequel vous avez, d'abord, paru*

si empressés, je me disculperoi sur vous, ce qui ne peut que très mal tourner... (4 avril 1740).

La commune dut céder devant des ordres si précis. Elle prit, aussitôt, ses dispositions pour renvoyer ses instituteurs et prendre les Frères qu'on lui imposait. Ces derniers, d'ailleurs, n'avaient pas attendu son appel; ils étaient dans la cité depuis le 22 mars. On leur fit signer une sorte de convention établissant nettement les rapports qu'ils étaient appelés à avoir avec la commune : cette pièce se termine par ces mots : *Le Conseil se réserve de pouvoir renvoyer les Frères, en tous temps,* — *ce qui a été encore accepté* (1).

Les réparations de la maison Piffard s'élevèrent à deux cent-cinquante-six livres ; on réduisit à trente livres la pension annuelle à servir au curé de Chastel-Arnaud : le mobilier scolaire, offert par Faure fut accepté à cent-vingt livres. Quelques jours après, les Frères entrèrent en fonctions.

Les élections du lundi de Pentecôte de la même année (1740) avaient fait, encore, entrer au conseil cinq protestants : Serpeille, Archinard, Noir, Beylieu, Dejean, — Paul Souvion restant second consul. Un arrêt du 2 juin 1740 rappela aux communes de notre vallée les mesures d'exclusion des anciens édits : *défenses furent de nouveau faites aux communautés, villes, bourgs et villages d'élire aucuns officiers municipaux s'ils n'exerçaient la Religion catholique, apostolique et romaine; défense aux nouveaux convertis de faire aucune fonction publique à peine de 500 livres d'amende.*

---

(1) Signé : Frère Pierre, professeur des écoles chrétiennes, Frère Jean Chrysosthome.

En vertu de cette ordonnance, Paul Souvion fut remplacé par Poitevin, et les autres conseillers par Bourbousson, Simon Faure, Thomé, Michel Eymieu et Michel Barnave.

L'ÉCOLE DE FILLES

Neuf ans plus tard, Louise Gerboul, « femme du sieur Jacques Lambert, de la ville de Die », vint à Saillans ouvrir une école de filles, sous les auspices de l'évêque. Elle loua une chambre dans la maison de Louis Faure et grâce à une faible rétribution prélevée sur chacune de ses élèves, parvint à gagner modestement sa vie. Le 25 mai 1749, le Conseil divisa les enfants en trois groupes : le premier dut payer six sols par mois à sa maîtresse, le deuxième quatre sols, et le troisième deux sols. Il lui donna un logement et s'engagea, au cas où ses petits bénéfices n'arriveraient pas à cent livres, à parfaire cette somme.

Mais il paraît que cette institutrice était « si âgée et si peu savante » que les enfants ne faisaient aucun progrès. Les consuls, après avoir pris patience jusqu'en 1758, avisèrent à se procurer une meilleure maîtresse d'école. Claudine Chipron qui, en 1746, avait été arrachée à sa famille *à cause de la R. P. R. observée par ses parents, et qui avait dû rester plusieurs années au couvent des dames de Sainte-Ursule de la ville de Die, en suite, des ordres de Sa Majesté*, était revenue depuis peu de temps au milieu des siens. Le châtelain de Saillans lui proposa de remplacer Louise Gerboul. La jeune fille, après avoir pris le consentement de son père, Barthélémy, accepta cette charge et, comme sa famille était dans une belle situation de fortune, elle se contenta d'un traitement annuel de quarante-huit livres ! La commune fut touchée de ce désintéressement ; *elle lui permit d'exiger pour chaque petite fille qui viendrait à l'école, deux sols lorsque ses père et mère seraient sans facultés, et lorsque les dits père et mère seraient aisés, de prendre trois sols et quatre sols des premières plus riches de l'endroit, le tout par mois.* La classe se tint désormais *dans l'appartement au-dessus de la chambre des délibérations de la maison de ville.*

L'école des Frères ne fut jamais fréquentée par beaucoup d'élèves ; mais celle des filles devint promptement fort nombreuse à cause de l'estime et de la confiance que la nouvelle institutrice sut inspirer à tous.

MARTYRE DE LOUIS RANC

Dans les premiers jours de mars 1745, un événement considérable mettait en mouvement les nombreux villages que l'on rencontre sur la route de Valence à Die. Un jeune homme, aux cheveux blonds et à l'air distingué, était conduit, chargé de chaînes comme un malfaiteur, par plusieurs soldats de la maréchaussée et une centaine de grenadiers. Son maintien était calme et digne. Rien dans ses traits ni dans son regard ne dénotait l'humiliation ou la frayeur. On sentait que sa conscience ne lui reprochait aucun crime et, à voir le sourire qui parfois effleurait ses lèvres, on aurait pu se demander s'il ne trouvait pas dans les opprobres mêmes dont on l'abreuvait, un secret motif de se réjouir. Ce jeune homme, en effet, n'était pas un criminel, mais un futur martyr. Les protestants en le voyant passer ne pouvaient contenir leur douleur, car c'était un de leurs pasteurs que l'on conduisait à la mort, et les catholiques sérieux s'apitoyaient aussi sur le sort de cette jeune victime de l'intolérance religieuse, sentant bien, au fond de leur conscience, que lire la Parole de Dieu et la méditer dans l'assemblée de ses frères, n'est pas un crime qui mérite la potence.

Ce jeune pasteur était Louis Ranc. Il avait à peine atteint sa vingt-sixième année. Né au village d'Ajoux, près de Privas, en 1719, — *écolier ambulant* de Jacques Roger pendant quelques années, consacré pasteur avec Rosan et Roland, à Lozeron (Beaufort), le 18 octobre 1744 ; il avait reçu pour champ de travail *le quartier de la Plaine*, c'est-à-dire les églises disséminées sur les rives de la Drôme, depuis Pontaix jusqu'à Loriol.

Le 14 février 1745, il se rendait dans un endroit solitaire, situé entre Loriol et Cliousclat, où son frère Alexandre avait convoqué une assemblée, lorsqu'une crue subite de la Drôme qu'il fallait traverser lui fit rebrousser chemin. Il revint au logis de la *Croix-Blanche*, chez un coreligionnaire, Jacob Claissac, dont l'hôtellerie a été depuis transformée en maison d'école. Il se disposait à repartir le lendemain, lorsqu'il apprit qu'une enfant protestante venait de naître pendant la nuit et qu'on désirait qu'il restât pour le baptême. Il présida cette cérémonie pendant la soirée. Mais le curé de Livron, M. de Montresse, ayant appris la présence du pasteur du désert dans le village, dépêcha son vicaire à Valence pour chercher la maréchaussée. Les soldats, commandés par De la Tuilière, arrivèrent de grand matin, firent Ranc prisonnier, et le conduisirent à Valence où le subdélégué Chaix, après l'avoir injurié, le fit charger de chaînes et jeter dans une basse-fosse. Il n'y resta que quelques jours ; le 27 février, il repartit pour Grenoble et y arriva le 1er mars. Le lendemain, il comparut devant ses juges. Le conseiller de la Cour, Alexandre Roux de Gaubert, comte de Lorie, chargé d'instruire son procès, fut immédiatement gagné par les qualités morales du prisonnier et surtout par la franchise avec laquelle il avouait avoir tenu des assemblées, administré les sacrements et béni les mariages. Dans un éloquent discours, il plaida les circonstances atténuantes, se fondant sur la jeunesse de Ranc, qui pouvait bien lui faire ignorer les ordonnances du roi, et il conclut aux simples galères.

Un des juges se retira, même, en disant très haut que « puisqu'il s'agissait de condamner à mort un jeune homme de vingt-six ans, il ne donnait point sa voix ». Mais le premier président, M. de Piollenc, réclama, avec instance la peine capitale, et il obtint la tête de l'accusé.

L'arrêt du 2 mars 1745 portait que Ranc serait « mené et » conduit, la hart au col, en la ville de Die, pour que, sur » la place principale de ladite ville et à une potence qui y » serait dressée à cet effet, il fut pendu et étranglé, jusqu'à » ce que mort naturelle s'ensuivit. La tête dudit Ranc » devait être coupée et portée au lieu de Livron pour être » mise sur un poteau au devant de la maison du nommé » Claissac ».

Le jeune pasteur du désert partit de Grenoble avec deux autres protestants du Dauphiné, condamnés en même temps que lui aux galères perpétuelles. C'étaient Antoine

Riaille, d'Aouste et Étienne Arnaud, de la Charce. Le premier, surpris dans une assemblée, dut pour ce délit ramer trente ans sur le banc des forçats ; le crime du second était d'avoir appris aux enfants de Dieulefit, le chant des Psaumes.

Ranc fut conduit de Grenoble à Die par Valence ; durant toute la route il provoqua les regrets des protestants et les édifia par l'expression de joie répandue sur sa physionomie et par le chant de ses cantiques. A Crest, il fut logé chez un certain Charasson où un cordelier capucin vint le visiter, mais il dut reconnaître que « quoique Ranc ne sût pas les langues, il possédait fort bien la théologie ». On se remit de nouveau en route. Bien qu'il fut escorté de plusieurs brigades de la maréchaussée et d'une centaine de grenadiers, quelques amis l'informèrent qu'ils se préparaient à l'enlever, ce qui était bien facile ; mais il leur fut répondu, dit Antoine Court, « qu'ils se gardassent bien » de commettre aucune violence, ni de recourir à aucune » voie de fait, qu'il était tranquille et résigné, bien résolu » de rester fidèle à sa religion et à son ministère jusqu'à » son dernier soupir ».

Si l'on en croit une complainte, il s'arrêta quelques instants à Saillans où il fut de nouveau harcelé par les prêtres et les moines :

> *Arrivé à Saillans, le voilà de nouveau*
> *Encor sollicité par ces prêtres si hauts*
> *D'abandonner de suite sa mauvaise opinion*
> *Et d'entrer sous peu dans la vraie religion,*
> *Ou si non gare à lui, il subira la mort,*
> *Car tous ceux comme lui ont partagé ce sort.*

Rien n'ébranle Louis, pas même les menaces,
Car il est fort en Dieu, il sait qu'avec sa grâce
Il va le voir au ciel, au milieu des saints anges,
Et chanter avec eux ses divines louanges.

Il quitte alors Saillans pour la dernière fois,
Mais ce n'est pas sans peine, car il sait que la foi
Remplit le cœur des siens, car il a bien connu
Qu'au moment qu'il passait, ils s'étaient mis en garde
Pour tirer leur pasteur de la main des gendarmes;
Ils n'ont pu réussir; c'est Dieu qui l'a voulu (1).

Les grenadiers l'accompagnèrent jusqu'à Pontaix, où le bataillon de Die vint les relever. Il fut logé dans une hôtellerie en attendant son supplice. Harcelé encore par les jésuites, il leur répondit à diverses reprises : « J'ai choisi la bonne part qui ne me sera point ôtée ». Et pour se préparer à la mort, il chanta les sept premiers versets du Psaume CXVIII et répéta deux fois le verset 12 :

La voici l'heureuse journée
Qui répond à notre désir.....

. . . .

Vers trois heures de l'après midi, d'Audiffret, commandant du Diois, le fit sortir, la hart au col, comme le portait la sentence et passer par toutes les rues de la ville, escorté

___

(1) « Jacques Roger, qui connaissait la constance de Ranc, démentit le bruit que quelques jeunes imprudents avaient fait courir touchant un ordre d'enlèvement attribué par eux à Vouland. » Eug. Arnaud III, p. 218. La complainte est donc, ici, dans l'erreur.

d'un fort détachement de soldats. Dix tambours ne cessaient de battre la mascarade, mais le jeune pasteur, comme étranger à ce qui se passait autour de lui, avait les yeux fixés au ciel : à l'exemple de saint Etienne, il semblait contempler Celui qui est invisible.

Arrivé au pied de la potence, il se mit à genoux, implora une dernière fois la miséricorde de Dieu, puis, avec courage, monta l'échelle fatale...

Ce tragique événement se passait le vendredi 12 mars 1745. Après sa strangulation, la tête de Ranc qu'on sépara du tronc, fut portée à Livron pour être exposée sur un poteau devant l'hôtellerie de Claissac, comme le portait l'arrêt du Parlement. Le commandant du Diois et le grand-vicaire firent traîner le corps du martyr dans les rues de la ville et l'abandonnèrent aux outrages de la populace, qui finit par le précipiter dans un égout. Une dame catholique, profondément affectée de semblables excès, l'en fit retirer et lui donna une sépulture honorable.

Il y a des âmes généreuses et sensibles dans toutes les religions.

Le supplice de Louis Ranc fit une profonde impression sur les protestants du Dauphiné. Il inspira plusieurs complaintes moins remarquables assurément par leur valeur littéraire, que par les sentiments religieux qu'elles expriment et les données historiques qu'elles renferment. Elles se chantaient dans les fermes pendant les longues veillées d'hiver.

Un brave Saillantinois, fortement ému par ce martyre et par la lecture d'une *Elégie sur le triste et pitoyable estat des églises réformées du Poitou*, intercala dans celle-ci ces quelques vers de sa façon et corrigea le texte de cette manière (1) :

. . . .

Oserais-je parler encore au Tout-Puissant ?

Souffre que ma douleur ose encore s'étendre,
Encore pour un peu daigne ma voix entendre.
Souverain Roy des Roys, Dieu débonnaire et doux,
D'où viennent ces prisons, ces liens et ces verrous

Qui retiennent des tiens une troupe captive,
Dont l'esprit est bien prompt mais la chair est craintive ?
Et tes serviteurs, partout persécutés,
Le cher monsieur Ranc vient d'être exécuté !

Ce bienheureux pasteur, au printemps de son âge,
Nous a donné à tous un patron de courage.
Sa douceur admirable jointe à sa piété,
Sa constance, son zèle et sa tranquillité,

Rendront toujours son nom célèbre dans l'histoire
Et son martyre illustre et digne de mémoire.
S'il a souffert la mort dans de rudes tourments,
Il est monté au ciel, au séjour des vivants (2).

---

(1) On trouvera dans le *Bulletin de l'histoire du protestantisme français* le texte authentique de cette admirable Elégie, T. IV, p. 109, 110, 111, 112, 113.

(2) Archives de Mme veuve Taillote.

DERNIÈRES RIGUEURS. — L'ÉDIT DE TOLÉRANCE (1787).

Quelques jours après le dramatique événement que nous venons de raconter, Jacques Roger, le restaurateur du protestantisme dans le Dauphiné, fut pris aux Petites-Vachères et condamné à mort. Il fut exécuté à Grenoble, le 21 mai 1745.

Cependant, malgré les rigueurs du comte de Marcieu (1), des idées de justice et de liberté commençaient à se faire jour (2). Le clergé, dans ses Assemblées quinquennales, demandait encore, il est vrai, au roi, par la bouche de ses archevêques et de ses primats, La Roche-Aymon, Jean-Marie Du Lau, Larochefoucauld, Arthur Richard «d'achever glorieusement l'œuvre de Louis XIV», la masse du peuple était fatiguée de ces persécutions insensées. L'opinion, maintenant éclairée sur les protestants demandait la suppression de ces iniquités séculaires.

Les mœurs s'étaient adoucies; un pouvoir arbitraire ne peut être barbare que dans des temps barbares. Le moment était arrivé où les lumières étaient tellement répandues, les habitudes tellement adoucies, l'amour du prochain tellement conforme aux besoins et aux intérêts de tous, que la fraternité, cette fille du ciel, pénétrait tous les cœurs. Une ère de tolérance et de charité se levait sur la patrie française: elle était due aux prédicants et aux

---

(1) Et ses lettres comminatoires du 30 novembre 1754, du 22 mars 1755, du 28 mars 1757. Archives municipales, carton des Religionnaires.

(2) Saillans avait à ce moment un conseil presbytéral de 6 membres : Guicharel, Jean Faure, Blancheville, Joubert, Flachaire et Riorin. Espenel en possédait aussi un, composé de 6 : les deux Motton, Cordier, Chauvet, Léger, Blain.

martyrs du désert, les Paul Rabaut, les Chamier, les Pradel, les Antoine Court, les Casaubon, les Désubas, les Ranc, les Jacques Roger, les Pierre Durand, les Vouland, les Villeveyre, les Chambon, les Allard, les Lachaux, les Rouvière, les Martel, les Faure, les Bouvier, les Badon, les Roland, les Rosan, les Armand, les Blachon, les Descours; — ses promoteurs étaient les philosophes et les encyclopédistes, les Bayle, les Bolinbrocke, les Buffon, les Reynald, les d'Argens, les Dupuy, les Boulinviliers, les Condorcet, les Volney, les Helvétius, les d'Holback, les Voltaire, les Lamétrie; — ses apôtres étaient ces milliers d'exilés, ces persécutés, ces forçats pour la foi qui, sur une terre étrangère, dans les prisons, sur les échafauds ou sur les bancs des galères, avaient montré que la liberté religieuse est préférable à tous les biens.

Il appartenait à Rabaud Saint-Etienne, fils du célèbre pasteur du désert, Paul Rabaud, d'attacher son nom à l'acte réparateur qui allait rendre son état-civil à tout un peuple. Les consistoires de Nîmes, de Montpellier, de Marseille, de Bordeaux, le chargèrent de se rendre à Paris pour obtenir du roi Louis XVI et du parlement, la liberté de conscience. Rabaud Saint-Etienne trouva dans la capitale beaucoup de sympathies et plusieurs amis. C'était en 1786; il se lia avec La Fayette. Les principes sur lesquels ces deux hommes distingués étaient d'accord, est qu'il ne doit pas y avoir deux peuples, qu'il fallait abattre le mur de séparation et non le replâtrer et l'entretenir, qu'il ne peut y avoir de religion d'Etat, qu'une liberté absolue doit être le partage de tous.

Ces principes, Malesherbes les admettait, mais il reconnaissait que la Cour était loin d'avoir ces idées de justice et de droit naturel. Pour les faire pénétrer dans le gouvernement, il fallait persuader au roi et au parlement, que Louis XIV et Louis XV n'avaient jamais voulu arracher aux protestants leurs droits de citoyens, mais seulement les contraindre à rentrer dans le giron de l'Eglise romaine. Deux hommes se chargèrent de démontrer cette thèse, dans des ouvrages bien connus, l'un fut l'intègre Malesherbes et l'autre le chevalier de Rulhières Aussi, leurs noms ainsi que ceux de Rabaud Saint-Etienne et de La Fayette sont-ils inscrits, avec bien d'autres, sur le Livre d'or de l'Eglise Réformée.

La reine Marie-Antoinette, informée par le premier ministre de ce qui se passait, prenait un vif intérêt à la cause des huguenots ; elle plaida, un jour, leur défense avec tant de chaleur, que le roi lui répondit : *Madame, vous me faites grand plaisir de penser ainsi ; parlez-m'en souvent, afin de m'entretenir dans ces dispositions.* Touchante réponse qui provoque en nous cette réflexion : puisque Louis XVI se décidait, sur les instances de ses conseillers, à détruire l'œuvre d'iniquité de Louis XIV, était-ce à lui à monter sur l'échafaud ?

L'*Edit de Tolérance* fut signé le 17 novembre 1787, et enregistré au parlement, le 29 janvier suivant. Il accordait aux protestants, suivant le texte même du préambule, ce qu'on n'avait pu leur refuser : le droit de faire constater leurs naissances, leurs mariages et leurs décès. L'avocat des Réformés, le comte de la Brétignières, aurait voulu qu'on leur donnât la liberté religieuse, c'est-à-dire le libre exercice de leur culte ; c'était ce que désiraient ardemment ces milliers de persécutés qui attendaient, en frémissant, l'heure de la réparation. Cependant, tel qu'il était, l'Edit leur accordait, enfin, le titre de citoyens français. C'était beaucoup pour des hommes qui depuis deux siècles étaient hors la loi (1).

Ainsi qu'on le voit, l'acte souverain qui inaugura une ère nouvelle dans nos destinées, ne fut l'œuvre d'aucun des pouvoirs publics de l'ancien régime : ni le roi, ni le parlement, ni le clergé ne l'eussent promulgué, si l'opinion publique, qui est toujours la reine du monde, ne les avait contraints à cette mesure de justice et d'égalité.

§ IV. — *LES FÉTES NATIONALES. — SAILLANS LIEU D'ÉTAPE. — LE POÈME DE BOISSIER : LOU SIÈGÉ DE SOLLIENS. — LA CITÉ A LA VEILLE DE LA RÉVOLUTION.*

Les rois de France voulaient que nos pères fussent contents, au moins, une fois dans l'année : le jour de la fête nationale. Notre pays a successivement fêté saint Henri, saint Louis, saint Charles, saint Philippe. Napoléon choisit le 15 août.

La succession ininterrompue de quatre Louis qui avaient régné pendant plus de cent-quatre vingts ans de suite sur nos ancêtres, avaient fait de saint Louis le patron

---

(1) A Saillans, l'on put voir le même jour une foule de jeunes gens venir déclarer leurs naissances... et des hommes d'âge mûr et même des vieillards de quatre-vingt ans faire inscrire leurs mariages... bénis dans la forêt de Saoû par quelque pasteur du désert dont la tête était mise à prix à trois mille livres. — Registres de l'état-civil.

national de la France. Ce jour-là, on décernait le prix de Rome, l'Académie française choisissait un orateur éminent pour prononcer devant elle, dans la chapelle du Louvre, le panégyrique de saint Louis et Madame Durand, (comme en 1701), présentait au grand concours de poésie une pièce où l'on remarquait cet hémistiche monumental :

Grand Dieu, c'est pour Louis que mon zèle t'implore,
Prolonge ses jours précieux ;
Laisse-nous en jouir quelques siècles encore !!!

A Saillans, dès le matin, la jeunesse se mettait sous les armes ; après quelques démonstrations belliqueuses où la poudre n'était pas épargnée, on se rendait à l'église de Saint-Giraud, pour entendre un *Te Deum*. Après vêpres, on allumait un grand feu sur la place du fossé, pendant toute sa durée, une fontaine de vin coulait devant la maison de ville. On se bousculait, on se montait sur les épaules pour approcher un récipient quelconque du tuyau qui versait la boisson convoitée. Ce n'était pas la lutte pour la vie, de Darwin, c'était la lutte pour le vin. Le succès était pour les plus forts et les plus hardis. La ruse se joignait à la violence. On présentait à la précieuse fontaine, par-dessus la houle des têtes, son broc assujetti au bout d'une longue perche, mais souvent des rivaux renversaient d'une poussée vigoureuse le contenu du broc dont la rouge cascade éclaboussait les assistants.

Un cordonnier, rivalisant sans le savoir avec Bassompière, tendit un jour une vieille botte, un *fort* présenta son grand chapeau. Tout était bon, et quand on avait fait sa récolte, l'on se hâtait de rentrer dans sa demeure. Au repas du soir, il y avait du vin dans toutes les maisons.

Lorsque la nuit était tout à fait venue, les rues s'animaient de nouveau. De six heures à dix, chaque Saillantinois devait « mettre une chandelle d'au moins quatre sols sur sa fenêtre, sous peine de dix livres d'amende contre les refusants ». La ville brillamment illuminée retentissait de chants joyeux et oubliait, un instant, ses préoccupations et ses misères.

SAILLANS LIEU D'ÉTAPE

Mais, très souvent, elle se réveillait le lendemain au milieu des sonneries des clairons et des fanfares. Les bataillons de renfort se succédaient sans relâche dans la cité, se rendant à marches forcées sur les frontières des Alpes. Sous Louis XIII et sous Louis XIV, plus de cent mille hommes traversèrent notre vallée, réquisitionnant du pain, du fourrage, des chevaux et des mulets. Pendant la *Guerre de la Succession d'Espagne* (1701-1713), dans la seule année de 1712, Saillans eut à fournir aux armées royales deux mille-sept cent-trente-quatre rations de grains, deux mille-sept cent-trente-quatre rations de pain, trois cent quatre vingt-dix-neuf rations de foin et dépensa deux mille-cent-cinquante-cinq livres ! Les raccoleurs sillonnaient la contrée, *engageant* les jeunes gens et les hommes d'âge mûr et forçant les familles à payer, en outre, de trente à quarante livres pour l'équipement de chaque soldat.

L'hiver, l'armée prenait ses quartiers et s'étendait des Alpes jusqu'à Luc et à Die : c'étaient encore de nouvelles contributions exigées de pauvres gens déjà si cruellement éprouvés.

En 1733, le cardinal de Fleury, pendant la minorité de Louis XV, ayant été obligé de soutenir Stanislas Leczinski, dans la *Guerre de la Succession de Pologne*, eut l'idée de créer trente nouveaux bataillons de milice, de six cent quatre vingt-quatre hommes chacun. Pour en remplir les cadres, il ordonna de nouvelles levées et descendit jusqu'aux enfants de seize ans! Un voile de tristesse se répandit sur la cité (1).

En 1744, le comte de Marcieu fit passer à Saillans toute l'artillerie de renfort destinée au camp retranché de Mont-Dauphin; il n'y avait pas moins de sept cents attelages, et il fallut nourrir les hommes et les chevaux. — Quatorze brigades restèrent tout l'hiver dans la ville, le typhus se mit dans leurs rangs; outre des centaines de soldats, plus de « vingt chefs de famille » furent moissonnés par le fléau (2). Ainsi qu'on le voit, cette lamentable *Guerre de la Succession d'Autriche* coûta cher à notre malheureux pays.

Celle de *Sept ans* ne lui coûta pas moins. Devenu *lieu d'étape*, depuis 1747, la cité fut dès lors soumise à d'innombrables réquisitions. De 1756 à 1763, les trente mille hommes qui furent cantonnés dans ses murs ou furent dirigés sur Embrun, lui emportèrent ses dernières ressources (3). On fut obligé d'employer au transport des sol-

---

(1) Archives municipales Délibérations consulaires, 27 décembre 1733.
(2) Archives municipales. Délibérations consulaires, 2 mai 1745.
(3) Régiments de Bretagne, Brissac, Bartillac, Mailly, Anjou, Royal-Dauphin, Royal-Comtois, Piémont, Laroche-Aymon, Joyeuse, Talaru. Aubecourt, Soissonnais, Vermandois. Briqueville, Nice, Montmorin, Volontaires du Dauphiné, etc. — Quelques-uns d'entre eux ont acquis un beau renom dans l'histoire.

dats blessés ou malades les modestes revenus de l'*hôpital* ou *Bureau de bienfaisance*. Ce qui n'empêchait point que Saillans devait payer environ six mille livres d'impôts au roi (1), et les dîmes de l'évêque de Die aussi bien que celles du prieur. Aussi, la misère était-elle extrême.

En 1748, le blé était si rare qu'on le payait quinze livres le sétier, somme énorme pour l'époque, et que les consuls demandaient à l'intendant de leur en accorder cinquante sétiers sur les magasins du roi, pour les distribuer aux pauvres qui mouraient de faim. Le 20 décembre 1760, la commune lui écrivait encore ces mots : *Considérant la la misère extrême à laquelle sont réduits les habitants, soit par la modicité de nos récoltes depuis plusieurs années, soit par le défaut de débit de notre vin qui forme notre seule ressource pour avoir quelque argent, soit par la chute entière de notre commerce, soit enfin par les charges considérables que nous payons au roy en tailles, vingtième et capitation, laquelle seule a augmenté de 834 livres depuis 1723, — nous vous demandons, monseigneur, d'être déchargés du don gratuit.*

Vers 1768, les consuls supplièrent encore l'intendant de diminuer les impôts : « Il est surprenant, lui disaient- « ils, qu'un simple ménager de ce lieu soit autant imposé « que la plus grande partie des marchands et procureurs « de Crest ou de Die. On nous envoie la brigade fort « souvent...... » On leur accorda quelques livres pour réparer leurs moulins et leurs remparts. La situation s'assombrissait tous les jours, et l'on ne pouvait prévoir le moment où cette crise finirait.

---

(1) Lançon de la taille royale, capitation, impôt du cinquantième, du vingtième, don gratuit, etc.

A ce moment, le roi modifia quelque peu les administrations municipales « des villes, villages et bourgs ». Un recensement fort soigneux donna pour la population de Saillans « trois cents habitants formant mille cent quatre-vingt-deux têtes, savoir : deux cent-soixante-dix-huit hommes, trois cent une femmes, cinq cent-soixante-quatre enfants et trente-neuf domestiques ». Le conseil fut alors composé de deux échevins, trois conseillers de ville, un syndic receveur, un secrétaire-greffier et six notables, sous la présidence d'un châtelain (1).

PERSONNAGE COIFFÉ DU CHAPERON

Extrait de l'Héroïsme français, *par A. Lair. — Lib. Jouvet.*

Comme les passages de troupes continuaient, et que souvent, des officiers ignorants et brutaux, sous le fallacieux prétexte qu'ils ne les connaissaient pas, « insultaient et injuriaient les échevins », ces derniers demandèrent à l'intendant de porter, désormais, des chaperons rouge

(1) L'ancienne administration avait déjà été modifiée en 1717, 1719 1741. — Tous les renseignements qui précèdent et qui ont été puisés aux Archives de la Drôme, nous ont été fournis par M. Lacroix, dont l'érudition égale la bienveillance. Nous nous faisons ici un plaisir et un devoir de lui en témoigner notre bien vive et bien sincère gratitude.

écarlate comme signe distinctif de leur qualité. Il y eut un peu moins de désordres dans la ville à partir de ce moment (1).

Nous dirons, maintenant, un mot d'un charmant poème héroï-comique, en patois, d'Auguste Boissier, de Die (2). Cela fera trêve un instant à nos préoccupations, et répandra une note gaie sur notre récit.

Ce petit chef-d'œuvre a pour titre

LOU SIÉGÉ DE SOLLIENS

La scène se passe vers 1775, sous l'épiscopat d'Alexis Dupian-Desaugiers. L'auteur nous raconte, avec infiniment d'esprit et d'humour, qu'une famine si terrible sévissait à Die, que les habitants en étaient arrivés à une maigreur extrême :

> *Las fennas, que soun pas bien fouortas*
> *Eroun pâlas coumo de mouortas ;*
> *Lour couorps, de l'un o l'autre bout,*
> *Semblavo un monche d'eicoussout.*
> *Lous hommeis, plus maigreis eincaro*
> *Ovion l'air doou paoure Lazaro,*
> *El lou meindre veint que fosio*
> *Lous poussavo vounte vouyo,*
> *Coumo la neou dessus Glondaço*
> *Que l'aouiro faï chongeas de plaço.*

____

(1) Délib. consul. 3 juillet 1774.

(2) *Lou siégé de Solliens,* pouémé en quatre chonts par Gusté Boueissier. Paris 1841.

Ce fut dans ces tristes circonstances qu'un moine, ayant appris que du blé venait d'arriver à Saillans, courut en avertir son évêque. Celui-ci envoya, immédiatement, une députation à la ville privilégiée pour demander des secours.

L'ambassade arrive devant les remparts de la cité, après un copieux déjeuner à Pontaix. Elle s'acquitte de son message avec beaucoup d'éloquence, mais avec très peu de succès; apprenant que c'est gratis que les Saillantinois doivent donner du blé, la plus forte tête de l'endroit, un forgeron, propose de renvoyer à coups de trique les plénipotentiaires du prélat: l'avis est adopté par acclamation, on tombe à bras raccourci sur les malheureux solliciteurs :

> *Onfin notreis paoureis Diois,*
> *Fosont lou signe de lo croix*
> *Se bouteroun tous ein deirouto;*
> *Et pei tout lou long de lo routo*
> *Prounounceroun chaque pater*
> *Ein relevont lou nas ein l'air.*

Le chant II nous montre Desaugiers fort irrité de l'indigne traitement infligé à ses quêteurs. Il réunit aussitôt son chapitre : chacun donne son opinion; le parti de la guerre l'emporte. Une expédition est votée contre Saillans. Le lendemain matin, les Diois renforcés des contingents de tous les villages voisins, se mettent en colonnes sous le commandement de leur évêque, et s'ébranlent en chantant cette *Marseillaise* qui aurait, sans doute, inspiré Rouget de Lisle s'il l'avait connue :

      « Oneim, éfans de las mountagnas,
      Lous jous d'eicoueire soun veingus ;
      Portein, quitein notras coumpagnas,
      Per pichas sus de pasdeingus (bis).
      Solliens, dus soutart que lou ferre,
      Ofin que crebessein de fon,
      N'o pas vougu beilas de pon
      Ooux Diois qu'on ista nein caire.
Courage, fessoueiriers, preneins notreis fessoux,
Morchein (bis), *qu'un song eoya remplisse d'eigairoux.*

      « Tromblo, Solliens, car dins to villo
      Introrein dins doux ou treis jous ;
      Et, si gno pas assez d'un millo,
      Siens presteis o l'ai couré tous (bis).
      Rein nous reteindrec per t'obattre ;
      Si chayoun notreis vieux Diois
      Lous jueineis sorein de grivois
      Que portireins per te coumbattre.
Courage fessoueiriers, etc.

      « Comus couontro oquello gueusayo,
      Douono de fouorço o notreis puns,
      Si nous ojuas dins lo botayo,
      Siens surs de nein brias quaouqueis uns,
      Vès nous aoutreis que lo victoiro
      Ocouré o noous maleis açonts ;
      Dins tous lous Solliensoux jeunonts
      Ve toun trioumphé et notre gloiro.
Courage fessoueiriers, etc. »

Charpentiers, scieurs de long, cordonniers, forgerons, plâtriers, agriculteurs, maçons, boulangers, le vétérinaire, l'apothicaire, le maître d'école, — chacun portant les instruments de son état, — se dirigent sur Pontaix, avant l'évêque à leur tête. L'armée y fait halte et met au pillage toutes les provisions de la ville.

Chant III. De là, elle se rend à Saillans dont elle commence aussitôt le siège. Apprenant que des renforts leur arrivent de Mirabel, d'Auriple, de Montmeyran, de Crest, d'Espenel, les Diois sont pleins de confiance; ils vont à l'assaut avec une ardeur qu'aucun obstacle ne peut arrêter. L'auteur, avec une verve vraiment désopilante, raconte les exploits de chaque corporation et nomme les braves qui se distinguèrent dans la mêlée. Emportés par leur bouillant courage, les Saillantinois font une sortie au cours de laquelle plusieurs d'entre eux sont faits prisonniers. La nuit sépare les combattants.

Chant IV. Le lendemain, l'on convient de signer la paix, à la condition que les Diois rendront les défenseurs de la cité et, que les habitants donneront les provisions réclamées.

Les alliés entrèrent alors dans la ville et, comme leur appétit n'avait fait que s'accroître, si possible, pendant ce siège mémorable, ils s'en donnèrent à cœur joie...

> *.........e à veintre déiboutouna ! —*
> *De lucreis sus la lovondeiras,*
> *Lous posseras dessus las airas ;*
> *Omoun sus Glondaço lous loups*
> *'Dins uno beillo de moutous ;*

Ni lou foocou, ni lo fooucheto,
Quond opercevoun l'olouetto,
Hélas ! noun chaigueroun jomai
Coumo notreis Diois eilaï,
Sus lo pitanço freido ou chaoudo.
Dins oquello grondo moraoudo,
Las deints fogueroun un taou bru
Que l'eintenderoun de ves Luc !..
Pei de ce qu'ovion embolla
Vou chongeron per bouon bla.

Triomphalement, ils retournèrent à Die, où l'évêque, après un discours mémorable, décora ceux qui s'étaient le plus distingué dans cette épopée homérique.

LA CITÉ A LA VEILLE DE LA RÉVOLUTION (1)

Malgré tout ce que nous raconte fort spirituellement le charmant poète dauphinois, Saillans n'était pas plus

(1) Voici d'après les numéros du plan cadastral la position des monuments publics et le périmètre des remparts à cette époque: église paroissiale n° 235, hôpital 517, Notre-Dame 89-90, anciens moulins 161, 162, 163. 164, 165, — nouveaux moulins 190, 189, — maison de ville 379, place de Bonne-Lesdiguières sur laquelle s'élevait le temple protestant démoli en 1683, n°ˢ 392, 399, 396, 400, 395, 394, 391, 393, 401, 402, 404, 403, 405 et peut-être 407. Remparts : n°ˢ 123, 122, 124, 125, 126, 115, 114. 113, 111. 110, 107, 106, 104, 102, 98, 97, 96, 95, 94, — pont de la Drôme,—312, 311, 310, 309, 308, 307, 306 305, 304, 303, — portail des moulins — 265, 264, 263, 261, 260, 254, 253. 251, — prieuré et 3 tours reliées par des courtines, — porte de la Soubeyranne, — 557 565, 564, 563, 562, — tour Aymar, — 557, 552, 551, 548, — nouvelle tour, — 546, 542, 540, 539, 450, 449, 448, 447, 446, 445, 444, 443, 441, 437. 436, 435, 433 432, 431, — place et porte de Véronne. — 3, 2, 5, 7. 41, 43, 44, 45, 49, 50, 57, 58, — pont du Rio-Sec. — Voici, d'ailleurs, les noms des propriétaires des maisons construites sur l'ancien rempart : Besson, Deville, Charlaix, Calendrin, Barral, Chauvet, Grange, Hilaire, Reynaud, Lucien Tavan, Brochier,

privilégié que la ville épiscopale. Les revenus que la cité retirait de ses moulins, de ses pressoirs à huile, de ses boucheries, de ses pressoirs à vin et de quelques autres petits octrois, s'élevaient, bon an mal an, à mille-deux cents livres environ. A ce moment, le pain blanc se vendait quatre sols la livre et le pain bis deux sols ; — le mouton coûtait six sols et demi la livre, la brebis cinq sols et demi, le porc frais six sols ; — le bœuf, quatre sols et demi, depuis la Saint-Giraud jusqu'au mardi gras ; — la chèvre et le chevreau trois sols la livre, depuis le premier septembre jusqu'au premier décembre. La pinte de vin (un litre et quart), valait un sol ; — la commune affermait le ban de vin trente-six livres, et le préposé recevait deux liards par charge ou saumée, d'environ cent litres pour droit de mesurage. L'église de Notre-Dame, sur la place de la Daraize, servait aux réunions des Sœurs du tiers-ordre de Saint-François ; elle avait été réparée en 1729, et sa nouvelle cloche, *Marie*, avait été solennellement baptisée le 2 février 1731.

L'église de Saint-Giraud avait été embellie en 1715, en 1729 et en 1768. Son horloge « sonnait les répli (*sic*) »,

---

Lombard, Caillet, Eymieu, Antoine Tavan, Fombonne, Bautin, Juge, Germain Giraud, veuve Morin, veuve Chapurlat, madame Cornillon - Barnave, veuve Bayle, Rochette, Sautarel, veuve Tournay, veuve Bastet, Baudouin, Samuel, Chastel, Barnave, Adrien Bastet, Monsieur le curé Mellet, fabriques Rey, Jules Arnaud, — trois tours de distance en distance, jusqu'à la porte de la Soubeyranne, hôtel Lambert, Reynaud, Terrot, Baudouin, Tournay, Chambrier, (Raspail, cordonnier), Aymar Jules, jardin de Mesdames les sœurs Trinitaires, Frachet, Barral, Baudouin, Brun, Bouillanne, Baudouin Joseph, Hibaux, Raspail Victor, Besson, Raspail, Martin, Boulard, Boissier, Genevès, Soury, Gros Léon, Régis, Lanthelme, Bagarre, Granon, Joubert, Marcel, Alphonse Faure, Fauchier, jardin Audra, jardin Vierne, Meunier, Ruel, Gros, Pesson, M. Tabardel, notaire, Guercin, Héraut, — pont du Riosec.

depuis 1729 ; — sa petite cloche avait été baptisée *Gabrielle*, le 3 août 1731 ; — la grande, qui ne pesait pas moins de huit quintaux, le fut le 20 décembre de la même année et s'appela *Marie-Madeleine*. Une confrérie de pénitents rehaussait, depuis 1709, la solennité du culte par sa présence.

Les rues avaient commencé d'être pavées en 1730 ; — les maisons furent numérotées en 1768. Le capitaine-châtelain, Jean-François Barnave de Boudrat, était l'homme le plus riche de Saillans : « maître-d'hôtel, il recevait les personnages les plus considérés et portait, habituellement, des habits galonnés d'or. Dans les processions, il était vêtu de satin noir et avait un chapeau à plumes. Sa voiture, la seule qu'il y eût dans la cité, était attelée de deux chevaux ; quatre domestiques étaient attentifs à recevoir ses ordres et il n'avait pas moins de huit mille livres de rente. — Il mourut en 1785, en laissant sa fortune à sa fille unique et fut remplacé par Jean-Claude Eymieu, comme intendant de « l'illustrissime Gaspard-Alexis du plan Des Augiers, évêque et comte de Die ».

Telle était la situation politique et économique de la ville, à la veille du mémorable événement qui a clos l'histoire du passé et ouvert un nouvel ordre de choses ; nous avons nommé la Révolution française dans laquelle s'effondra la royauté. Longtemps avant 1789, elle eut ses signes précurseurs en Dauphiné. Dès le règne de Louis XV, le parlement de Grenoble s'était énergiquement opposé à l'accroissement des impôts de plus en plus lourds, et il avait fallu le contraindre militairement à enregistrer les nouveaux édits. Conduite aussi courageuse que rationnelle chez des hommes que poursuivra bientôt la colère du peuple. Quand la patrie a été rançonnée sans pitié par un vainqueur impitoyable, il est des sacrifices qu'il faut savoir s'imposer ; mais les parlements pouvaient-ils enregistrer sans résistance des édits qui, sans utilité publique, ne faisaient qu'ajouter au gaspillage des finances ?

TROUBLES A GRENOBLE. — JOURNÉE DES TUILES.

Le gouvernement de Louis XVI fut honnête, mais il avait hérité d'embarras financiers qu'accrut encore la guerre de l'Indépendance américaine. On dût avoir recours à de nouveaux impôts. En 1787, parurent les édits du timbre et de la subvention territoriale, que le parlement de Grenoble, à l'exemple de celui de Paris, refusa d'enregistrer. Les ministres, pour se passer du parlement, résolurent de soumettre les nouveaux édits à une cour plénière où ils ne devaient réunir que des amis dévoués. Cette mesure irrita les trois ordres qui y virent l'intention de se passer de leurs députés, et le parlement de Grenoble déclara traître au roi et à la nation quiconque irait siéger à l'Assemblée convoquée. La Cour répondit à cette déclaration par des lettres de cachet qui exilaient dans leurs terres les membres du parlement, et chargea le duc de Clermont-Tonnerre, gouverneur de la province, d'assurer par la force l'exécution de sa volonté. On était au 7 juin 1788. Des rassemblements se forment dans les rues ; les troupes envoyées pour les disperser sont assaillies par des tuiles lancées du haut des toits et l'hôtel du gouverneur est saccagé. Le duc de Clermont-Tonnerre, ne pouvant prévoir où aboutirait l'irritation populaire, prit sur lui de retirer l'édit. Le parlement ne montra pas moins de modération. Le peuple le portait en triomphe; il se contenta de demander au roi la convocation des États-Généraux qui devenaient de plus en plus indispensables, et chacun de ses membres partit secrètement pour l'exil qui lui avait été assigné.

ASSEMBLÉE DES NOTABLES

Privé de son parlement, Grenoble demanda une assemblée de notables. Elle se réunit le 14 juin, huit jours après la Journée des Tuiles. A l'unanimité, elle supplia le roi de retirer les nouveaux édits, de rappeler le parlement, de convoquer les Etats de la province et d'accorder au tiers un nombre de députés égal à ceux de la noblesse et du clergé réunis.

ASSEMBLÉE DE VIZILLE

Les notables s'étaient séparés en invitant les trois ordres à élire des députés pour cette assemblée. Le gouvernement fit marcher des troupes sur Grenoble, pour en empêcher la réunion. Le maréchal de Vaux qui les commandait, fit comme le duc de Clermont-Tonnerre ; il céda au torrent qui menaçait de tout emporter et se contenta de surveiller l'assemblée sous prétexte de la protéger. C'est au château de Vizille, dans le vieux Palais de Lesdiguières, que Périer mit à la disposition des Etats, que se réunirent les trois ordres le 21 juillet 1788. L'assemblée s'ouvrit à huit heures du matin sous la présidence du comte de Morges. Quarante-neuf de ses membres appartenaient au clergé, cent-soixante à la noblesse et cent-quatre vingt-huit au tiers-état : tous prirent place sans distinction de rang ni de préséance. Entraînés par l'éloquence de Mounier, ils demandèrent le rétablissement du parlement et déclarèrent qu'il y avait urgence à convoquer les Etats-Généraux du royaume.

Saillans avait nommé deux députés pour l'y représenter : celui du clergé était Pierre-Charles Nodot, ancien officier d'infanterie et celui du tiers : Michel Barnave, notaire royal.

ASSEMBLÉE DE ROMANS
— CONVOCATION DES ÉTATS GÉNÉRAUX

Le ministère, cédant aux vœux des Etats de Vizille, annonça des Etats-Généraux pour l'année suivante et les convoqua à Romans. Toutefois, comme l'Assemblée de Vizille avait décidé d'avoir une séance préparatoire avant celle qu'accordait le roi, les députés se réunirent, d'abord, à Saint-Robert et bientôt après à Romans. Saillans s'y fit représenter par Nodot et par Antoine-Pierre-Marie-Joseph Barnave, jeune avocat plein de talent, dont la famille était originaire de Vercheny.

Mounier, de concert avec son ami Barnave, fit prendre à l'assemblée des résolutions importantes. Les Etats de Romans, qui s'ouvrirent le 1er décembre 1788, les sanctionnèrent et choisirent ces deux hommes distingués pour porter au roi « les doléances » du Dauphiné.

Ils partirent pour Paris où, après tant d'efforts pour la liberté du peuple ils ne devaient rencontrer qu'injustice et ingratitude. En effet, après la clôture des travaux de la

BARNAVE

Lettre de Madame Barnave de Presle à son neveu Jossaud, de Saillans, à l'occasion de l'emprisonnement à Grenoble, de son fils Joseph Barnave, député à la Constituante.

grenoble ce 2 9bre 1792

l'interet que vous prenes a mon fils
Monsieur et cher neveu me touche
infiniment, je partage aussi bien
sincerement vos peine relativement
a votre fille, on me la ditte bien
malade, donné moi je vous prie de
ses nouvelles et croyes que personne
ne sinteresse plus vivement que moi
a tout ce qui vous touche
mon fils est toujour detenu dans les prisons
de cette ville, et cependant le decret
porte contre lui nest qu'un decret de
circonstance, cest son atachement connu
a la constitution qui en est la seulle
cause, vous saves quil est venu en
savoie des commissaires de la convention
le departement de lisère leur envoya
une deputation de plusieurs de ses membres
ils parlerent de mon fils, cest par les
reponses de ceux de la convention quon
a jugé des motif du decret, enfin
ils observerent que comme on navoit
rien trouvée dans les papier de mon
fils qui fut a sa charge ils croyent
quon devoit l'elargir. a cela les com…
de la convention repondirent que les choses
nétoint point assez consolidée, que cetoit
un homme a caractaire, quil faloit
atandre, voila mon cher neveu ou
en sont les choses, quand serat il jugé
par quel tribunal le serat il, vous figures
vous sante combien cette position est
cruelle, ce qui adouci mes peine cest
l'interet que ces concitoyens prenent a
lui, cest celui que vous y prenes mon
cher neveu je vous en remercie et vous
assure de mon inviolable atachement
depresle Barnave

(Archives de M. Agénor Roche, juge de paix à Saillans, chevalier du Mérite agricole).

Constituante, Barnave était resté quelques mois, encore, dans la capitale, tout occupé d'amener un rapprochement entre la Cour et le parti constitutionnel des Feuillants. Ce n'est qu'après avoir reconnu l'inutilité de ses efforts qu'il s'était décidé à partir ; mais il ne devait pas jouir long-temps du repos et de la paix. Après la journée du 10 août il se trouva compromis par une des pièces saisies dans le secrétaire du roi, et non pas, comme d'autres l'ont dit, dans l'armoire de fer dont l'existence ne fut révélée que plus tard, vers la fin de novembre. Dès le 28 août, Bar-nave fut décrété d'accusation avec Alexandre Lameth, malgré les observations bienveillantes du député Lari-vière qui, en sa qualité de commissaire de l'Assemblée Nationale au château des Tuileries, avait examiné la pièce qui servait de base à l'accusation. « Après avoir confronté » avec l'écriture du roi, dit-il, la note portant ces mots :

» *Projet du comité des Ministres, concerté avec MM. Barnave*
» *et Alexandre Lameth*, je vous observai que cette note
» nous avait paru écrite de la main du roi : mais je ne
» l'assurai point, n'étant pas assez expert en écritures et
» connaissant d'ailleurs jusqu'à quel point cette vraisem-
» blance peut être défectueuse (1) ».

C'est cependant sur un tel fondement que Barnave fut arrêté le 19 août 1792 et jeté en prison, d'abord à Grenoble, puis au fort Barraux et à Saint-Marcellin. Il aurait pu se

---

(1) Rochas : *Biographie du Dauphiné* (1856). — De Gallier : *La vie de province*. — *Dictionnaire de la conversation*, par N. de Salvandy (1833). — Bérenger : *Œuvres de Barnave*, Paris 4 vol. in-8° (1843). Lamartine : *Les Girondins* VII.-655. — Jules Janin : *Barnave*. — Loustaunau : *Etude sur Barnave* (1878). — Eugène et Emile Haag : *La France protestante*, article Barnave T. I. 855-57 (1877), etc...

croire oublié, lorsque, quinze mois après, la Convention donna l'ordre de sa translation à Paris. Il aurait pu s'échapper facilement des mains de ses gardiens : il ne l'essaya même pas. Traduit devant le tribunal révolutionnaire, il se défendit avec autant de dignité que d'éloquence, mais ses juges avaient plus l'habitude de condamner que d'absoudre. Il écouta son arrêt de mort avec la fermeté d'un homme dont la conscience ne lui reproche rien et monta sur l'échafaud avec un courage qui fit l'admiration de tous.

Barnave est une des gloires les plus pures et les plus touchantes de la Révolution. Mourir si jeune et pour une si belle cause !

Saillans est fier d'avoir été le berceau de sa famille.

Son nom aurait disparu avec lui s'il ne s'était conservé dans la descendance de son bisaïeul Michel, dont Saillans a le privilège de posséder les derniers rejetons (1).

Mounier, poursuivi comme son collègue et son ami,

---

(1) Le jeune député était le petit-fils d'Antoine Barnave, fils aîné de Michel Barnave. Cet Antoine se maria, comme nous l'avons vu précédemment, avec Jeanne Grivet, d'Orange, en 1703, et en eut six enfants qui suivent. Il mourut le 4 février 1755, et sa compagne le suivit dans la tombe le 25 décembre suivant ;

1º Madeleine, née le 21 décembre 1704, morte le 24 janvier 1705 ;

2º Antoine, né le 27 décembre 1706, est nommé capitaine-châtelain de Vercheny en 1734 par La Tour Gouvernet, construit la maison du Gap en 1764 et meurt célibataire en 1788, faisant son frère Jean-Pierre François son héritier ;

3º Jean-Pierre-François, né en 1712, mort le 20 juillet 1787, procureur au parlement de Grenoble en 1737, et reçu avocat en 1760. De son union avec Marie-Louise de Pré de seigle De Presle, en 1760, il laissa 4 enfants : 1º Pierre-Antoine-Marie-Joseph, né le 22 septembre 1761 à Grenoble, député à la *Constituante* en 1789, exécuté à Paris le 29 novembre 1793 ; — 2º Jean-Pierre-César Du Gua, né le 18 juillet 1763, mort sous-lieutenant du génie le 18 mars 1784 ; — 3º Marie-Françoise-Adélaïde, née le 14 juillet 1764, morte le 2 mars 1828. Elle n'eut point d'enfants de son mari, Honoré Dumollard ; 4º Claudine-Charlotte-Julie, née le 20 septembre 1766, mariée en l'an IV (1795) avec alla demander un asile à la terre étrangère. Depuis long-temps, l'histoire a rendu un hommage mérité au désintéressement et au patriotisme de ces cœurs vaillants et fidèles à leurs convictions politiques.

Le comte de Morges, le président de l'Assemblée de Vizille, séduit par les promesses du comte d'Artois, alla rejoindre les émigrés à Coblentz.

L'Assemblée nationale commença ses immortels travaux, en donnant à notre patrie les *Droits de l'homme* et, avec eux, la liberté dans tous les domaines.

Christophe-Etienne Saint-Germain, inspecteur des forêts, dont elle eut deux enfants qui moururent en bas-âge. Madame Saint-Germain a laissé sa fortune à ses deux cousines germaines : Madame Louise Randon, née Dejean, mère du maréchal comte Randon, grand-mère de la vicomtesse de Salignac Fénelon, et à Madame Olympe Michal de Massieu, née Dejean, mère de Madame Chanrond, grand-mère de Madame de Pélagey, restée seule héritière par suite d'arrangements de famille des objets ayant appartenu à la famille du *Constituant*.

4° Michel, tué en 1734, à la guerre d'Italie ;

5° Jeanne, mariée le 14 juillet 1738, avec Paul Roman de Fontrosa. Elle eut de son époux, qui la laissa veuve le 8 décembre 1751, quatre enfants : 1° Paul-Antoine ; 2° Pierre-Michel, qui suit ; 3° François-Alexandre ; 4° Jeanne.

6° Madeleine, née en 1714 et qui épousa le 8 décembre 1735, Pierre Jossaud, négociant de Saillans : onze enfants naquirent de cette union, parmi lesquels Madeleine, en 1737 ; — Pierre, en 1738, marié le 22 février 1769 à Marguerite Bérard ; — Jeanne, en 1741 ; — Antoine, en 1744 ; — Anne, en 1750. Elle mourut elle-même le 30 juin 1792 « et fut inhumée dans le sépulcre de ses pères » à Vercheny, par Armand, pasteur du désert.

Pierre-Michel Roman de Fontrosa, épousa, le 3 juillet 1780, sa cousine germaine, Anne Jossaud, et en eut l'année suivante une fille, Jeanne-Marguerite-Madeleine, dont la naissance coûta la vie à sa mère. Jeanne-Marguerite-Madeleine Roman de Fontrosa épousa, le 2 juin 1804 Louis-Pierre-Antoine Roche, fils de Jean-Louis et de Louise-Marie-Anne Souvion. De cette union naquirent : 1° Pierre-Antoine Roche, juge de paix à Crest, marié en 1837 avec Mathilde Chabrières ; 3 filles sont issues de cette alliance : Louise, qui a épousé M. Henri Latune, de Crest ; — Sophie, mariée à M. Alexandre Morin ; — Marie, qui a épousé M. Paul de Magnin, pasteur à Montpellier. — 2° David-Auguste, qui a épousé en 1835, Louise-Azélie Garnier, de Crest ; — 3 enfants sont nés de cette alliance : M. Alfred Roche, Mademoiselle Antoinette-Mathilde Roche et M. Agénor Roche, juge de paix à Saillans.

BLASON DE FRANÇOIS DE BONNE DE VERCORS-ESDIGUIÈRES
CHATELAIN DE SAILLANS, COMMANDEUR DE SAINT-LOUIS (1698-1700)
(Maison Baslet).

CHAPITRE VIII

DE LA RÉVOLUTION JUSQU'A NOS JOURS (1)

Les Cahiers de 1789. La Constituante. — La garde nationale de Saillans. — Le bureau de poste. — La fédération des gardes nationales à Valence. — L'organisation municipale. — Prestation de serment du curé et du vicaire. — La Société populaire, sa fondation et ses diplômes d'affiliation. — Cantique de Duseigneur. — Renvoi des F.F. des écoles chrétiennes. — *Assemblée législative.* — Ultimatum de Brunswick. — *La Convention.* — Les volontaires de Saillans en 1793. — *La Terreur, le Comité de Salut public.* — Fermeture de l'église paroissiale. — Nouveaux noms des places. — Mort du brave capitaine Deneyrol. — discours de son père à la Société populaire. — L'année du Civayer. — L'année de l'alerte. — *Le Directoire.* — *Le Consulat.* — Le Cercle constitutionnel de Saillans. — Réouverture de l'église. — L'Empire. — Ecole primaire. — Le clocher de l'église paroissiale. — Michel Eymieu. — Balthazar Souvion. — Pont du Rio-Sec. — Pont de la Drôme. — Les poètes de Saillans. — Inauguration du groupe scolaire. — Conclusion.

LES CAHIERS DE 1789

OUIS XIV avait formulé le fondement de la monarchie lorsqu'il avait dit : *Celui qui a donné des rois au peuple a voulu qu'on les respectât comme ses lieutenants; sa volonté est que quiconque est né sujet, obéisse sans discernement.* D'après ce prin-

---

(1) M. Maurice Faure, député de la Drôme, écrivant une *Histoire de la Révolution en Dauphiné* et faisant ressortir le rôle que Saillans fut appelé à jouer à cette époque, nous ne mettrons ici que les dates des évènements les plus remarquables, ainsi que quelques notes explicatives.

cipe, sous l'ancien régime, le roi était le centre, la source
de tout pouvoir, de toute lumière, de toute justice. Il n'y
avait, en quelque sorte point de nation, mais une multitude de vingt-six millions d'hommes divisés en catégorie :
en haut, la noblesse; le clergé, assis sur les marches du
trône; plus bas, le tiers-état, cette bourgeoisie élevée
dans la culture de l'esprit et de la raison, se sentant vivre
déjà, dans la plénitude de son droit; puis, encore plus
bas, le peuple, ces misérables paysans affamés, écrasés
d'impôts, mais toujours doux et patients qui attendaient
depuis des siècles que le roi voulût bien soulager leurs
misères. Les *Cahiers* de 1789, qui sont comme le testament de l'ancienne France ne montrent nulle aigreur contre la royauté, nulle trace de haine contre les ordres pri-
vilégiés. C'est un cri de souffrance, mais c'est encore plus
un appel chaleureux à la concorde et à la fraternité entre
tous les Français. La morgue de la noblesse, l'hostilité du
clergé, les hésitations et les lâchetés de la royauté avaient
empêché la réforme des abus; ce fut alors que des masses
profondes du peuple surgit la Révolution et qu'éclata la
foudre.

L'ASSEMBLÉE NATIONALE CONSTITUANTE
(5 MAI 1789, — 30 SEPTEMBRE 1791)

A toutes les époques difficiles pour la monarchie, le roi
avait eu recours aux Etats-Généraux composés de la
noblesse, du clergé et du tiers-état. Conseils assez fréquemment consultés au XIVe et XVe siècle, ils devinrent de
plus en plus rares dans la suite; d'ailleurs, ils ne surent

jamais obtenir la périodicité de leurs sessions, pas plus que le droit de voter les impôts. Bien que de tout temps, les *cahiers* du tiers eussent provoqué les meilleures réformes que la royauté ait parfois daigné consentir, les députés de cet ordre ne possédèrent que bien rarement une énergie égale à leurs lumières. Ils donnèrent même pour longtemps par leur attitude humble et résignée, des maîtres à notre pays, en laissant les rois confisquer à leur profit « l'épée, la bourse et la main de la justice » qui n'appartenaient qu'à la France.

Mais 1789 était loin de ces temps de soumission aveugle. Mirabeau venait d'écrire ces mots prophétiques : « Du cahos tranquille, la France passe au cahos agité ; il peut, il doit en sortir une création ». Le peuple français naquit, en effet, le jour de la convocation des Etats-Généraux : il formula des vœux que six millions d'électeurs approuvèrent et dont ils confièrent la réalisation à leurs députés. Voici ce que la nation demanda par leur bouche le 5 mai 1789 : une constitution, des ministres responsables, la séparation des pouvoirs judiciaire, administratif et exécutif. Elle laissait le pouvoir d'exécution au roi, elle déléguait le pouvoir législatif aux députés, ses représentants. Elle réclamait l'abolition des anciennes servitudes, des droits féodaux, des privilèges. Elle voulait la liberté individuelle, la liberté de la presse, la liberté de conscience, l'abolition des anciens impôts, les contributions également réparties sur tous et pesant sur chacun proportionellement à ses ressources. Elle désirait la suppression des juridictions exceptionnelles, l'unité de la législation, la gratuité de la justice, la publicité des actes judiciaires, l'adoucissement des peines, l'établissement du jury, la vente des biens de main-morte, l'accession de tous les citoyens aux fonctions publiques et aux titres honorifiques, selon leurs mérites. Elle n'oubliait ni les faibles ni les malheureux, elle demandait pour les vieillards pauvres, des hospices, pour les enfants trouvés, des asiles, pour tous l'instruction gratuite.

La France avait tracé là, d'un bout à l'autre, la route que la Révolution avait à parcourir. Le pays, qui était capable de formuler ses besoins sociaux avec une telle netteté, était digne d'obtenir la réalisation de ses vœux ; et, aujourd'hui encore, après un siècle de marche, si nous considérons les étapes successives que nos pères avaient marquées, nous sommes obligés de reconnaître que nous ne les avons pas toutes atteintes.

La fusion des trois ordres forma l'Assemblée constituante dont les travaux furent immenses. Le Serment du Jeu de Paume, la prise de la Bastille, la création de la garde nationale à Paris et en province, l'adoption du drapeau tricolore, l'abolition des droits féodaux, la division du territoire en départements, districts, cantons et communes, la suppression des dîmes, des aides, des tailles, des gabelles, le commerce et l'industrie délivrés de toute entrave, l'abolition de la torture, l'égalité de tous devant la loi et la liberté proclamée dans tous les domaines montrèrent bien haut que la nation était désormais souveraine. Voyons maintenant Saillans pendant la Révolution.

1789

ORGANISATION DE LA GARDE NATIONALE A SAILLANS

20 juillet et 6 août. — « Il a été unanimement conclu et délibéré que la sûreté exigeant que les citoyens soient en armes et formés en corps national pour veiller à la sûreté publique, il sera commandé cent-cinquante piques de force et de forme convenables, pour s'en servir le cas échéant contre les brigands qui inondent la campagne et la ravagent ».

23 août. — *Armement de la garde-nationale.* — On décide d'acheter deux cent-cinquante fusils pour la garde nationale, au prix de quatre mille-cinq cents livres et l'on fait circuler une liste de souscription parmi les officiers. Michel Barnave, colonel, s'inscrit pour cinq cents livres, Pierre Jossaud pour mille ; Balthazar Souvion, major, pour cinq cents ; les capitaines en premier Jean Deneyrol et Souvion-Versanne, pour deux cent-cinquante livres, chacun ; les capitaines en second, Roche, Faure d'Espenel, Archinard, notaire, donnent, les deux premiers, cinq cents livres chacun et le dernier deux cents livres ; Eymieu (1),

---

(1) Nous avons déjà vu plusieurs fois le nom de cette famille, c'est à dire qu'elle est fort ancienne et que plusieurs de ses membres ont occupé des charges importantes dans la cité. — En 1531, sous François Iᵉʳ, Barthélémy Eymieu, capitaine-châtelain de l'évêque de Die, passe un bail à ferme avec Sauvain, seigneur du Cheylard : — en 1595, Jean Eymieu est syndic-procureur ; en 1620, Jean Eymieu est nommé vi-châtelain de l'évêque ; en 1630, Balthazar Eymieu est consul ; en 1640, Claude Eymieu le remplace ; en 1641, Antoine Eymieu occupe cette charge ; en 1647, Jean Eymieu, né en 1619, mort le 24 octobre

porte-drapeau, offre cent livres; les lieutenants Baudoin, René Pizot, Alexandre Fauchier, Deneyrol fils, s'inscrivirent chacun pour cent livres; Paul Deneyrol et Autrand pour cent-cinquante livres chacun : en tout quatre mille-cinq cents livres.

1688, lui succède; en 1655, ce dernier est encore nommé consul; en 1659, l'évêque de Die choisit Antoine Eymieu pour capitaine-châtelain; en 1668, Barthélémy Eymieu est de nouveau à la tête de la commune comme consul.

Claude Eymieu, consul en 1640, fut père de plusieurs enfants, parmi lesquels Claude qui se maria avec Lucrèce Tourgon, de Caderousse. Claude Eymieu, fils du précédent, né vers 1710, épousa le 7 avril 1739, Marie Barnave, fille de feu Michel et d'Anne Imbert. De cette alliance naquit Catherine, le 30 janvier 1740, décédée le 29 mai 1743. Claude Eymieu, ayant perdu sa compagne, se remaria, vers 1747, avec Marguerite Gaillard qui lui donna : 1° Jean-Claude, né le 13 mars 1749, qui suit : — 2° Marie-Madeleine, née le 5 décembre 1751, morte le 29 octobre 1759 : — 3° Jean-Michel, né le 7 octobre 1753, mort le 17 février 1754; — 4° Jean-François, né le 14 juillet 1754, décédé le 14 août 1755 ; — 5° Anne-Thérèse, née le 14 décembre 1756, décédée le 4 avril 1757; — 6° Honoré-Bertrand, né le 2 mai 1758, mort le 24 juillet 1759; — 7° Marie-Marguerite, née le 29 mai 1760, morte le 31 décembre 1826; — 8° Honoré, né le 1er novembre 1762; — 9° Anne, née le 25 octobre 1764.

Jean-Claude Eymieu, capitaine-châtelain en 1785, maire en 1790, juge de paix en 1792, se maria le 13 mars 1781 avec Claudine Terrasse et en eut : 1° Michel-Pascal-Marie, né le 26 mars 1785, mort le 5 août 1864, qui suit; — 2° Marie-Lazarine, née le 24 mai 1787, mariée le 28 mars 1812 avec Victor Pourtier, receveur des contributions indirectes : — 3° Marguerite-Vénérande-Hyacinthe, née le 9 octobre 1789, décédée le 26 novembre 1854, mariée à Simon Faure.

Michel-Pascal-Marie Eymieu épousa, vers 1814, Pierrette Gueydan qui lui donna : Claude-Michel-André Eymieu qui fut longtemps maire de Bagnuls (Gard); — Mademoiselle Henriette-Lazarine-Pierrette Eymieu qui devint la compagne de M. Marie-Jean-Louis-Joseph Athénor, juge de paix du canton de Crest-Nord, — et M. Bernard-Léon Eymieu, Conseiller-général de la Drôme, marié à Mademoiselle Marie-Victoire-Charlotte Cornuault : de cette alliance sont nés MM. Marie-Emmanuel Eymieu et Pierre-Henri Eymieu.

12 septembre. Bureau de poste (1). — Saillans demande un bureau de poste à « Messieurs du directoire de département et de district ». Il fait valoir que toute la population est « inviolablement attachée aux principes de l'Assemblée Nationale et que tous les citoyens sont prêts à sacrifier leurs biens et leur vie pour le soutien des décrets », — que depuis 1752 le roi a établi des juges de manufactures dans la cité, et que trente à quarante « paroisses » l'entourent. De plus « l'ordinaire » qui monte à Die, oublie souvent de laisser dans la ville les lettres adressées à des particuliers, ce n'est qu'à son retour qu'elles sont distribuées. Il les met dans une grande corbeille qu'il porte sur la place de l'église ou sur celle du fossé : là, il appelle par leurs noms les citoyens qui ont des « plis » à recevoir. Lorsque personne ne répond, il laisse les missives dans les cabarets, de sorte qu'il arrive fréquemment que des

---

(1) Les postes remontent à la plus haute antiquité : les empereurs avaient des *coureurs*, Charlemagne des *courriers*, les seigneurs féodaux des *messagers*. Vers 1300, l'Université organisa des messageries pour transporter les *écoliers*, les paquets et les lettres. — Louis XI fonda les postes en 1464 : il nomma un grand-maître des postes ayant deux cent-trente coureurs sous ses ordres : ces derniers consentirent à porter les lettres des particuliers. Henri III et Sully organisèrent les Malles-postes ; — en 1653 on imagina le Port-Payé pour que le destinataire n'eut rien à solder en recevant sa lettre ; — on plaça des *boîtes* dans les carrefours de Paris et l'on perçut un sol, puis deux sols par missive. Les postes dès ce moment appartinrent exclusivement à l'Etat. — En 1791 il y eut une *Direction générale des postes*, et en 1797 *un Commissaire général près la ferme des postes*. — De 1801 à 1879 le chef de l'établissement a été qualifié de *Directeur général des postes* ; en 1879 on a joint ce service à celui des télégraphes.

Faisons remarquer que Buffet en nommant des « agents » pour porter les lettres dans les communes voisines, réalisait un progrès qui n'a été accompli par l'Etat que quarante ans plus tard : les facteurs ruraux ne datent que de 1830.

lettres s'égarent ou que les destinataires ne les ont que plusieurs jours après. Il est temps que cela finisse.

Le bureau de poste fut ouvert le 1ᵉʳ juillet 1792, dans la grande rue. Buffet en fut nommé receveur. L'administration lui alloua le 10 o/o sur les recettes et la commune un traitement annuel de quatre vingts livres. Il avait sous ses ordres deux ou trois « agents » pour porter les lettres dans les communes voisines ; ils recevaient pour cet objet deux cent-cinquante à trois cents livres.

15 novembre. Fédération des gardes-nationales. — Assemblée générale. On décide de se faire représenter à la grande fédération convoquée à Etoile. Sont choisis : Barnave, colonel ; Roche et Deneyrol, capitaines.

25 décembre. Convocation sur la place du fossé. — Toute la cité s'y rend. Discours du colonel. Lecture de la Loi martiale : applaudissements frénétiques. L'on achète un drapeau blanc et un autre rouge pour se rendre au « camp fédératif de Valence le 31 janvier 1790 ».

1790

30 Janvier. — *Convocation des gardes nationales du Dauphiné, à Valence (1).* — Celle de Saillans, arrivée à Crest, met toute la ville en émoi par sa bonne tenue et son attitude belliqueuse. De toutes parts l'on court aux armes.

---

(1) Citons encore les fédérations de Montélimar (31 déc. 1789): 75 localités ; — Dieulefit (27 déc. 1789): 57 localités ; — Lavoulte (29 nov. 1789): plus de cent mille citoyens, selon Michelet ; — St-Marcellin (2 fév. 1790) ; — Valence (31 janv. 1790) : 193 localités ; — Romans (14 fév. 1790) : — Privas (28 fév. 1790) ; — Grenoble (11 avril 1790), — Gap (14 juillet 1790) etc.

Le drapeau de la garde nationale de Saillans fut solennellement béni par Maurel, curé, le 30 janvier 1790.

Michel Barnave s'avance seul et, après quelques mots échangés avec le gouverneur, en avant des remparts, obtient le libre passage pour ses hommes. A leur retour, qui eut lieu quelques jours après, la garde nationale de Crest accompagna celle de Saillans jusqu'à Boudrat, où une agape fraternelle réunit tout le monde dans la même pensée de solidarité et de patriotisme. Le conseil municipal vota des remerciements à Barnave et le « félicita de la prudence qu'il avait montrée dans cette occasion, ainsi que dans beaucoup d'autres ».

4 mars. — Organisation municipale. — Les nouvelles municipalités comprennent, à partir de janvier 1790, un maire, un procureur, cinq officiers municipaux et douze notables. Saillans procède à la nomination de la sienne le 4 mars; les nouveaux élus sont tenus d'avoir des écharpes tricolores; celle du maire a des franges jaunes, celle du procureur les a violettes, et celles des officiers municipaux sont blanches (1).

20 mai. Les moulins. — En vertu des articles 23, 24, 25, 26 du décret du 15 mars 1790 et des lettres patentes du roi, du 24 mars 1790, concernant les droits féodaux, la *banalité* des moulins de Saillans est supprimée. La commune devra les racheter à la nation, si elle désire continuer à en percevoir les revenus (2).

27 mai. Rareté du blé. — A cause de la rigueur de l'hiver de 1789, Saillans manque de blé. On décide d'en

---

(1) Le 12 nivose 1792 ils furent remplacés par des agents-nationaux.

(2) C'est ce qu'elle fit un peu plus tard. Elle les acheta et les afferma au prix de mille-cent fr. — Cent francs furent annuellement distribués aux pauvres.

demander 100 sétiers aux Magasins nationaux de Marseille ; — la municipalité en achète 108 à Lunel, qu'elle vend vingt livres le sétier bien qu'ils reviennent à vingt-quatre ; « mais les circonstances malheureuses où se trouve le peuple lui en font un devoir ».

26 septembre. Districts et justices de paix. — Par décrets du 11 septembre et du 24 août, six districts et six tribunaux de justice sont établis dans la Drôme. Saillans, devenu canton, a droit à une justice de paix : il proteste contre cette organisation qui a été faite sans consulter les communes qui avoisinent son territoire. Barnave est nommé juge, Eymieu lui succède.

29 décembre. Constitution civile du clergé. — La grande et belle fête de la *Fédération* qui avait réuni à Paris, le 14 juillet 1790, cent mille représentants de la province, n'eut point de lendemain : l'esprit de concorde et de fraternel dévouement remplissait tous les cœurs, l'Assemblée nationale, en guerre avec la Cour, depuis le commencement de la Révolution, crut pouvoir, néanmoins, promulguer la constitution civile du clergé, c'est-à-dire appliquer à l'Eglise la réforme introduite dans l'Etat et soumettre à l'élection les curés et les évêques. Le pape condamna cette nouvelle organisation : le clergé français fut divisé en deux camps : l'un fit cause commune avec les *émigrés* contre la patrie, l'autre prêta serment à la Constitution.

A Saillans, le curé Maurel et son vicaire, Menassier, demandèrent à la municipalité de prêter serment, suivant l'article 39 du décret du 24 juillet 1790. Quelques jours après, *Messieurs du tribunal de paix, le conseil municipal en écharpe, Messieurs les officiers et sous-officiers de la garde nationale, suivis de tout le peuple, se rendirent en cortège à l'église paroissiale. Avant la sainte messe, M. Maurel, curé, prononça un discours dont le patriotisme annonçait tous les sentiments dont il était pénétré, puis il prêta serment de veiller avec soin sur les fidèles de la paroisse qui lui était confiée et d'être fidèle à la Nation, à la Loi et au Roi. Le vicaire fit à son tour un, discours plein de zèle et de civisme et prêta le même serment. Après cela une messe solennelle fut célébrée.*

1791

2 janvier. Bureau d'enregistrement. — Saillans demande l'établissement d'un « bureau de contrôle et d'enregistrement comme il y en avait un dans la ville, il y a quarante ans ». — Il ne fut créé qu'en 1809.

30 janvier. Impôts, biens nationaux. — D'après le nouveau mode d'impositions foncières, la cité est divisée en huit sections ; vingt-quatre commissaires sont chargés de faire l'estimation et la répartition de l'impôt pour chaque propriété. Sont nommés : Souvion, Archinard, Roche, Deneyrol, etc.

Le four, le péchier, le pré et la vigne de Tréleville appartenant à l'ancien prieur, sont classés dans les biens nationaux. La commune les achète au district de Crest pour deux mille-cinquante-cinq livres.

13 février. Commencement de disette. — En 1790, il y eut très peu de cocons dans la ville, et la récolte du vin fut insignifiante ; aussi, l'hiver suivant, la famine se fit-elle promptement sentir. L'assemblée nationale ayant accordé quinze mille livres pour établir des magasins nationaux dans la Drôme, Saillans demanda du travail au district de Crest : de plus l'on vota un million aux départements affamés. Sa requête fut entendue, on lui commanda des centaines de paires de souliers pour nos soldats sur les frontières. Les huit cordonniers de la ville en firent pour trois mille-deux cent-vingt-neuf livres dix sols en trois mois !

13 avril. Mort de Mirabeau. — La municipalité décide de célébrer le lendemain « un service funèbre en l'honneur de M. de Mirabeau qui vient de mourir ».

SOCIÉTÉ POPULAIRE (1).

Séance de fondation. — « Le 8 mai 1791 à trois heures de
» l'après midi, les citoyens patriotes de Saillans, dépar-
» tement de la Drôme, district de Crest, se sont réunis
» dans la chapelle de Notre-Dame pour former une
» Société des amis de la Constitution française et ont
» arrêté comme articles réglementaires ce qui suit :

» Provisoirement, M. Michel Barnave a fait les fonc-
» tions de président et M. Roche celles de secrétaire.

ARTICLE PREMIER

» Le but de la Société sera le soutien de la Constitution.
» En conséquence, chaque membre composant la Société,

---

(1) M. Agénor Roche, juge de paix, a bien voulu nous ouvrir ses riches archives de famille ; nous y avons puisé presque tous les détails que nous donnons sur la Société populaire. Qu'il nous soit permis de lui en exprimer ici toute notre reconnaissance.

» ainsi que ceux qui y seront admis par la suite, prêteront
» serment : 1° d'être fidèles à la nation, à la loi et au roi et
» de maintenir de tout leur pouvoir la Constitution du
» royaume : 2° de défendre de toutes leurs forces, soit de
» leurs corps, soit de leurs fortunes, tous ceux qui généreu-
» sement et loyalement se dévouent à la chose publique
» et dénoncent les traîtres et les ennemis de la nation ;
» 3° de préférer soutenir dans tous les cas le bien de la
» nation au leur particulier.

Art. II.

» La Société aura un président et un secrétaire qui
» seront élus au scrutin individuel et à la pluralité absolue
» des suffrages pour quinze jours, passé le quel temps, ils
» seront remplacés dans la forme ci-dessus.

Art. III.

» Ceux qui voudront se faire recevoir se feront présenter
» par un des membres de la Société, une huitaine à
» l'avance, et il sera délibéré à la pluralité absolue sur la
» réception ou la réjection du membre présenté.

Art IV.

» Les séances seront tenues deux fois par semaine, le
» dimanche et le jeudi, même plus souvent si le bien de
» la nation l'exige.

Art. V.

» Pendant le cours des séances chacun se tiendra décem-
» ment et n'aura la parole, qu'après l'avoir obtenue du
» président qui aura la police de l'assemblée.

Art. VI

» Si quelque membre se conduit d'une manière répré-
» hensible et notamment pour ce qui concerne la nation,
» il sera expulsé de la Société après la vérification préa-
» lable des faits qui pourront être dénoncés par un mem-
» bre de la Société assemblée, et ce à la pluralité absolue
» des suffrages, à l'effet de quoi il sera fait un tableau où
» seront inscrits les noms des membres lorsqu'ils seront
» expulsés ; les noms seront rayés.

Art. VII

» La correspondance avec les autres Sociétés des Amis
» de la Constitution, sera entretenue par le président et le
» secrétaire qui en rendront compte à chaque séance et
» prendront les ordres de la Société.

Art. VIII

» Les Papiers-Nouvelles qu'on se procurera et autres
» dépenses seront payés à frais communs, de quoi le
» greffier tiendra registre ; il sera aussi chargé de tous les
» papiers concernant la Société, et les remettra à son
» successeur lorsqu'il sera remplacé.

Art. IX

» Arrêté que la Société demandera d'être affiliée à celle
» du *Club des Jacobins* de Paris et que M. le président, qui
» sera nommé ci-après, demeure chargé de lui envoyer un
» extrait de la présente et de demander l'affiliation. »

« Sont nommés :

« Président : Barnave ;

» Secrétaire : Roche ;

« Membres : Souvion, Archinard, Faure, Huguet,
« Michel Paquet, Antoine Planel, Antoine Lantheaume,
« Audra, Chaix, Tavan, Buffet, Chastrousse, Etienne
« Terrail, Guicharel, J.-Louis Lantheaume, Morin,
« André, Paul Deneyrol (père), Paul Deneyrol (fils),
« Pierre Terrail, Breyton, Roury, Buisson, Reynaud,
« Antoine Délègue, Siméon Souvion, A. Planel, Dan-
« sage, Jossaud, Blanc, François Deneyrol, Devise,
« D. Granon ; Brunel, Pierre Roury, Eymieu, J. Bau-
« douin, François Chastet, Jean-François Deneyrol, Jean
« Granon, Jubie, Liotard, Balme.

« S'affilièrent, le 15 mai suivant : Balthazar Souvion,
« François Archinard ; Louis Faure, d'Espenel ; Pierre Gros,
« Louis de Saulses De Latour ; Lanthelme ; Michel
« Morin, de Véronne ; Pierre Guicharel, de Saint-Moi-
« rans ; J.-Jacques Audra, Louis André ; — le 19 mai :
« Claude Vincent, J. P. Blanc ; — le 22 mai : Antoine
« Brunel, de Saint-Moirans ; Rory, de Véronne ; François
« Chastet (fils) ; J.-Jacques Baudouin ; J. Claude Eymieu,
« Pierre Jossaud ; — le 26 mai : Deneyrol (l'aîné) ; — le
« 13 juin : Jean Granon, Pierre Jubie ; — le 23 juin :
« Réné Pizot, Boutarin, Jean Faure, Jean Cherfils ; — le
« 19 juillet : Pierre Fréchet, Antoine Gros, Simon Ricou ;
« — le 30 juillet : Armand. — Enfin, le 4 septembre, l'abbé
« Mathieu, vicaire de Saint-Moirans fut reçu avec accla-
« mation par toute l'Assemblée, après un superbe discours
« de sa part ».

Le curé d'Espenel ne devait pas tarder à suivre l'exemple de son collègue (1).

La contribution de chaque sociétaire fut fixée à quatorze sols. L'on s'abonna au journal *La Montagne*. Sur les instances de Michel Barnave, Boisset, représentant du peuple, autorisa la Société à tenir des séances « dans la chapelle des pénitents appartenant à la ci-devant église paroissiale et servant aussi à la promulgation des Lois ».

L'on fit des diplômes d'affiliation « pour les citoyens qui furent reçus par leurs frères ». Archinard, Ricou, Buffet et François Chastet fondèrent des sociétés semblables à Vercheny et au Cheylard (2).

Die n'en posséda une qu'à partir du 30 mai 1793. Mais Valence, Romans, Chabeuil, Tournon, Saint-Vallier, Pierrelate, Montélimar, le Péage de Pisançon, la Roche-de-Glun, Loriol, Crest, Saint-Marcellin, Annonay, Tain, Etoile, Saint-Péray, Lamastre, Montellier, Vienne et Grenoble en eurent dès 1791 et envoyèrent avec Saillans des délégués à la grande fédération des Sociétés populaires qui eut lieu à Valence, à la fin de cette année. L'on en profita pour faire circuler une liste de souscription « en faveur de la patrie ». Les représentants de Saillans offrirent : Barnave, *sa personne et 600 livres*; Roche, *sa personne et 300 livres;* Guicharel, *sa personne et 200 livres.*

Les diplômes qu'ils présentèrent avaient été visés par un comité d'épuration.

---

(1) On admit encore en 1792-93 : Michel Duseigneur, Chavasse curé de Véronne, Audra de Vercheny, Lucas, Juge, Reboul, Allard, Garagnon, Lombard, etc.

(2) Aidés de quelques-uns de leurs collègues, ils en fondèrent plus tard à Espenel, Véronne, Chastel-Arnaud, La Chaudière, etc.

SOCIÉTÉ POPULAIRE

DE SAILLANS;

DÉPARTEMENT DE LA DROME;

DISTRICT DE DIE.

Nous président et secrétaires de la société populaire des amis de la république françoise, séante à Saillans, certifions que le citoyen _______ est membre de ladite société, et a donné des preuves d'un civisme par : invitons toutes les sociétés de la république auprès desquelles il se présentera de lui accorder séance, et lui faire l'accueil fraternel, que notre société feroit à tout frère qui justifieroit de semblable certificat ; en foi de quoi lui avons délivré le présent dans la salle de la société, le 4.

l'an 2. de l'ère républicaine.

La chapelle des pénitents fut restaurée et décorée de trois tableaux : sur le premier on lisait ces mots en lettres énormes :

Tous les mortels sont égaux, par la nature, devant la Loi.

Sur le second, ceux-ci :

La Société jure de se porter en masse où l'un de ses membres sera opprimé.

Et sur le troisième :

Ne fais à autrui ce que tu voudrais qu'on te refît à toi-même.

Chaque sociétaire portait habituellement à son chapeau une corcarde tricolore.

Le président ouvrait la séance par ces paroles : *La vertu et la probité sont à l'ordre du jour ! Mort aux tyrans, aux traîtres et aux égoïstes. Vive la République, une, indivisible et démocratique. Vive la Convention nationale, vivent les Sociétés populaires ! Vivent nos lois révolutionnaires !* On lisait ensuite le journal *La Montagne*, puis l'on s'occupait de toutes les questions qui intéressaient la commune et le canton. et l'Assemblée, avant de se séparer, chantait en chœur des hymnes patriotiques. Celui-ci, dû à Michel Duseigneur, termina généralement les séances à partir de 1793 (1).

---

(1) La famille Duseigneur est originaire de Menglon, petit village du Diois qui, avant la Révolution, a joué un rôle important. Elle était représentée vers 1700 par Michel Duseigneur, consul. Sa compagne, Catherine Payan lui donna plusieurs enfants, parmi lesquels Michel qui se maria le 17 juillet 1734 avec Marguerite Beylieu, de Saillans. De cette alliance, naquirent : 1° Louise, en 1737, mariée le 14 avril 1768 à Jean Deneyrol, négociant de notre cité : leur fils unique, Jean-François-Victor Deneyrol, mourut dans des circonstances dramatiques racontées plus loin ; — elle s'éteignit, elle-même, le 23 juin 1812. — 2° Charles, né en 1745. décédé le 12 février 1786 ; — 3° Pierre, né en 1751, mort le 18 Juin 1781. — 4° Michel-Antoine, qui suit.

Etre infini, Etre suprême

Entends la voix de tes enfants !

Consacrés à Toi, vers toi-même

Nous portons nos cœurs et nos acccents.

De l'égalité la voix pure

S'élance jusques à tes pieds ;

Jette un regard sur les Français

Guidés par l'auguste nature.

Vois assemblé un peuple immense

T'adressant ses vœux et sa foi,

De ton immortelle existence

Reconnaissant partout la loi.

Michel-Antoine Duseigneur, né vers 1755, mort le 8 nivose an XII (1803), se maria avec Marie-Madeleine Morin, de Poyols, et en eut : 1º Louis-Michel qui suit. — 2º Jacqueline, née en 1793, mariée le 4 juin 1812 à Jean-François-Pierre Chevandier. de Die: elle donna le jour à Albert. — à Louise. qui épousa M. Henri Noyer de Dieulefit, — à Caroline, mariée à M. Condusorgues-Layrolles, — à Émilie qui est devenue Madame Talon, et à Pauline, mariée à M. Bachasse. — 3º N*** qui épousa Foesy, de Zurich, et en eut Charles, mort célibataire, et Aline, mariée à M. Vongeheur. — 4º Lise qui ne se maria pas.

Louis-Michel Duseigneur, né vers 1791, épousa Charlotte Morin, de Dieulefit, et en eut Edouard, Caroline, et Paul Duseigneur qui suivent.

Edouard Duseigneur se fixa à Lyon. On a de lui un important ouvrage sur la sériciculture. De son union avec Louise Kléber de Rives, il eut : MM. Georges et Raoul Duseigneur qui se sont fixés à Paris et se consacrent à des recherches artistiques. — Caroline épousa Jules Navarre, de Milhau (Aveyron) et en eut une fille, Marie-Isabelle, qui se maria avec Paul-Emile Brouzet, de Lyon. Une fille est issue de cette alliance : Mademoiselle Jeanne-Marie-Thérèse Brouzet, qui a épousé M. Armand-Louis de Visme, avocat à la Cour d'Appel. — M. Paul Duseigneur, de Lyon, a eu de sa compagne, Cécile Morin, MM. Maurice, Ernest et Marcel Duseigneur.

M. Maurice Duseigneur, agent de change à Lyon, a épousé Mademoiselle Hélène Piaget, qui lui a donné Mademoisele Cécile et M. Edouard Duseigneur.

M. Ernest Duseigneur, capitaine breveté d'artillerie, officier d'ordonnance du général-commandant l'école de guerre, a épousé mademoiselle Laure Piaget et en a eu un fils, M. Roger Duseigneur, et une fille, Mademoiselle Marthe Duseigneur.

> *Oui, notre âme est immortelle*
> *Et notre esprit qui l'aperçoit*
> *Reconnaît qu'à Toi seul on doit*
> *Une soumission éternelle !*
>
> *Sur ces principes immuables*
> *Nous fondons notre liberté,*
> *Rends-nous vertueux, équitables*
> *Par tes lois et par ta bonté.*
> *Déjà le cri de la victoire*
> *Nous assure de tes bienfaits,*
> *Seconde partout les Français*
> *Appelés à chanter ta gloire !*

21 juin (1791). — Louis XVI est arrêté à Varennes au moment où il se rend au camp du marquis de Bouillé pour appeler la Prusse et l'Autriche à son secours.

22 Juillet. Les Frères des écoles chrétiennes. — Les F. F. des écoles chrétiennes de Saillans ; Tranquillain (Antoine-Salomon, 69 ans) et Antoine (Pierre Galeron, 65 ans), « en conformité de la loi de l'Assemblée nationale du 22 mars 1791 relative aux recteurs, professeurs, agrégés de l'Université de Paris, prêtent le serment solennel, dans l'Hôtel-de-Ville, d'êtres fidèles à la nation et à la loi, de maintenir de tout leur pouvoir la constitution du royaume et de n'enseigner rien à leurs élèves de contraire à ladite Constitution ».

4 septembre. Volontaires de 1791. — « En exécution de la lettre de MM. les Commissaires du département, du 30 août dernier, Saillans est appelé à fournir quinze volontaires, à prendre parmi les hommes de la garde-nationale ». Aussitôt quinze jeunes gens s'offrent à les rempla-

cer, moyennant une gratification de deux cent-cinquante
livres. Ce sont : Antoine Aubert (28 ans), Antoine
Ferroul (18 ans), Jacques Thomé (18 ans), Mathieu Bastet (20 ans), Mathieu Blanc (18 ans), David Audra (18
ans), Victor Chaix (18 ans), Pierre Brun (20 ans),
Mathieu Thomé (20 ans), Louis Gros (18 ans), François
Ruel (19 ans), Michel Laurie (19 ans), Baltazar Dutour
(18 ans), Antoine Dutour (18 ans), Louis Aymar (18 ans).

L'ASSEMBLÉE LÉGISLATIVE

Ier OCTOBRE 1791. — 21 SEPTEMBRE 1792

1792

Les séances de l'Assemblée Législative s'ouvrirent le
1er octobre 1791. Elle se composait de sept cent-quarante-
cinq députés et jamais Assemblée ne fut plus jeune ; la
moyenne de l'âge de ses membres ne dépassait pas vingt-
six ans. Saillans y était représenté par Archinard, qui
devait donner à son canton tant de preuves de dévouement pendant le terrible hiver de 1791-92. Les partis s'y
dessinèrent bientôt. A droite, les *Constitutionnels*, amis
de la monarchie mais attachés aux principes de 1789 ; —
au centre, les *Conservateurs*, sans passions politiques et
sans convictions bien arrêtées ; — à gauche, les *Girondins* ; —
à l'extrême gauche, les *Montagnards*.

30 janvier. Registres paroissiaux. — « Le curé n'aura
plus le soin des registres de baptêmes, mariages et mor-
tuaires, suivant la loi du 20 septembre 1791. On charge
Jean-David Roche de les tenir désormais ».

La misère est toujours bien grande à Saillans. Paul

Deneyrol procure à la cité trois cents sétiers de blé au prix de vingt-six livres dix sols le sétier, selon le cours. — La famine est pour un moment conjurée. Archinard adresse à la commune mille livres de monnaie de cuivre, pour l'échanger contre des assignats de cinq livres, et venir à l'aide des habitants les plus nécessiteux. De plus, il demande deux cents sétiers sur les douze millions que l'Assemblée nationale accorde aux départements les plus éprouvés.

25 juillet. Ultimatum de Hoenlohë, généralissime de l'empereur d'Autriche et de Brunswick, commandant en chef des armées prussiennes : Restituer aux princes allemands leurs droits féodaux en Alsace, rendre Avignon au pape, rétablir le roi de France dans son pouvoir d'avant 1789. Pour appuyer cette sommation, les troupes alliées envahissent la frontière.

Kellermann et Dumouriez leur infligent la sanglante défaite de Valmy (20 septembre). La France est pour un instant délivrée.

1ᵉʳ août. Gendarmerie. — Une brigade de gendarmerie est accordée à Saillans.

LA CONVENTION

21 SEPTEMBRE 1792. — 26 OCTOBRE 1795.

Dès sa première séance, la Convention abolit la royauté et proclame la République. Le 3 décembre elle décide de traduire à sa barre Louis XVI, comme traître à la patrie. C'est en vain que Malesherbes représente l'Autriche, l'Angleterre, toute l'Europe même se levant contre la France si le monarque est condamné à mort ; c'est en vain que le jeune avocat Desèze dit aux députés : *je cherche en vous des juges, je ne trouve que des accusateurs* ; Danton s'élance à la tribune et, foudroyant tous les ennemis de la nation dans une apostrophe terrible, il s'écrie : *Jetons-leur en défi une tête de roi* et l'Assemblée prononce la fatale sentence.

Ce fut une grande faute et un grand crime. Carnot signa en pleurant l'arrêt de mort, comprenant que le salut vient des cœurs, non du bourreau. Louis XVI monta sur l'échafaud le 21 janvier 1793. *Fils de Saint-Louis , montez au ciel*, lui dit l'abbé Edgeworth.

En apprenant ce supplice, l'Europe s'ébranle contre nous ; la Vendée, la Bretagne, les grandes villes se soulèvent...... La Convention semble perdue......

1793

Sombre quatre-vingt-treize, épouvantable année,
De lauriers et de sang grande ombre couronnée !

Année héroïque...... La France est envahie, l'ennemi campe à trente lieues de Paris ; soixante-quinze départements sont rebelles à la Convention : la Vendée, l'Anjou, la Bretagne, le Poitou sont insurgés, cent mille chouans occupent la Loire, de Saumur à Nantes, trente mille paysans arborent le drapeau blanc dans la Lozère et les Cévennes ; la Corse est soulevée, Bordeaux, Toulouse, Caen, Lyon, Marseille, Toulon se révoltent ; —·Wissembourg, Landeau, Strasbourg, sont menacés ; — Dunkerque, Landrecies, Maubeuges, sont assiégés ; — Mayence, Condé, Valenciennes, sont pris. De la mer du Nord au

Rhin, du Rhin à la Méditerranée, des Pyrénées à l'Océan, l'Europe est debout, en armes, pour écraser la République. Prussiens, Anglais, Hollandais, Autrichiens, Piémontais, Espagnols, couvrent nos frontières de mitraille. Cinq cent mille bayonnettes étincèlent, dirigées contre nous... Un cri formidable retentit sur toute l'étendue du territoire: *Citoyens, la Patrie est en danger* !

Et, dans un pays où le commerce était mort, l'industrie anéantie, le travail arrêté, — dans un pays où la misère régnait dans les campagnes, la pénurie dans les villes, la famine dans la capitale; — dans un pays où les accapareurs étaient maîtres des marchés, les faussaires maîtres d'une monnaie en papier, chiffons sans valeur; — dans un pays où les volontaires étaient sans discipline, les camps dans le désordre, les drapeaux trahis, les hopitaux sans médicaments, les chevaux sans harnais et sans fourrage, les soldats sans pain et sans souliers... Cambon trouve de l'or, Prieur des fusils, Lindet des subsistances, Carnot enrégimente un million deux cent mille hommes et organise quatorze armées !

LES VOLONTAIRES DE SAILLANS EN 1793.

Saillans répondit à l'appel de la France envahie en lui donnant les plus patriotes et les meilleurs de ses enfants. — Une grande réunion avait été convoquée sur la place du fossé. Une vaste tente militaire, symbole des camps, était dressée, des faisceaux d'armes et de drapeaux la décoraient: deux soldats, un fantassin et un cavalier soulevaient les tentures qui en formaient l'entrée. Au fond d'un amphithéâtre, en face d'une table établie sur des tambours, entre deux soldats, l'arme au bras, siégaient graves et solennels, Michel Barnave, commandant de la garde-nationale, ses officiers, Ruel, le maire et les notables. Après un éloquent discours de Barnave, quinze jeunes gens s'enrôlent aussitôt : François Devise (18 ans), Jacques Brun (17 ans), Louis Allard (19 ans), Antoine Chastrousse (17 ans), Pierre Sibourg (17 ans), François Charpenne (18 ans), Antoine Aubert (17 ans), Jean Sibleyras (18 ans), Pierre Morin (17 ans), Jacques Blanc (18 ans), Jean Raspail (24 ans), Jacques Thomé (17 ans), Balthazar Dutour (19 ans), Joseph Reboul (18 ans), Etienne Ducol (18 ans).

Seize anciens soldats, qui avaient vu de près les vétérans du grand Frédéric se firent inscrire : Antoine Planel, Michel Aubert, François Prudhomme, Baptiste Planel, Elzéas Fauchier, Pierre Bérenger, Nicolas Saucourt, César André, Antoine Plan, Pierre-Louis Faure, Jean Audra, Bottin, Pierre Thomé, Audra Jacques, Laurie, de Vercheny, Mouyon, de Saint-Sauveur.

Barnave, ayant rappelé que la République n'était pas en état d'équiper ses braves défenseurs, une souscription fut immédiatement organisée parmi les membres de la Société populaire : Jossaud donna deux cents livres ; Faure d'Espenel, deux cents livres ; Souvion (l'aîné), deux cents livres, Deneyrol (l'aîné) deux cents livres ; J.-David Roche deux cents livres ; Souvion (cadet), cent livres ; Archinard, cent livres ; Barnave, commandant, cent livres ; René Pizot, cent livres ; Eymieu f cent livres ; François Chastet, cinquante livres ; Louis De Saulses de Latour, vingt-cinq livres, etc.

Le 18 mars (1793), le district de Crest, ayant encore demandé dix hommes, une réunion fut convoquée dans le temple de l'Etre suprême (église paroissiale): Pierre Michel (23 ans), Pierre Vieux (18 ans), Pierre Eymeric (23 ans), Salvy Estour (36 ans), Reboul Joseph (21 ans), s'engagèrent immédiatement comme volontaires; — le tirage au sort désigna les cinq autres : Michel Besson (28 ans), Martin Besson (22 ans), Jacques Morin (20 ans), Joseph Terrail (36 ans), Pierre Morin (37 ans).

En comptant les levées de 1790, 1791 et 1792, Saillans avait à ce moment quatre-vingt-douze de ses enfants sous les drapeaux. Les uns furent envoyés à cette héroïque armée de *Sambre-et-Meuse* que tant de victoires ont immortalisée, d'autres furent incorporés dans le 4e et le 8e bataillon de la Drôme, armée d'Italie, — d'autres dans le 2e et le 12e bataillon, armée des Pyrénées-Orientales où ils retrouvèrent le brave capitaine Deneyrol.

La cité comptait alors mille-six-cent-soixante-six habitants (cinq cent-soixante-dix au dessous de 14 ans et cent-sept ne payaient point d'impôts); — ce qui ne l'empêcha pas d'envoyer au district, par l'entremise de la Société populaire, pour nos héroïques soldats, cinquante-six uniformes, vingt-huit sabres, des harnais, des porte-manteaux, des chevaux et des couvertures (1)

LA TERREUR. — LE COMITÉ DE SALUT PUBLIC

La défection du Dumouriez qui abandonna son armée pour passer dans le camp autrichien fit multiplier les me-

(1) Etienne Rey fit enlever la cloche de la petite chapelle de son domaine de Lourabel « et l'offrit à la patrie pour en faire un canon ».
Les *Contributions patriotiques* atteignirent le chiffre de 8766 livres.

sures révolutionnaires. La Convention créa un *Comité de Salut public* pour rechercher et punir tous les traîtres. Marie-Antoinette, sa sœur Madame Élisabeth, Bailly, Malesherbes, Lavoisier, Camille Desmoulins, Danton, Custine, l'héroïque défenseur des lignes de Mayence, mille autres... montèrent sur l'échafaud ; le 9 thermidor mit fin à ce régime épouvantable.

CAMPAGNES DE 1793

Pendant ce temps nos armées se couvraient de gloire : Pichegru battit le duc d'Yorck et l'autrichien Clerfait ; Hoche rejeta au-delà du Rhin, Brunswick et Wurmser, Jourdan défit le duc de Cobourg à Fleurus, Dugommier et Moncey repoussèrent les Espagnols qui avaient déjà perdu Fontarabie et Saint-Sébastien. La Hollande fut conquise et Hoche pacifia la Vendée.

En apprenant ces beaux faits d'armes, Saillans, transporté d'enthousiasme, adressa aux députés de la Convention une lettre de félicitations qui commençait par ces mots :

Représentants du peuple français !

Votre vigilance a déjoué les projets liberticides des conspirateurs, elle a découvert des ambitieux et des traîtres, sous le masque patriotique. Votre fermeté et votre énergie ont sauvé la République. Achevez votre ouvrage, assurez les destinées de la France libre et ne quittez le gouvernail qu'après que tous les conspirateurs seront punis, l'aristocratie et le modérantisme à jamais étouffés, les rois et leurs satellites terrassés. Nous bénissons vos travaux, nos enfants chantent les succès de nos armes ; ils prononcent avec transport ces mots sacrés : Liberté, Égalité, Patrie.........

(28 Germinal (Avril) 1793.

Un mois après, le 30 prairial (18 juin), à la grande *Fête du Printemps*, les femmes de Saillans, au nombre de soixante-sept, prêtèrent le serment sur l'autel de la Patrie, à la place du Fossé, *d'élever leurs enfants dans les principes de la Révolution pour qu'un jour ils fussent utiles à la République, par les bons sentiments qu'elles s'appliqueraient à leur donner.* Les jeunes filles s'approchèrent à leur tour et *jurèrent devant l'Assemblée de n'épouser que des patriotes, dignes de mériter le sublime nom de républicains et de préférence des défenseurs de la patrie* !...

L'agent national de Crest ayant offert aux Saillantinois, de la part de la Convention, de faire élever gratuitement à Paris quelques-uns de leurs jeunes garçons, *dans les principes révolutionnaires*, — sept adolescents acceptent avec enthousiasme l'offre qui leur est faite : Joseph Thomé (17 ans), Pierre Ruel (16 ans), Joseph Planel (17 ans), Frachet (17 ans), Ducol (16 ans), François Reboul (16 ans), Morin-Mouchon (17 ans).

La Société populaire ayant écrit aux autres Sociétés de Crest, Valence, Romans, Grenoble et Die de procurer à la ville de bons instituteurs « pour réorganiser les écoles primaires», on lui en promit pour l'année suivante. Il est bon de faire remarquer cependant que la commune ayant imposé aux F. F. d'apprendre à lire aux enfants *sur le livre des Droits de l'homme et du citoyen, sur le Traité constitutionnel et sur le Recueil des actions héroïques et civiques des Républicains français*, ils avaient promis de se conformer à ses désirs.

Ornements d'églises. — Les églises et *les chambres servant de temple aux protestants* ayant été fermées par la Convention, l'on envoie à Crest les « ornements, argenterie, ustensiles, vêtements de la ci-devant église paroissiale, transformée en temple de l'Être Suprême».

Atelier de salpêtre. — François de Bonne-de-Vercors-Lesdiguières ayant émigré, l'on installe dans sa maison une fabrique de salpêtre : dans une seule année, on en produit quatre cent-quatre vingt-dix-huit kilos.

Nouveaux noms des places. — « A partir d'aujourd'hui (fructidor-août 1793), la place de la Daraise s'appellera *Place des Sans-Culottes*; celle du Fossé, *Place de la Liberté* ou de la *Souveraineté du peuple*; celle de l'église, *Place de l'Égalité*; celle du prieuré, *Place du Champ-de-Mars;* l'église, *Temple de la Raison* ».

26 fructidor (août). Renvoi des F. F. des écoles chrétiennes. « ...... Faure, agent-national, ouï, et la proposition ci-dessus mise en délibération, il a été unanimement conclu que les ci-devant F. F. ayant été incapables d'élever la jeunesse de notre commune dans les principes de la Révolution, il leur serait notifié par le secrétaire du conseil qu'ils étaient libres, dès demain, de prendre tel autre parti qu'ils jureraient à propos, que la commune n'avait plus besoin de leurs services ».

La semaine de dix jours. — Suppression du dimanche : la semaine aura désormais dix jours, le dernier sera un marché. « Les cabaretiers de Saillans ne donneront plus ni à boire ni à manger le ci-devant dimanche sous peine de dix livres d'amende », Besson, Michel Baudouin et Louis De Saulses de Latour (1), sont condamnés pour avoir

---

(1) La famille des De Saulses est l'une des plus anciennes du Dauphiné. Elle s'est subdivisée en plusieurs branches: les De Saulses de Latour, les De Saulses de Freycinet, les De Saulses de Larivière et

enfreint l'arrêté de la Convention et la décision de la commune. Ils s'exécutent de bonne grâce.

---

peut-être les De Saulses de Fontfroide. Voici quelques dates auxquelles ils sont désignés :

1293. Dominus Johannes de Salice (forme latinisée de Salsis) : minutes du baron de Coston.

1345. Les De Saulses revendiquent plusieurs fiefs à Rochemaure, ayant autrefois appartenu au seigneur d'Espenel.

1448. De Salsis, notaire à Crest, de 1448 à 1455. — Archives de Freycinet.

1490. Petrus de Salsis, notaire à Mornans. — Archives de Freycinet.

1511. Guillaume de Saulses, notaire à Bourdeaux, châtelain de l'évêque de Die. Minutes du baron de Coston.

1513. Cession d'une terre à Guillaume de Saulses. — Chambre des comptes, E. 2141, 1666.

1531. Achat d'une terre à Bezaudun par Pierre de Saulses. — Archives De Lestang.

1534. A. De Saulses, notaire de l'évêque de Viviers. — Archives de Freycinet.

1560. De Saulses, supérieur du Prieuré de Saint-Savin, à Bourdeaux. Archives de Larivière.

1572. Testament de Vincent de Saulses en faveur de sa mère Louise des Isnards. — Chambre des comptes.

1578. Pierre de Saulses, à Bourdeaux. — Anciens comptes des Tonils.

1584. Clément de Saulses, notaire, et son fils Philibert de Saulses, à Bourdeaux. — Note Galienne.

1595. Pierre de Saulses, ancien de l'église réformée de Bourdeaux. — Colloques du Dauphiné.

1598. Marguerite de Saulses est marraine d'Esprit Bigot De Montjoux, dont le père fut officier des gardes du corps de Henri IV et de Louis XIII. — Archives De Roches, à Privas.

1600. Reconnaissance d'un droit de péage sur le Rhône par Charles d'Albon, seigneur d'Espenel en son nom et au nom des De Saulses, en faveur d'Aimé De Lévy De Rohan, duc de Ventadour.

1601. Philibert de Saulses, notaire à Bourdeaux. — Chambre des comptes E. 2531.

1605. Mariage de Marguerite de Saulses avec Blaise de Génas, seigneur de Beaulieu. — Note Brun-Durand.

1607. Transaction entre Jean de Saulses et différents particuliers. — Chambre des comptes.

1620. Jean de Saulses afferme les censes du recteur de la chapelle Sainte-Anne, Saint-Martin de Marsanne, à Mirmande et à Cliousclat. — Chambre des comptes.

1623. Jean de Saulses, notaire et procureur de Valence, achète la terre de Freycinet, près de Saulses.

1625. Obligation par la dame de Saint-Férréol, fille d'Alexandre de Saulses en faveur de son frère.

MORT DU BRAVE CAPITAINE DENEYROL

A L'ARMÉE DES PYRÉNÉES-ORIENTALES

3 Thermidor (1793). — La nouvelle de la mort du
brave Victor Deneyrol, capitaine au 2ᵉ bataillon de la

1626. Signatures des De Saulses de Latour sur différents actes. —
Minutes Oscar Vernet, de Bourdeaux.

1629. Mariage d'Alexandre Athenol, sieur Du Villars, fils de Jacques, seigneur de Gourdon et d'Anne de Rigot, avec Sarah
de Saulses. — Minutes Chabannes.

1631. Jean de Saulses, notaire, procureur à Valence. — Archives de
Freycinet.

1635. Clément de Saulses de Larivière, ancien du Consistoire de
Bourdeaux. — Archives de Freycinet.

1636. Achille de Saulses, à Bourdeaux. — Minutes Chabannes.

1637. Testament d'Honorade De Gresse, en faveur d'Achille de Saulses, Louis de Saulses, Marie de Saulses, Pierre-Isaac de Saulses et Aymar de Saulses. — Minutes Chabannes.

1637. Quittance pour madame de Montauban, marquise de Soyans et
Alexandre de Saulses, de Bourdeaux. — Minutes Chabannes.

1638. Partage entre Sigismond, Jean, Salomon et Jeanne de Saulses.
— Archives de Freycinet.

1638. Etienne de Saulses, Jean de Saulses à Bourdeaux. — Minutes
Chabannes.

1652. Marie de Gillers, veuve d'Etienne de Saulses. — Chambre des
comptes B. 176.

1660. Quittance pour Philippe de Saulses à son frère Gaspard. —
Minutes Chabannes.

1660. Clément de Saulses lègue ses biens à sa compagne Clémence
de Rousset. — Minutes Chabannes.

1661. Rapport d'estime par Saulses de Latour. — Procuration pour
Anne de Marsanne au sieur de Saulses de Latour. Quittance
donnée par de Saulses de Latour à Augier, de Crupies. —
Minutes Chabannes.

1661. Reçu de Clément de Saulses Larivière pour la rente d'une
maison qu'il possède à Bourdeaux. — 2, 20 et 26 juin, sept
signatures des de Saulses parmi lesquelles celle de de Sau-
ses de Latour.

1663. Philippe de Saulses, notaire à Bourdeaux. — Archives municipales.

1665. Jacques de Saulses de Latour, à Bourdeaux. — Archives
municipales.

1668. Alexandre de Saulses, avocat, Jacques de Saulses de Latour, à
Bourdeaux. — Archives municipales.

1672-74. Jacques de Saulses de Latour et Louis de Saulses Larivière,
à Bourdeaux. — Archives municipales.

Drôme, vint sur ces entrefaites, plonger la cité dans la douleur. Ses chefs l'avaient envoyé à la tête d'un corps de quinze cents hommes, reconnaître un passage fort important sur la frontière espagnole. Il avait occupé ce défilé, lorsqu'un matin, en faisant une reconnaissance, il s'avança imprudemment vers une grand-garde ennemie : un biscaïen l'atteignit un peu au-dessus de la cuisse et le jeta

---

1675-92. Le chevalier René de Saulses et Philippe de Saulses, à Bourdeaux. — Archives municipales.

1694-1710 Philippe de Saulses, Louis de Saulses Larivière (fils), et Saulses de Latour, à Bourdeaux. — Archives municipales.

1715-1737 Jacques de Saulses de Latour, bourgeois, à Bourdeaux. — Archives municipales.

1738. Saulses de Latour, notaire.

1739. Jacques et Paul de Saulses de Latour, notables, à Bourdeaux.

1740. Paul de Saulses Beaufain, Louis de Saulses Larivière, Jacques de Saulses de Latour.

1748. De Saulses-Larivière, châtelain de l'évêque de Die.

1749. René de Saulses de Latour, époux de Marguerite Faucon.
C'est vraisemblablement un fils de René qui vint s'établir à Saillans vers 1770.

1750-1805. Il s'appelait Louis-Antoine de Saulses de Latour. Né en 1750, il mourut en 1805. Il s'était marié avec Marie Grenier et en avait eut Louis, qui suit, né en 1786, mort le 10 janvier 1835 ; Suzanne, mariée à Antoine Granon, en 1811 ; Louise, qui épousa Antoine Borel, de Châtillon, en 1812 ; — Marie-Madeleine, qui se maria avec Bertrand Laget, en 1816 ; Julie, qui épousa Adrien Chaix ; Marie, qui se maria avec Antoine Juge.

1786-1835. Louis de Saulses de Latour se maria en premières noces avec Marie Plan et en eut Louis, qui suit, né en 1813 ; — Julie, née en 1817 ; — et, en deuxièmes noces avec Suzanne Tavan qui lui donna Louise en 1825, Sophie, en 1826 (23 septembre), Louis-Antoine-Emile en 1835 (14 mai).

1813-1889. Louis de Saulses de Latour, né en 1813, mort le 10 août 1889, se maria avec Mlle Valérie Tavan, de Dieulefit, en 1846, et en eut Mademoiselle Louise-Alberte et MM. Albert, propriétaire à Saillans et Paul-Théophile de Saulses de Latour, inspecteur des agences au Crédit Lyonnais.

Nous avons encore à Saint-Moirans les familles Alcide de Saulses de Latour et Charles de Saulses de Latour, originaires de Bezaudun et qui descendent sans nul doute des de Latour, de Bourdeaux.

mourant sur le sol. Ses soldats, en le voyant tomber, accoururent près de lui. Mais sentant qu'il n'avait plus qu'un instant à vivre, il les écarta doucement de la main ; une flamme passa dans son regard et mettant tout son cœur dans sa voix, il dit : *Que je suis heureux de mourir pour ma patrie ! Vive la République !* Un flot de sang lui remplit la bouche, il retomba entre les bras de ses compagnons d'armes..., il n'était plus.

En apprenant la mort d'un des plus vaillants enfants de la cité, la Société populaire se réunit aussitôt, et, après un hommage ému rendu au patriotisme et au dévouement d'un père qui, n'ayant qu'un fils, l'avait donné à la France, elle décida que « Deneyrol et ses biens seraient mis sous la sauvegarde de la cité ». Le lendemain, il vint lui-même à la séance : tout le monde se tut à son entrée, tant l'on se sentait impuissant à consoler une si grande douleur. D'un pas chancelant, il monta à la tribune et, d'une voix brisée par l'émotion, mais où l'on retrouvait encore de mâles accents, il adressa ces quelques mots à ses amis accablés de tristesse :

« Citoyens, Frères et Amis,

« Je viens, avec une extrême sensibilité, vous présenter
« l'effusion de mon cœur tout pénétré de reconnaissance
« des bontés fraternelles que vous avez manifestées dans
« votre séance d'hier, en honorant de vos sincères regrets
« la mort de mon tendre fils, de ce fils chéri que j'ai offert
« à la patrie !

« Citoyens, en qualité de père, on m'accuserait d'osten-
« tation si je publiais ses vertus, mais, pour ma consola-

« tion, qu'il me soit permis d'attester qu'il était digne de
« faire mon bonheur et, si j'ose le dire, la gloire de son
« pays. Citoyens, vos bontés n'ont rien oublié pour lui,
« vous avez honoré sa mémoire dans cette auguste enceinte:
« souvenez-vous de son malheureux père, faites-le parti-
« ciper à vos bienfaits. Mettez sous votre protection et
« sauvegarde sa personne et ses propriétés. Il a perdu
« le plus fidèle appui de sa maison !

« Je prie l'Assemblée d'être persuadée que la perte de
« mon fils n'a point altéré l'amour que j'ai pour la Répu-
« blique. Bien au contraire, je ne saurais mieux venger sa
« mort qu'en lui restant fidèle, et je suis toujours prêt à
« faire le sacrifice de mon existence si le bonheur public
« l'exige ! (1).

---

(1) Nous avons déjà rencontré le nom des Deneyrol pendant les
guerres de religion. Au XVIIe siècle, cette famille était représentée à
Saillans par Jean-François Deneyrol époux de Marianne Roche. Il fut
père de Jean, né le 12 août 1736, de Suzanne, née le 4 août 1737, de
Paul, né le 13 mai 1739, d'Elisabeth, née le 25 février 1741, et de François, né le 29 janvier 1743.

Jean Deneyrol fut un homme d'une haute valeur morale et d'une
exquise sensibilité. Sa compagne, Louise Duseigneur, appartenait à une
famille fort considérée de Menglon, leur unique enfant Jean-François-
Victor, avait été élevé dans les principes d'une piété aimable et virile
qui est la source du vrai patriotisme. S'étant engagé l'un des premiers
dans les armées de la République, il conquit tous ses grades à la pointe
de son épée. Capitaine à vingt-trois ans, un bel avenir s'ouvrait devant
lui, lorsqu'il fut tué dans les circonstances que nous avons racontées.

Paul Deneyrol (frère de Jean), se maria le 2 février 1772 avec Elisa-
beth-Suzanne André et en eut plusieurs enfants, parmi lesquels : Paul-
Jean, né le 12 février 1773 ; Elise, née le 12 mars 1777 ; Madeleine,
née le 5 juin 1779 ; Marianne, née le 12 juin 1781, Lucie, etc.

Elise Deneyrol se maria le 8 juillet 1805 avec Joseph Reboul,
percepteur à Pontaix ; de ce mariage naquirent : 1° Elisa (1808, —
13 décembre 1861), mariée en 1835 avec Antoine Morin décédé le
28 septembre 1862; — 2° Joseph (14 janvier 1809 - 20 septembre 1870),
marié le 20 septembre 1835 avec Sophie-Eugénie Truchefaud, dont il
il eut une fille, Léonie, née le 11 mai 1837, qui épousa le 5 septembre
1857, Ovide Soubeyran, de Lyon. De cette union sont issus MM. Eugène, Jules, Daniel, Léon et Mlles Elisabeth et Eugénie Soubeyran;

Voilà de fort beaux sentiments ; un vieux républicain de l'ancienne Rome n'eût pas mieux parlé.

10 octobre. Nouvelles levées. — Saillans est encore appelé à fournir trente-trois hommes « non mariés ou veufs sans enfants pour marcher au secours de la patrie ». Sont désignés : François Voulet, Louis Faure, Claude Boutin, Jean Thomé, François Prudhomme, Louis Blanchart, Antoine Arnoux, Jacques Colombier, Jean Audra, Antoine Plan, Antoine Allemand, François Buffet, Pierre Thomé, Jacques Laurie, César André, Joseph Brun, J.-Pierre Délègue, Louis Terrot, Jean Gros, Antoine Giry, Antoine Alibert, Paul Gros, Antoine Gros, Louis Alibert, Jean Aubert, Joseph Baudouin, Laurent Bonnard, Jean Allemand, Louis Reboul, Pierre Mège, François Hibaud, Antoine Mazel, Claude Aymart.

L'ANNÉE DU CIVAYER

2 nivose (décembre) 1793. — Au moment où, en plein hiver, nos soldats repoussaient l'ennemi hors des frontières, Saillans voyait ses ressources diminuer de jour en jour. La commune écrivait le 2 nivose à l'*Agence générale des subsistances* à Paris : « Depuis cinq à six décades, les trois-quarts de nos habitants ne doivent leur existence qu'aux pommes de terre et à quelque jardinage qu'ils ont récoltés en automne, mais ces provisions touchent à leur fin ».

— 3° Jules (21 février 1810), marié en 1842, avec Aricie Cardot ; de cette alliance sont nés : Mme Aesinger et M. Alfred Reboul de la Julière.

Lucie-Elisabeth Deneyrol, née le 30 ventose An III, se maria avec Jean-David Barnoin et en eut une fille unique Louise, qui épousa son cousin Jules Barnoin. Ce dernier fut père de Mlle Madeleine Barnoin, qui a épousé M. le pasteur Grangaud, de Puy-Saint-Martin.

Un peu plus tard, ayant appris que des milliers de
quintaux de blé venaient d'arriver à Marseille, pour la
Convention, le conseil suppliait son député Archinard (1)

(1) Il y avait dans la cité deux familles Archinard : l'une appartenait
au culte catholique ; elle était représentée par un notaire. L'autre appartenait à la religion réformée ; un de ses membres les plus distingués était
Jean-Pierre Archinard, député à l'Assemblée nationale de 1791. — Né
à Saillans le 26 juin 1742, il s'établit à Crest comme négociant, dans la
maison qui appartient actuellement à Madame Breyton. Il seconda, de
concert avec le maire Durand, Daly et d'autres, le mouvement de
résistance qui aboutit à l'Assemblée de Vizille. Ses relations commer-
ciales l'appelant chaque année à Paris, il s'y lia avec les membres les
plus marquants du parti avancé, notamment avec Camille Desmoulins :
il haranguait lui aussi le peuple dans les jardins du Palais-Royal, où il
était connu sous le nom d'Archinard, de Crest. Nommé, au début de
la Révolution, administrateur du district de Crest, il fut choisi par le
département de la Drôme comme l'un de ses députés à l'Assemblée
législative par 262 voix sur 355 votants. Il siégea parmi ceux qui affir-
maient nettement leurs tendances républicaines, et appuya de son vote
toutes les mesures restrictives du pouvoir royal. — Archinard ne se
représenta pas aux élections pour la Convention nationale ; il fut néanmoins retenu à Paris par l'éducation de ses filles, dont l'une épousa le
général Gouvion-Saint-Cyr. Il remit à la Convention une adresse des républicains de Crest dont il resta toujours l'intermédiaire avec les pouvoirs publics qu'il tenait au courant des événements politiques, par l'envoi de fréquentes lettres. — Après la Révolution, il rentra à Crest où il fut
membre du collège électoral et du Conseil général de la Drôme.
Hostile au retour des Bourbons, il fut, aux Cents-jours, délégué
auprès de Napoléon à qui il présenta une lettre d'adhésion au
nom de son département. A l'écart des affaires pendant toute la
durée de la Restauration, il salua avec enthousiasme l'avénement
de la monarchie de juillet qui le nomma, en 1832, chevalier de la
légion d'honneur. Il mourut à Crest, le 13 janvier 1836 (Extrait du
Dictionnaire des Parlementaires). — Archinard avait quatre sœurs qui
furent Mesdames Livache Du Vallon, Déoux, Daily et Faure d'Espenel. Cette dernière eut deux fils : Louis Faure, officier, et Faure-
Rosanne, qui prit pour compagne Elise Merle, de Beauchastel qui lui
donna quatre enfants : 1º Ernest, père de M. Maurice Faure, député
de la Drôme ; — 2º Fanny, qui épousa Gaston Chalamet, père de
Mlle Elise Chalamet et de M Henri Chalamet, avocat à Valence ; —
3º Emile et 4º Aurélie, mariée à M. Arthur Chalamet, sénateur. —
Le député Archinard fut père de trois filles : la première devint Madame
Chion de Chamarges, dont les deux filles ont épousé, l'une, M. Broële-
mann et l'autre M. Sévène, dont le gendre est Président de la Chambre
de commerce de Lyon ; — la seconde, fut la compagne de M. Gou-
vion, — la troisième épousa M. Armand, dont elle eut deux filles :
Madame Charles Latune, et la seconde Madame Sévène.

de lui en faire accorder cinq cents quintaux : « Employez, lui disait-il, nous vous en conjurons au nom de l'affection que vous portez à notre cité, tous les moyens qui sont en votre pouvoir pour nous préserver de la famine qui nous menace ». Le dévoué député obtint, en effet, du Comité de Salut public le blé nécessaire à la ville. Quelques jours après, deux cents quintaux arrivaient à Saillans; mais, c'était bien peu pour toute une population qui ne comptait pas moins de cent-huit familles assistées. De plus, cinquante prisonniers espagnols étaient cantonnés dans les *Prisons* de la ville.

Aussi, bientôt après, la cité disait à Archinard : « Nous n'avons presque plus rien; nous ne pouvons nous dissimuler que si le Comité de Salut public ne nous accorde promptement de nouveaux secours, nous sommes menacés des horreurs de la famine et des désordres qu'elle entraîne. Veuillez venir à notre aide. Ce service, ajouté à tant d'autres que vous avez rendus à cette commune vous assure de grands droits à une reconnaissance éternelle et vous donnera la satisfaction d'avoir sauvé à notre cité des maux incalculables ».

Le brave Archinard répondit à cette instante supplication en faisant accorder trois mille quintaux de blé à Crest et mille à Saillans. Ces derniers devaient être pris moitié à Vienne et moitié à Cette. La commune délégua aussitôt deux « commis » aux endroits désignés pour payer le blé et en prendre livraison : malheureusement, lorsqu'ils y arrivèrent, il ne restait plus un seul grain.

La ville en fut profondément affectée. Les habitants étaient si pauvres qu'ils portaient presque tous des

« patins et des esclots, tous les souliers et toutes les
matières propres à en faire ayant été réquisitionnés pour
les armées... » La dernière récolte avait donné mille-deux
cent quatre-vingt-dix-neuf quintaux de blé dont il fallait
prélever deux cent quatre-vingt-quinze quintaux pour les
semences; il en restait mille-quatre, et il en fallait mille
neuf cent-quatre à la cité pour sa consommation !...

On prit alors une décision héroïque, mais absolument
nécessaire. Le conseil fit le total de tout le blé que l'on
possédait encore, et il rationna chaque habitant à

UN CIVAYER

par sept jours. Chaque Saillantinois dût être muni d'une
carte de la municipalité, en venant le retirer au magasin
public et payer vingt francs.

De plus, la ville adressa une nouvelle demande de
secours aux administrateurs du district de Crest : « Nous
n'avons plus de civayers que pour une décade » leur disait-
elle, de plus, elle écrivit à Archinard, le 13 nivose (1793):
« nous t'invitons, au nom de la commune, qui te chérit et
« t'affectionne, de nous procurer des secours, n'ayant plus
« de subsistance que pour une décade, en épuisant toutes
« les ressources que nous pourrons trouver chez les
« débitants aisés de notre contrée ».

De nouveau, Archinard obtint cinq cents quintaux à
prendre dans les magasins nationaux de Marseille. En
attendant que l'on pût se les procurer, la municipalité
réduisit la ration à une demi-livre de pain par jour et fit
acheter un peu de blé à Soyans, à Saoû et à Roynac. Pour
solder celui que son député lui promettait, elle emprunta

vingt-six mille livres aux habitants les plus fortunés de l'endroit : ses dettes s'élevaient à ce moment à quatre vingt-dix sept mille-neuf cent-cinquante-trois livres.

On reçut enfin quelques centaines de quintaux de blé qui permirent à la ville d'atteindre, sans trop d'encombre le printemps. Pendant ce terrible hiver, des loups étaient descendus de toutes les montagnes voisines et avaient rôdé autour des habitations. Il fallut organiser des battues générales pour repousser ces carnassiers dans leurs repaires.

1794

ANNÉE DE L'ALERTE

En 1793, Merlin, député à la Convention, avait rédigé la *Loi des suspects* qui jeta dans les prisons trois cent mille individus. Le 20 mai de la même année, Saillans avait nommé un *Comité de surveillance* chargé d'accepter ou de rejeter les demandes d'admission que de nombreux passants et déserteurs adressaient à la municipalité. Le plus grand nombre d'entre eux avaient été reçus dans la ville et avaient même obtenu des fusils de l'ancienne garde-nationale. D'autre part, comme certains habitants, *suspects d'aristocratie et d'incivisme,* avaient conservé des armes, la commune voulut appliquer la loi du 26 mars et du 2 juin 1793 relative au désarmement des traîtres et des suspects et chargea quelques gardes-nationaux d'exécuter ses ordres. Aussitôt, les vagabonds et les déserteurs qui remplissent la ville, se précipitent sur la place du Fossé où de graves désordres se produisent; un conseiller municipal est violemment frappé, une confusion inexprimable règne dans la cité, des cris de mort retentissent de tous côtés. Jean-David Roche, qui venait d'être nommé *Commissaire du pouvoir exécutif près l'administration municipale*, essaie, mais en vain, de calmer l'effervescence populaire. Il demande énergiquement l'appui de tous les bons citoyens pour avoir raison de cette multitude indisciplinée, mais la frayeur que causent les perturbateurs est telle que personne n'ose leur résister; il fait alors un rapport à l'administration centrale de Valence et demande des renforts. Deux jours après, le commandant Milleret, à la tête de cinquante hommes à cheval et de vingt-cinq fantassins se dirige à marches forcées sur Saillans. A peine arrivé, il parcourt les rues de la ville, « invitant tous les mutins à se soumettre de bonne volonté et les menaçant, s'ils refusent, de les enchaîner deux à deux et de les envoyer à Grenoble ». — Le calme renaît aussitôt comme par enchantement. La garde-nationale est réorganisée, des patrouilles faites dans tous les quartiers, assurent enfin la tranquillité. Le commandant parcourt ensuite toutes les communes et les purge de tous « les séditieux et gens sans aveu » qui les infestent.

11 ventose (février) 1794. Nouvelle alerte. Liste de proscription. — Tout paraissait calme, lorsque quelques énergumènes « soit-disant patriotes, complices de Robespierre, firent circuler une liste de proscription dans laquelle étaient comprises plusieurs familles de la ville... Elle était dressée pour être envoyée à une Commission sanguinaire, afin de faire périr ceux qui y étaient nommés...... »

Le conseil municipal s'érigeant aussitôt en juge, fit comparaître devant lui tous ceux qui connaissaient l'existence de cette liste. Onze témoins furent entendus : l'un d'eux déclara qu'elle renfermait déjà cinquante-quatre noms de citoyens dont on voulait se débarrasser et partager les biens, et que ce nombre augmentait à mesure que la liste circulait. Un autre ajouta que les premiers « bourgeois » qui avaient été désignés pour être mis à mort étaient : Balthazar Souvion, Antoine Ruel et Simon Faure. D'autres dépositions ayant été entendues, le commissaire du pouvoir exécutif prit des mesures si énergiques, que l'o, dre ne fut point troublé. Il fit appliquer rigoureusement les lois de la Convention et, d'une main ferme, fit respecter la tranquillité et la liberté à Saillans et dans les communes voisines. Les gardes-nationaux organisés en *colonnes mobiles* parcoururent la contrée et firent soigneusement la police du canton.

1ᵉʳ *thermidor*. *Le vaisseau* Le Vengeur. — Ce fut le 1ᵉʳ août (1794) que l'amiral Villaret-Joyeuse livra la mémorable bataille navale dans laquelle le vaisseau *Le Vengeur*, criblé d'obus et de mitraille par trois navires anglais, plutôt que d'amener son pavillon, s'engloutit dans les flots au chant de la *Marseillaise*. Son commandant, François Le Bozec, ayant eu les deux jambes brisées par un projectile, se les fit trancher à la hauteur des genoux, d'un coup de hache, par le maître-gabier Le Hégarat. Après un pansement sommaire, on le mit dans un tonneau à demi rempli de son : c'est de là qu'il continua à donner ses ordres. Lorsque son navire s'abima dans les ondes, ses matelots le poussèrent à la nage jusqu'au vaisseau-amiral *La Montagne*. A la vue du brave commandant que l'on venait d'apporter devant lui, Villaret-Joyeuse se mit à pleurer et embrassa Le Bozec comme un frère.

LE VENGEUR
Extrait du « Manuel d'instruction nationale », par Emile Vauchez.
LIBRAIRIE HACHETTE.

Le Vengeur était monté par sept cent-vingt-trois hommes ; il en avait perdu quatre cent-cinquante-six, dont quatre cent-seize tués et quarante noyés. — Deux cent-soixante-sept survivaient, parmi lesquels soixante-neuf gravement blessés. — Les trois vaisseaux anglais avaient eu près de mille-trois cents hommes tués ou blessés.

Le département de la Drôme dressa une liste de souscription pour offrir un autre navire à la République. A Saillans, Souvion donna cent cinquante livres, David Roche, cent livres ; Souvion-Versanne, cinquante livres ; Deneyrol, cinquante livres ; la veuve Deneyrol aîné, vingt-cinq livres ; Chastet, quinze livres ; Louis de Saulses de Latour, dix livres, etc.

1795

LE DIRECTOIRE (29 OCTOBRE 1795. — 18 JUIN 1799).
LE CONSULAT (10 NOVEMBRE 1799. — 16 MAI 1804).

On change les anciennes fêtes par de nouvelles :
Fête de la Liberté, 9 et 10 thermidor (juillet).
Fête de l'Agriculture, 9 et 10 messidor (juin).
Fête de la République, 1er vendémiaire (octobre).
Fête de l'Hyménée, 10 floréal (avril).
Fête de la Souveraineté du peuple, 30 pluviose (janvier).

Ces fêtes étaient joyeusement célébrées : le matin, l'on se rendait en cortège au Fossé, où l'on chantait un *Te Deum* solennel suivi de discours patriotiques. L'après-midi des jeux divers amusaient la population saillantinoise ; une illumination générale terminait la journée.

A la *Fête de l'Hyménée*, l'année précédente, c'est Deneyrol, père du brave officier tué à l'armée des Pyrénées-Orientales, qui avait obtenu avec sa compagne, *la couronne d'or attachée d'un ruban tricolore*, comme formant le « ménage le plus vertueux de la cité ».

1796

13 frimaire (novembre). Suppression de la Société populaire.

« En exécution de la loi qui ordonne le dépôt des papiers des Sociétés populaires dans les archives des communes où existaient lesdites Sociétés, le citoyen Buffet, archiviste, a déposé sur le bureau du conseil municipal tous les papiers de celle de Saillans ».

5 brumaire. — La ville célèbre un service funèbre en mémoire de la mort du général Hoche.

1797

5 ventose (février). Institutrices. — Isabeau Bonnard et Marguerite Plan sont institutrices depuis quelques mois. On leur demande de prêter le serment d'usage : *« elles jurent haine à la royauté et à l'anarchie et attachement à la République »*.

CERCLE CONSTITUTIONNEL DE SAILLANS

15 ventose (février). — « Les soussignés, citoyens de la
» commune de Saillans, voulant former un Cercle consti-
» tutionnel pour s'occuper d'affaires politiques, préviennent
» l'administration de leur commune qu'ils s'assembleront
» deux fois par semaine dans la maison du citoyen Paquet,
» située près de la porte de Véronne, le quintidi et le

» décadi : à sept heures du soir le quintidi, et à une heure
» de l'après-midi le décadi. Ils promettent de se confor-
» mer en tout aux articles 360, 361, 362 de la Constitution
» de l'an III. Ils jurent haine à la royauté et à l'anarchie,
» fidélité et soumission aux lois de la République et
» attachement à la Constitution de l'an III. Vive la Répu-
» blique !

 » Ainsi dressé à Saillans, le 30 pluviose 1797 de la R. F.

 » Aubert, Audra, Jossaud, Buffet, Chastet, Souvion aîné,
» Siméon Souvion, Faure, Deneyrol l'aîné, Jean Faure, J.-J.
» Baudouin, René Pizot, Bourbousson fils, Louis Guer-
» cin, Bastet, L. Chaix, Thomé, Duseigneur, A. Planel,
» J.-F. Boutarin, François Taillotte, Laget, P. Deneyrol
» fils, B. Planel, Buffet cadet, André, A. Gros, D. Gra-
» non, Autran, Aubert aîné, Jean Granon, Thomé, ser-
» gent-major ; J.-P. Blanc, Paul Allard, Villard, Paquet,
» Antoine Taillotte, Louis Allemand.

 » *Autorisé par le Conseil de la commune, le 15 ventose 1797* ».

<h1 style="text-align:center">1800</h1>

13 prairial (mai). Dettes de la commune. — Le conseil
municipal règle les dettes de la commune suivant l'échelle
de dépréciation à la somme de dix mille-cent-cinquante
livres seize sols tournois. L'on se libérera avec les revenus
des pressoirs à vin, avec le droit de mesurage (trois sols
par hectolitre, — deux sols à payer par celui qui achète
et un sol par le vendeur) — et avec les droits d'impor-
tation ou d'octroi.

2 messidor (juin) 1800. — Création de trois nouvelles
foires : le 24 vendémiaire, le 12 brumaire, le 15 floréal.

1801

Bonaparte regardant le clergé comme un auxiliaire in-
dispensable du pouvoir et persuadé que la religion est le
plus sûr appui de la morale, signe avec le pape Pie VII,
un *Concordat* pour rétablir le culte. Les cent-cinquante-
huit sièges épiscopaux qui existaient avant la Révolution
furent réduits à soixante, dont dix archevêchés et cinquante
évêchés. Celui de Die demeura supprimé.

1802

LE PREMIER CONSUL NOMME UN ÉVÊQUE
AU SIÈGE DE VALENCE

9 vendémiaire (septembre). Visite épiscopale. — Le nouvel
élu viens visiter l'église de Saillans. Il est fort attristé « de
» voir le déplorable état où elle se trouve, lorsque partout
» ailleurs le culte est rétabli dans toute sa splendeur. Il
» invite la municipalité à la faire réparer immédiatement ».

Le conseil accepte aussitôt un devis de 788 livres « pour
faire les travaux les plus urgents afin de pouvoir célébrer
décemment le culte dans une église qu'on a eu la douleur
de voir fermer deux fois ! .. »

13 prairial (mai). Consulat à vie. — Elections pour
nommer Bonaparte consul à vie. — Le canton de Saillans
lui donne quatre cent-huit *oui* et pas un seul *non.*

1804

8 pluviose (janvier). Machine infernale. — « Le premier
» consul de la République ayant été, par la conduite de la
» Providence, préservé de l'explosion infernale que les

» ennemis avaient préparée pour le faire périr, le 3 nivose
» dernier, le Conseil arrête qu'en actions de grâces à Dieu,
» d'avoir préservé une vie si chère à tous les citoyens
» français, il sera chanté un *Te 'Deum* solennel dans
» l'église de Saillans, le 13 du courant, à trois heures de
» l'après-midi..... ».

L'EMPIRE
18 MAI 1804 — 11 AVRIL 1814.

. . . . . , ...

1806

9 juin. École primaire. — Une école primaire est ins-
tallée à Saillans sous la direction de Nicolas Chalvet et de
J.-Baptiste Deschamp.

1810

15 février. Place du Prieuré. — On demande au ministre de l'intérieur trois mille francs, pour faire du cimetière du prieuré une grande place et de permettre de l'appeler *Place Napoléon*.........

1811

9 mai. Culte protestant. — « ...... M. le maire a reçu de
» MM. les syndics du culte protestant, une pétition ten-
» dant à obtenir un édifice pour y exercer leur culte et un
» logement pour leur pasteur. Le Conseil, considérant
» que la plus parfaite union a constamment existé
» entre les catholiques et les protestants de cette com-

SAILLANS VERS 1820

» mune et qu'il est nécessaire de la maintenir, s'engage à
» donner une somme proportionnelle à la population pro-
» testante (365 âmes), et à lui solder la somme de cent
» francs qu'elle paie en ce moment, pour le loyer de la
» maison qui lui sert de temple ».

1812

Clocher de l'église paroissiale. — La grande muraille de
la façade, qui relie les anciennes cellules des bénédictins
avec les constructions à droite de l'édifice, date de 1704 :
« le clocher est de 1812, il manque d'élévation et, par ses
formes modernes, ne s'allie point avec le reste de l'édifice. Un reproche plus grave que soulève sa présence,
c'est que, bâti à l'angle gauche de la nef, il produit un
mauvais effet dans l'intérieur dont il brise l'harmonie.
Malgré les mutilations qu'elle a subies, l'église de Saillans
est une œuvre d'art et mérite de fixer l'attention (1) ».

1820-25

Michel-Pascal-Marie Eymieu, maire de Saillans pendant
l'occupation des armées alliées, conseiller général de la
Drôme, relève le commerce de la cité en inventant l'industrie du peignage des déchets de soie. Il fait construire
une importante usine, dont le canal met encore aujour-
d'hui en mouvement, presque toutes les usines de la
ville. Les produits obtenus par ce nouveau genre de
fabrication, sont fort beaux et accueillis avec faveur sur
le marché de Lyon.

---

(1) Abbé Vincent : Notice historique sur Saillans.

Grâce à son intelligente et vigoureuse impulsion, Saillans est désormais doté d'une nouvelle source de prospérité. Aussi, le roi Louis XVIII, décore de l'ordre du Lys notre ingénieux compatriote.

1840

Balthazar Souvion (1) ayant hérité de son père, Souvion-Versanne, une fort belle fortune, entreprend de longues et coûteuses réparations dans ses domaines, pour occuper un grand nombre d'ouvriers et contribuer au bien-être géné-

(1) Les Souvion sont originaires de la Chaudière, petit village qui fut un des plus commerçants de notre canton. Cette famille était représentée sous Henri III (1580) par Claude Souvion ; sous Louis XIII (1630) par Henric, André, Laurens et Antoine Souvion ; sous Louis XIV (1670), par Pierre et Mathieu Souvion qui vinrent se fixer à Saillans. Mathieu eut de sa compagne, Esther Rimond, plusieurs enfants, parmi lesquels David, Pierre et Catherine. David épousa, le 22 avril 1692, Marie Sauvain. Pierre Souvion, son frère, se maria le 18 novembre de la même année avec Louise Noir, appartenant à l'une des familles les plus honorables et les plus riches de la cité. De cette alliance sont issus : Pierre, né le 8 décembre 1693 ; — Anne, née le 12 mars 1695 ; — Antoine, qui suit ; — Mathieu, né le 10 avril 1701, mort le 1er septembre 1703 ; — Paul, né le 12 octobre 1702 ; — Mathieu, né le 1er février 1705 ; — Jean, né le 1er septembre 1708, mort le 26 septembre 1710 ; — Siméon, né le 12 mars 1710.

Antoine Souvion, né le 19 février 1698, mort le 30 novembre 1749, épousa, vers 1728, Elisabeth Barnoin, de Dieulefit, et en eut : 1º Pierre, né en 1730, mort le 12 mars 1745 ; — 2º Victor-Balthazar, né le 22 septembre 1734, mort en 1803 ; — 3º Louise-Marie, née le 21 décembre 1735, mariée le 8 décembre 1760 à Jean-Louis Roche ; — 4º Antoine, né en 1737, mort le 11 septembre 1740 ; 5º et 6º Paul-Alexandre et Jean-François Siméon, qui suit, nés le 3 juillet 1739 ; — 7º Marie-Anne, née le 28 janvier 1740, mariée à Réné Gache, avocat à Die, fils de Pierre, jurisconsulte, et d'Hélène de La Morte ; — 8º Jeanne, née en 1742, décédée le 30 octobre 1745 ; — 9º Madeleine-Elisabeth, née en 1748, mariée le 30 décembre 1774 à Antoine Ruel, qui joua un rôle important pendant la Révolution

Jean-François-Siméon Souvion-Versanne, né le 3 juillet 1739, décédé le 12 février 1820, se maria le 18 mai 1787 avec Anne Voge, de La Motte-Chalancon, et en eut, le 27 janvier 1789, un fils, Balthazar, qui a épousé le 1er novembre 1807, Elise-Eléonore Audra, de Pontaix, et qui est mort le 28 avril 1864.

ral. Sachant que le travail est une source de prospérité, de moralité et de joie, il envoie bien vite à Gourdon les oisifs qu'il rencontre sur la place du Fossé, en leur disant qu'il y a de l'occupation pour eux. Les digues qui closent ses propriétés et les défendent contre les débordements de la Drôme, ses maisons de Saillans, des Samarins et de Gourdon, agrandies et embellies, ses moulins rebâtis, ceux de La Clastre construits par ses soins, ses plantations de vignes et de mûriers, les canaux d'irrigation qui portent d'un côté la fécondité à Saint-Sauveur, à Aubenasson, à La Clastre, et de l'autre à Boudrat, à Mirabel, à Blacons, — en un mot, toutes ses grandes entreprises témoignent de son amour du bien public dont il s'occupa sans cesse et auquel il sacrifia souvent son intérêt particulier.

D'une grande bonté, d'une affabilité exquise, d'une aimable rondeur en affaires, d'une générosité immense pour tous les malheureux, il exerçait sa charge de juge de paix avec une bienveillance toute paternelle. C'était un homme de bien dont le souvenir est resté au cœur de tous ceux qui l'ont connu.

1843

Construction d'un pont sur le Rio-Sec, à la place des passerelles dont on se servait depuis le Moyen-Age.

1848

Avril. — Daniel-Marie-Hospice Rey est nommé *Représentant du peuple* à l'Assemblée Constituante (1).

---

(1) La famille Rey est originaire d'Aurel. Au xviiie siècle, elle était représentée à Saillans par Étienne Rey, né en 1708, qui vint dans notre ville vers 1740, y prit une étude de notaire, et mourut le 20 fructidor 1795. Il était marié avec Marguerite Reynier.

Joseph Rey, qui est devenu la tige de la famille actuelle de notre

1851

Pont de la Drôme. — Ce pont, construit par les Romains, fut emporté à diverses reprises par les débordements de la rivière, mais fut immédiatement rebâti. Au Moyen-Age et dans l'âge moderne, la ville seule était chargée de son entretien. Il avait deux arches munies de piles de quatre mètres de côté La Drôme ayant déchaussé celle qui était la plus rapprochée de la *Porte du pont vers les remparts*, une sorte de passerelle fut établie, et relia pendant bien des années la terre ferme avec la première pile. Violemment éprouvé en 1340, 1385, 1665, 1707, 1708, 1709, 1722, 1735, 1747, 1755, 1762, 1791.., et réparé un peu à la hâte pendant ces inondations successives (1), il s'effondra

cité, était peut-être son frère. Il épousa Claudine Tourrenq et en eut : 1° Jean, né en 1769, notaire à Saillans vers 1790, marié avec Marie Motte d'Aurel, dont il eut, le 1ᵉʳ prairial 1802, Daniel-Marie-Hospice, qui suit, — et une fille : Marie-Apollonie, née le 5 décembre 1803. Jean Rey a occupé la charge de maire pendant plusieurs années; il est mort le 16 octobre 1824. — 2° Louise, née en 1775, se maria avec François Reboul, le 16 février 1809, et mourut le 26 février 1813. — 3° Joseph-Etienne, né en 1779, épousa Jeanne Girard, qui lui donna, le 7 octobre 1823, un fils : Adolphe Cyprien, qui fut percepteur. Il mourut le 30 août 1836.

Daniel-Marie-Hospice Rey, né le 1ᵉʳ prairial 1802, Représentant du peuple à l'Assemblée Constituante en 1848, député de 1849 à 1851, président du Conseil général de la Drôme, maire de Saillans, s'est marié le 30 avril 1832 avec Marie-Marguerite-Joséphine Pourtier, née à Saillans le 19 janvier 1813, fille de Victor Pourtier et de Lazarine Eynieu. De cette union sont issus Madame Dianoux et M. Daniel-Victor-Edouard Rey, conseiller général de 1864 à 1870, maire de Saillans de 1865 à 1874 et de 1880 à 1881. — Daniel-Marie-Hospice Rey est mort le 22 mars 1874.

(1) Dans un de ces derniers débordements, la Drôme emportait peu à peu un des jardins en face de l'île. Le propriétaire, en voyant disparaître son terrain de minute en minute alla chercher l'acte d'achat et la clef du jardin, et les jeta dans les ondes furieuses en disant à la rivière « Tiens, emporte tout, tandis que tu y es ». — Un certain Lanthelme fut entouré par les eaux déchaînées à l'île et dut passer toute la nuit sur un saule. On parvint cependant à le délivrer.

en 1851 et fut rebâti dans le style très élégant et très solide qui le caractérise.

1870

En 1848, Saillans avait cru revenir aux beaux jours de 1789, mais l'homme de décembre vint ravir à notre patrie la liberté reconquise. Lui-même, vaincu dans son duel avec l'Allemagne, tomba avec son empire à Sedan, en infligeant à là France l'abaissement qu'elle pardonne le moins, la défaite devant l'étranger.

La République de 1870 a repris la belle devise de sa grande sœur de 1789 : liberté, égalité fraternité. Ses efforts pour perfectionner notre organisation politique, administrative, judiciaire et militaire, pour répandre l'instruction à flots, pour redonner à la France son ancien rang dans le concert des nations, remplissent d'espoir le cœur de tous ses enfants qui désirent voir la patrie, grande, forte et respectée.

1885

Si Saillans est la patrie d'hommes de guerre, tels que les capitaines Briquemaud, Pierre Deneyrol, Brun, Coutaud, Jean Deneyrol, le commandant Barnave ; — d'administrateurs, comme David Roche, Peloux, Paul Souvion, Michel Barnave ; — de châtelains, comme Eymieu et François de Bonne de Vercors-Lesdiguières ; — de députés, comme Barnave, Archinard, Rey, Maurice Faure ; il est aussi le berceau de trois poètes, remarquables par leur modestie, sinon par leurs beaux vers. Nous connaissons le premier par la *Complainte* que nous avons citée, le second par le *Cantique* qu'il composa pour la Société populaire.

Le troisième est un de nos contemporains que nous désignerons simplement par le pseudonyme de Noël. A ses moments perdus, ce timide imitateur de Mistral, d'Aubanel et des félibres taquine la muse, et cette dernière ne lui est point trop cruelle puisqu'il cultive avec quelque succès l'élégie, la fable, la chansonnette et la poésie descriptive... Les maîtres dont il s'inspire lui ont appris à s'exprimer en patois.

Voici quelques fragments détachés d'un recueil à peine entrevu... :

LO CIARO ET LO FURMI

D'oou téns d'Ésope et dè sos fablos
Plenos dè chaousas raisounablos,
Lous animaous parlavount tous,
Lous aneis a mai lous moulous ;
Ovén de pèno de vous creire :
Qu'oou téns lou tournorein plus veire.
Pasmen vé lou Plot, l'ooutré jou
Foson lo paouso de mieijou,
Eilordouina dessous ma touno
Aouvan dè bru, oco m'estouno,
Porlavount o cousta dè mi.
Eicoutou, qu'éro ? Uno furmi
Qu'ooubè n'o Ciaro bovordavo
Et li disio dè so voues gravo :
« L'io ji dè sort coumo lou tiou,
Chanteis tout lou téns dè l'estiou,
Sias un'urouso créaturo,
T'inquiéteis pas de nourrituro

Bévei lous rayouns d'oou souré !
E viveis pas dè pou sourè.
Mé mi tout cicha què se lévo
Trovaillou s'en repaou ni trevo
Pendènt lou senclamè d'oou jou,
Tandis què ti chonteis toujou !
Amou t'oouvi 'co mé rèmouonto.
Lou bon Lafountaino racouonto
Qu'in jou què pouvias plus quiora
Tromblonto de frè é jora,
Encrenilla e quasi mouorto
Venguerei picha o mo pouorto,
Mé ti voouguèrou rén douna,
Tè lo sorerou vitè oou na.
Foou pas sè fias sus quello fablo,
Sioou toujou esta charitablo,
'Pouos véni dins moun furmillier.
Ti dè chontas ei toun mestier
E chaquè mestier douno o vioure,
Qu'oou què chonto ou què fai un lioure
Travaillo coumo qu'oou qu'eicouis,
Lichetlo, lovouro, ou ben fouëi.
Chonto toujou, mo pououro ciaro,
Co 'rénd lo vio pas tant amaro ! »
El lo ciaro toulo estouna
Récoumencé dé vioulouna
Sa chansou plèno d'ormounio :
Vequi ma fablo quei finio.

SOLLIENS

Sus lou bouord dè la Droumo
Sé trovo moun Solliens
Basti savou pas coumo ;
L'es a d'hommeis volliens
Què lèvoun bién lou coudé.
Siè sûr què per oco
N'iôouro pas un què boudè,
Car amoun béoure un cop.

Réfrin :

De tout agè
Moun villagè
Pertout eis esta vanta
Car los fillas
Bién gentillas
Lei sount toutas dé beouta !

Quand lo dimencho arrivo
Tout oco ei cala
E de ren l'on s'y privo,
L'on o dè folbola.
Segoun touti lo modo
Sount touti dè moussus
Se vé vei qu'oouquo blodo
L'io bién dè pordessus.

Réfrin.

De tout âgé. . . . .

. . . .

Oou Prioura l'on perméno
Dè feis per lou chomis,
Dessous lou bras l'on mèno
So mio ou sous amis ;
E un jou què soureillo
E què fai bien chaoudé
L'on l'y parlo o l'ooureillo
Ténan lou pecho dé.

Réfrin.
De tout âgé. . . . . .

. . . .

Ei un païs uniquo.
Oh ! l'y a rén qu'un Solliens
Tout lés ci magnifico
E on béou ona luens
Per trouva soun semblablo
N'io ji què poou lutta.
O Solliens, tout aimablo,
Foou jamaï te quitta.

Réfrin.
De tout âgé. . . . . . .

. . . .

LAS LOVEUSAS DE BUAS

Agrobounas dovont lour lovoou, lou toourier
Dovont lour embouni èn guiso dè bouclier,
Chacuno o soun sabou è sus soun linge fretto,
Pichan de tens en tens o grond co dè poretto;
Què fazi frei ou chaou vé Droumo et vé Rioussel
Oouvé torobosto sus lou linçoou rousset.
E soun per quoou trava pagados dous soous l'ouro.
Raromént n'en veyé uno què lavi souro.
N'y o toujou alignas un famous escolo;
Vouu li remarquorè Morguerito et Babo;
E toutas à la fi què las foutuas dourliassas
S'en jamai s'orresta pialloun coumo d'agassas.
O touor et o trovers, d'oboutchou ou d'odret
N'en crachoun què vous font leva lous péou tout dré.
Bovardoun dessus tout; sus un téou, uno tello,
E de fei sus un rén, per uno bagatello:
Sé n'io coumo lou dé, n'io léou coumo lou bras,
E sè servoun dè mots què sount pas maou pèbras.
De tout cè què sè dit vè lou Riou ou vè Droumo
Vou direi pas eici per pas soli mo ploumo,
E piei mi sentou pas dè n'en véni o bout,
Leissen las bovardas a freta lour sabou.

Solliens, juliet 1885.

1888

INAUGURATION DU GROUPE SCOLAIRE

FÊTE ENFANTINE

Le 15 avril 1888, Saillans était en fête. La cité procédait à l'inauguration de ses nouvelles écoles. Dès le matin, par un beau soleil des premiers jours de printemps, le train amenait de nombreux visiteurs et les invités de la municipalité. A la gare, le maire, l'honorable M. Planel, assisté de M. Maurice Faure, député, et entouré de son conseil municipal, adresse la bienvenue aux personnages officiels qui viennent assister à la fête. Après une réponse aimable de M. Cabantous, secrétaire général, délégué du préfet, et une autre non moins courtoise de M. Chevandier, député, le cortège se forme et se met en marche. Il franchit le pont et traverse les rues élégamment décorées de jeunes sapins symétriquement plantés le long du parcours.

L'on arrive à l'édifice et l'on s'arrête un instant : tout le monde est frappé de son architecture pleine de simplicité et de bon goût. L'on pénètre dans le bâtiment central par un large vestibule sur lequel s'ouvre, à droite, la salle de justice de paix. Un escalier, fort bien aménagé, conduit à l'étage supérieur où se trouvent la salle de mairie et les appartements des instituteurs. Une foule nombreuse couvre la place de l'Echo. M. Planel, du haut du balcon du nouvel édifice, adresse, au nom de la ville, de vifs remerciements au gouvernement de la République pour son généreux concours, aux députés, pour leur bienveillante intervention, aux assistants et aux Sociétés de Crest et de Valence qui sont venues rehausser de leur présence cette fête démocratique. Après lui, MM. Maurice Faure et Chastet rappellent le rôle important que Saillans a joué pendant la Révolution.

A midi, dans une ancienne manufacture — restaurée depuis cette époque — avait lieu un banquet de deux cents couverts. M. Planel, maire, présidait, ayant à ses côtés MM. Chevandier et Maurice Faure, députés; Cabantous, secrétaire général; Deschamps, sous-préfet de Die; Forfer, inspecteur d'Académie et un certain nombre de notabilités des environs. Au dessert, plusieurs toasts sont prononcés. M. Cabantous porte la santé du Président de la République; M. Forfer, celle du ministre de l'Instruction publique et du personnel de l'enseignement de la Drôme.

M. Chevandier se lève à son tour ; avec un à propos exquis il boit aux noces célébrées en ce jour entre l'Ecole et le Peuple. En quelques mots bien sentis, il rappelle les bienfaits de la République qui, en peu d'années, a doté la France des libertés les plus étendues et des lois sur l'instruction publique, gratuite, laïque et obligatoire. Après de pareils efforts, elle est en droit de prendre quelque repos afin de pouvoir continuer sa marche vers le progrès. L'orateur soulève une triple salve d'applaudissements en terminant par ces mots : Autour de la République, loin de se déchirer entre eux, les républicains doivent s'unir dans un commun amour de la liberté.

M. Maurice Faure, à son tour, entend de nombreux cris de : *Vive la République*, saluer la fin du discours politique qu'il vient de prononcer avec une chaleur communicative.

A deux heures et demie, les visiteurs se pressaient à la Soubeyranne, dans la grande salle admirablement décorée où allait avoir lieu le banquet des enfants des écoles. Bientôt après, rien n'était plus charmant que de regarder ces fillettes et ces garçons dont les yeux n'étaient point assez grands pour tout voir, et de les considérer au moment où ils allaient résolument à l'assaut des pièces de pâtisserie et des bonbons qui chargeaient l'immense table. Chacun d'eux avait près de son assiette un petit pain portant les initiales F. E. surmonté d'un petit drapeau, et une serviette brodée.

L'inspecteur d'Académie après leur avoir exprimé son ravissement, charme ses jeunes auditeurs par un discours plein de grâce et de cœur, et termine en faisant l'éloge de M. et de Mme Algoud, dont toute la population est heureuse de reconnaître les services dévoués. Puis, M. Maurice Faure les engage à aimer de tout leur cœur la République qui veut les conserver et les faire grandir pour la patrie; M. Bernard, président de la Société du Sou des écoles, félicite dans un discours éloquent et bien senti, les membres du comité qui ont si bien su organiser cette fête enfantine. Sur la proposition de l'inspecteur primaire, tous les enfants boivent à la santé de leurs maîtres et maîtresses et crient : Vive M. Algoud ! vive Mme Algoud !

Immédiatement après, une charmante enfant s'avance; c'est la petite-fille de M. Chevandier, député; elle porte un grand bouquet et l'offre à l'inspecteur en lui débitant un compliment fort bien tourné. L'inspecteur, ravi, prend le bouquet, embrasse la fillette et dit : Mes chers enfants, je vous embrasse tous sur la joue de votre petite amie. Il distribue ensuite à son auditoire transporté de plaisir, une belle médaille commémorative, frappée pour perpétuer le souvenir de cette fête. Tout ce petit monde quitte enfin la salle, emportant son drapeau, sa serviette et son jouet, tandis qu'un brillant morceau de musique salue sa retraite.

CONCLUSION

Si, suivant une parole célèbre, le passé est une garantie de l'avenir, Saillans peut être fier du sien et regarder avec confiance se lever l'aurore de nouveaux jours. Les inscriptions romaines de ses colonnes milliaires; son église paroissiale où s'agenouillèrent le comte Gérauld, les prieurs et leurs moines bénédictins; les vestiges de la chapelle de Notre-Dame, l'ancienne Sainte-Marie-du-Bourg dans laquelle pendant des siècles les évêques de Die vinrent prêter serment, à leur entrée en charge, de respecter les franchises et les privilèges de la cité; ses archives précieuses où se trouve, siècle par siècle, l'histoire de ses travaux, de ses progrès, de son courage et de sa passion pour la liberté; la place du Fossé, qui entendit plus d'une fois Dupuy-Montbrun, Claude de Mirabel et Lesdiguières discuter leurs plans de campagne et qui assista aux enrôlements des volontaires de 1792-93; ses rues qui retentirent souvent du fracas des armes, mais qu'égayèrent aussi les fêtes de la Saint-Henri; ses fontaines, qui lui coûtèrent tant de sacrifices; ses anciens moulins qui, à travers les années, lui apportèrent de modestes, mais de sûrs revenus; les cordons, les blasons, les vieilles croisées de ses antiques demeures; ses ponts; les noms barbares de ses quartiers sombres et tortueux; la grande et belle rue où se jouent l'air et le soleil; la place du Prieuré où se promènent ses vieillards; ses superbes écoles, tout lui rappelle les plus grands souvenirs. Son temple, en particulier, construit en 1824 et restauré en 1892, lui dit bien haut que le sang des héros et des martyrs n'a pas été inutilement répandu ; — et les protestants de Saillans peuvent, à bon droit, être fiers de celui que leurs vaillants et pieux ancêtres ont versé pour leur conquérir, ainsi qu'à la patrie, la plus belle des libertés : la liberté de conscience.

Mais Saillans ne s'endort pas mollement sur les échos de son glorieux passé. Son activité est à la hauteur de la mission glorieuse qu'il remplit dans notre vallée. Ses filatures de soie et de coton, ses moulins pour l'ouvraison sont dirigés avec talent et peuvent lutter avec les plus beaux et les plus perfectionnés des établissements de ce genre. Quoique restreinte et limitée, l'agriculture n'est pas étrangère aux habitants. Avec une persévérance digne d'éloges, ils ont reconstitué leurs vignobles, et ils cultivent avec succès le pêcher, le mûrier, l'amandier. Par d'intelligents et patients efforts, ils tirent d'un sol quelque peu ingrat des produits exquis qui contribuent au bien-être général.

Sa situation, d'ailleurs, et le grand nombre d'ouvriers occupés dans ses usines, donnent à ses foires et à ses marchés une grande animation. Les communes du canton se font tributaires du chef-lieu, lui apportent leurs denrées et se munissent des objets qui manquent à leurs besoins et à leur consommation.

Saillans peut donc regarder l'avenir en toute confiance : la voie séculaire où il est engagé lui garantit de nouveaux et d'importants progrès.

18

ROCHECOURBE

LISTE CHRONOLOGIQUE DES SYNDICS, CONSULS, ÉCHEVINS & MAIRES

DE 1276 A 1892

1276.	Hugues Ferragut, Almérac et André L'Abbé, notaire...............	*Sans qualification*
1278.	Garamond Bayle et Bonnefoy Bayle, Jean Passamard, Pierre Dufour, Lanthelme Balistier	*id.*
	Bontoux, d'Aouste, Ponce Richard, André L'Abbé, notaire	*id.*
1300.	Jean Passamard et Arnaud *de Fornacis*	Syndics
1327.	Giraud Nicolas, Giraud Eustachi et Pierre Olivier ..... ·	Syndics-économes
1328.	Giraud Gleize et Pierre Olivier.....	*Consul et syndic*
1331.	Giraud Nicolas et Pierre Olivier....	Syndics
1344.	Jacques Monnier, notaire, et Rostaing Monnier........................	*Syndic et consul*
1346.	Etienne Dufour et Giraud Nicolas ..	*id.*
1347.	Giraud Nicolas	*Procureur - syndic*
1368.	Morret de Lers, Jean Bonis et Bertrand Avallon	*id.*
1378.	Nobles Pierre de Chabassis, Guillaume Reynier et Arnaud Monnier, notaire	*id.*
1385.	Arnaud Monnier et Aymar de Lers.	*Procureur et syndic*
1387.	Raymond de Montfort	*Syndic*
1390.	Pierre Avundi (Avond)...........	*Procureur*
1393.	*Le même*.....................	*id.*
1395.	Noble Guillaume Reynier et Etienne Virasac......................	*Syndic et procureur*
1396.	Giraud Monnier et Jean Fauchier...	*id.*
1399.	Rostaing Faure et Jean Baudet	*id.*
1401.	Noble Etienne Reynier et Etienne Allard	*id.*
1402.	Etienne Fauchier et Guillaume Tisseur	*id.*
1403.	Pierre Avond et Pierre Monnier....	*id.*
1406.	Lanthelme de Montluel, Pierre Purpans, le jeune	*Procureurs-syndics*
1407.	Noble Drevon Chabas, notaire, Etienne Pélicier	*id.*

1408.	Guillaume Beyrion et Bontoux Dutour......	*Syndics*
1409.	Ponce Virasac et Giraud Tourneur..	*id.*
1411.	Claude Ricou et Jean Clerc.......	*id.*
1415.	Gonet Ozasèche et noble Guillaume Long......	*id.*
1416.	Noble Guillaume Long et Gonet Ozasèche............	*Syndic et procureur*
1417.	Pierre de Montfort, barbier, et Jean-André-le-Vieux.........	*id.*
1418.	*Les mêmes*......	*id.*
1421.	Jean-Pascal et Ponce Eustache.....	*id.*
1425.	Jean-André et François Fauchier...	*id.*
1426.	Pierre Johanis (ou Dejean).......	*id.*
1429.	Moudon Praet et Pierre Rondel....	*id.*
1435.	Antoine Fornier, notaire, et Guillaume Purpans.........	*id.*
1438.	Guillaume Riumond, Antoine Purpans	*id.*
1439.	Etienne Faure et Jean Monnier (29 juin)......	*Syndics*
1439.	Gonon Guyon et Giraud Ysmidon (26 octobre)......	*id.*
1440.	Ils sont remplacés par Arnaud Boutin dit Morel et Jean Guyon (21 novembre)......	*id.*
1447.	Nobles André Chabasse, Jarenton de Vercors, Guillaume de Lers, Bontoux Dutour, Jacques Albert, Antoine Fauchier, dit Javanel, Guillaume Faure et Michel Rodolphe (9 janvier)......	*Syndics et procureurs*
1447.	Guillaume Beyrion et Antoine Dutour (21 juin)......	*Syndics·*
1448.	André Chabasse et Jarenton de Vercors......	*Procureurs de la noblesse*
	Le prieur (Louis de Pinet) et Pierre Martin......	*Procureurs du clergé*
	Jacques Gilbert, Antoine Purpans, Michel Rodolphe, Bontoux Dutour dit Brocheyron, Guillaume Beyrion, Antoine Fauchier dit Javanel, Guillaume Faure, Claude Ysmidon, Pochon Bellon et Etienne Odefred (11 janvier)...	*Procureurs du peuple*
1448.	Antoine Dutour Brocheyron et Guil-	

	laume Beyrion (1er mai)	*Syndics*
1449.	Pierre Arnaud dit Joli et Antoine Fauchier....................	*id.*
1475.	Guillaume Ysmidon dit Doré et Michel Fauchier-Javanel..........	*id.*
1533.	Guillerme Belion et Pierre Archinard	*Consuls*
	Nicolas Pelloux et Antoine Dutour	*Conseillers*
1540.	Guarson et Mathieu Raillon	*Consuls*
1561.	Claude Lantelme, notaire, et François Peyrardon	*id.*
1595.	Jean Allemand, Nicolas Terrail, Aubert de Lafont, Jean Boudrat, Claude Deneyrol, Jean Eymieu et Jean Chauvet	*Procureurs*

Consuls (1).

1620-21.	Pierre Andéol et Guillaume Thomé.
1621-22.	Jean Brunel et César Faure.
1622-23.	Jean Brun et Jean Deneyrol.
1630-31.	Balthazar Eymieu et Michel Dutour.
1631-32.	Jean Brunel et Jean Dermenon.
1632-33.	Michel Dutour et Jean Deneyrol.
1635-36.	Pierre Girard et Pierre Souvion.
1636-37.	Claude Lombard et Claude Borel.
1637-38.	Antoine Blanchard et Daniel Chauvet.
1638-39.	Lucas Taillotte et Antoine Bonhomme.
1639-40.	Jean Sauvain et Michel Dutour.
1740-41.	Antoine Noir et Claude Eymieu.
1641-42.	Antoine Eymieu et Daniel Chauvin.
1642-43.	Marcel Brunel et Jacques Rimond.
1643-44.	Antoine Aubert et Louis Faure.
1644-45.	Claude Borel et David Rimond.
1645-46.	Antoine Allard et Jean Faure.
1646-47.	Antoine Souvion et Antoine Blanchard.
1647-48.	Pierre Segond et Jean Eymieu.
1648-49.	David Beylieu et Claude Fauchier.
1649-50.	Jean Brunel et Pierre Dermenon.
1650-51.	Jacques Boutin et Timothée Gros.
1651-52.	Antoine Aubert et Paul Jean.

(1) Les Assemblées particulières se tenaient à tour de rôle chez les consuls, chez le châtelain de l'évêque et chez les capitaines Briquemand, Deneyrol, Pierre Brun, Coutaud de Rochebonne, vétérans des guerres de religion. Les Assemblées générales avaient lieu dans l'église Notre-Dame, sur la Place du Fossé et au cimetière de « Messieurs de la Religion Réformée ».

Consuls.

1652-53.   David Jean et Michel Dutour.
1653-54.   François Faure et Lucien Taillotte.
1654-55.   David Jean et François Barnave.
1655-56.   Jean Eymieu et Abraham Sauvain.
1656-57.   Antoine Sauvain et Jean Alibert.
1657-58.   Jean Barnave et Timothée Gros.
1658-59.   Pierre Sauvain et Antoine Brunel.
1659-60.   Antoine Guyon et Lucas Taillotte.
1660-61.   Antoine Blanchard et David Beylieu.
1661-62.   Gaspard Boudrat et Charles Ruel.
1662-63.   François Faure et Paul Jean.
1663-64.   Guillaume Dutour et Mathieu Souvion.
1664-65.   François Barnave et Paul Noir.
1665-66.   Antoine Brunel et Abraham Sauvain.
1666-67.   Antoine Aubert et Guillaume Rimond.
1667-68 (1).   Jacques Mège et Barthélemy Eymieu.

NOUVELLE ORGANISATION

I MAIRE PERPÉTUEL ET 2 CONSULS

	Maire perpétuel :	*Consuls :*
1702-04.	Antoine Ruel.	Michel Aubert et Louis Fauchier.
1704-06.	—	Simon Faure et Claude Ruel
1706-08.	id.	Antoine Noir et Charles de Lalause.
1708-10.	Mathieu Peloux	Louis Faure et Pierre Archinard.
1710-12.	id.	François Barnave et Antoine Terrasse.
1712-14.	id.	Simon Faure et Claude Ruel.
1714-16.	id.	Antoine Ruel et Jean Brunel.
1716-18.	id.	Michel Aubert et Claude Fauchier.
1718-20.	id.	Daniel André et Antoine Beylieu.
1720-22.	id.	Louis Barnave et Paul Denevrol.
1722-24.	id.	Pierre Archinard et Daniel Dejean.
1724-26.	id.	Simon Faure et David Jossaud,
1726-28.	id.	Pierre Ruel et Antoine Souvion.
1728-30.	id.	Louis Barnave et Antoine Reboul.
1730-32.	id.	David Roche et Pierre Jossaud.
1732-34.	id.	Antoine Poitevin et François Barnave.
1734-36.	id.	Mathieu Chalenton et Daniel André.

(1) Les cahiers des délibérations consulaires de 1669 à 1702, ont disparu sous la Restauration. A partir de 1693 (8 juin), les Assemblées se tinrent dans la maison Taillotte, transformée en Hôtel-de-Ville.

1736-38.   id.   Louis de Lalause et Antoine Serpeille.
1738-40. J.-F. Barnave. Les 2 consuls continuent leur charge.
1740-42.   id.   Jacques Aubert et Paul Souvion,

NOUVELLE ORGANISATION

MAIRES MI-TRIENNAUX, I ANCIEN ET I MODERNE, 2 CONSULS.

Maire :   *Consuls :*

1742-44. J.-F. Barnave. Louis Barnave et Antoine Poitevin.
1744-46.   id.   Antoine Audra et Jean Ruel.
1746-48. Mathieu Peloux. Daniel Dejean et Simon Faure.
1748-50.   id.   Mathieu Chalenton et Jean Faure.

NOUVELLE MODIFICATION

UN MAIRE ANCIEN, UN MAIRE MODERNE, UN ÉCHEVIN ROYAL,
DEUX CONSULS :

Maire :   *Echevin :*   *Consuls :*

1750-52. J.-F. Barnave, Louis Barnave, Mathieu Chalenton et
                                        Jean Faure. . . . . . .
1752-54.   id.   id.   Michel Eymieu   et
                                        Claude Fauchier . . .

SUPPRESSION DE L'ÉCHEVIN

Maire :   *Consuls :*

1754-56. Jean-François Barnave. Les 2 consuls continuent.
1756-58.   id.   Claude Voulet et Pierre Pascal.
1758-60.   id.   Etienne Rey et Michel Barnave.
1760-62.   id.   Charl. Bourbousson, Ant. Poitevin.
1762-64.   id.   Simon Faure et Antoine Délègue.
1764-66.   id.   Michel Eymieu et Pierre Thomé.
1766-68.   id.   Michel Eymieu et Antoine Buffet.

NOUVELLE ORGANISATION

SUPPRESSION DE LA CHARGE DE MAIRE. — NOMINATION DE
DEUX ÉCHEVINS.

Echevins :

1768-70. Etienne Rey et Antoine Poitevin
1770-72. Antoine Mathieu et Jean Ruel.
1772-74. Etienne Rey et Michel Barnave.
1774-76. Pierre Thomé et Jean Planel.

1776-78.   César Revol et Pierre Barral.
1780-82.   Louis Lombard et Pierre Thomé.
1782-84.   Claude Fauchier et Antoine Poitevin.
1784-86.   Jacques Baudouin et Antoine Poitevin.
1786-88.   Antoine Buffet et François Gautier.
1788-90.   Michel Barnave et Mathieu Thomé.

SUPPRESSION DES ÉCHEVINS. — NOMINATION D'UN MAIRE

1790-91.   *Maire* :   Jean-Claude Eymieu.
1791-92.   id.   Antoine Ruel.
1792-95.   id.   Siméon Souvion.

SUPPRESSION DES MAIRES. — CRÉATION D'AGENTS MUNICIPAUX.

Agents municipaux :

1795-96.   Jacques Voulet, Pierre Jossaud, Balthazar Souvion,
           Simon Faure, Pourtier, Paul Reynaud, Blanc ne
           consentent à occuper cette charge que fort peu de
           temps, chacun.
1796-97.   *Agent* :   Buisson.
1797-99.   id.   André.

SUPPRESSION DES AGENTS-MUNICIPAUX.

ON EN REVIENT AUX MAIRES.

1799-1806.   *Maire* :   Pourtier.
1806-1815.   id.   Buffet.
  1815.   id.   B. Eymieu.
1815-16.   id.   Roche, cadet.
1816-30.   id.   Etienne Rey.
1830-35.   id.   Faure, cadet.
1835-36.   id.   Balthazar Souvion.
1836-52.   id.   Daniel Rey.
1852-65.   id.   Jacques-Célestin- Désiré Voulet.
1865-74.   id.   Edouard Rey.
1874-76.   id.   Jacques-Célestin-Désiré Voulet.
1876-77.   id.   François-Louis Giraud.
1877-78.   id.   Jacques-Célestin-Désiré Voulet.
1878-80.   id.   Jean-Joseph Got.
1880-81.   id.   Edouard Rey.
1881-88.   id.   Achille Planel.
1888-92   id.   Marius-Alphonse Faure.
  1892.   id.   Maurice Faure, député de la Drôme.

LISTE CHRONOLOGIQUE DES PRIEURS
DE 1244 A 1789

1244. Pierre de Cigotier.
1277. Aymar.
1299. Ponce du Cheylard.
1303. Jean de Sucher.
1327-46. Giraud Genton.
1368. De Sonhet.
1380. Jean Aloys.
1395. Guilhon de Balagnier, prieur de Saillans et de St-Didier, procureur de Jean de Murols, cardinal-prêtre du Titre de Saint-Vital.
1400. Jean de Plane.
1435. Jordan de Ranco.
1449. Louis de Pinet.
1475. Guillaume de Gérunda.
1506. Noble Louis Talhifer.
1521. Guy de Vesc, prieur de Saillans, d'Aouste, d'Eurre et de Bourdeaux.

1527. Noble Mathieu Moreton
1564. Noble Giraud Gaudelin.
1614. Claude de Calignon.
1624. Pierre de Beaumont d'Autichamp.
1635. Michel d'Aymon.
1672. Michel de Sautereau.
1681. François de Sautereau.
1723. Messire Jean-Pierre Dubarry.
1736. Paul de Sautereau.
1760. François-Emmanuel de Guignard de St-Priest, chevalier de Malte.
1765. Pierre - Alexandre de Barral.
1782-89. Messire Jérôme Desmarais, grand-vicaire de Troyes.

LISTE CHRONOLOGIQUE DES CURÉS & DES VICAIRES
DE 1670 A 1892

Curés	Vicaires
1670-85. Henry Brunel.	François Faure.
1685-1731. François Faure.	
1731-68. François Faure (*neveu du précéd.*)	Pourcel, Chappon, De la Rochette, Guichard, Bertrand, Tournillon, Chavasse, Geneti, Garnier d'Eschières, Reynaud, Hébrard.
id.	
id.	
id.	
id.	
id.	
1768. Blanc (par intérim).	
1768-79. Brunel	Blache, Mathieu, Gilly, Engelfred des Blieux, Champosbert.
1779-92. Maurel	Champosbert, Menassier.

Curés :

1801-03.	Puy, prêtre-commis.	1837-48.	Vial.
1803-12.	Crouzon.	1848-64.	Manara.
1812-22.	Roux.	1864-70.	Pochon.
1822-37.	Lombard.	1870-75.	Tourrel.

1875-92. M. Mellet, chanoine honoraire ; M. Pestre, pro-curé.

LISTE CHRONOLOGIQUE DES PASTEURS PROTESTANTS

DEPUIS HENRI IV JUSQU'A NOS JOURS

Sur les conseils de Guillaume Farel, des églises réformées s'étant organisées en 1561, à Châtillon, à Die, à Crest, à Bourdeaux, Saillans songea, lui aussi, à faire annoncer l'Evangile par un pasteur en titre. Nous ne croyons pas, cependant, que la paroisse naissante ait été régulièrement desservie avant 1580, date approximative de la construction du temple sur la place de Bonne-Lesdiguières, vers les *Prisons*. — Nous ne connaissons pas, non plus, ceux qui présidèrent les Assemblées religieuses, à partir de cette époque jusqu'à l'Edit de Nantes, en 1598.

SAILLANS ET SES ANNEXES : SAINT-MOIRANS, LA CHAUDIÈRE, CHASTEL-ARNAUD, ST-SAUVEUR ET VÉRONNE

1603-04.	Louis Barbier.	1630.	Jean Chérubin.
1604-06.	Benjamin Vacher.	1651-60.	Pierre Piffard de Sagnes de Vercors.
1606-17.	Jean Abraham.		
1617-19.	Jean Martinet.	1660.	François Boustier.
1619-25.	Gaspard Martin.	1683.	David Laurens.

1683. — DÉMOLITION DU TEMPLE

1685. — RÉVOCATION DE L'ÉDIT DE NANTES

1685-1787. — PÉRIODE DITE DU DÉSERT

Notre contrée ayant été divisée en sections, Saillans fit partie du *Quartier de la Plaine* et fut tour à tour desservi :

Vers 1716 par Pierre Durand, exécuté à Montpellier en 1732.

1720 » Villeveyre et Allard, de Die, condamnés aux galères en 1735.

1725 » Jacques Roger, exécuté à Grenoble en 1745.

1730 » Rouvières.

1744 » Louis Ranc, exécuté à Die en 1745.

1752 » Vouland, père, *dit* Roche.

1758 » François Descours

1760 » Rosan.

1770 » Alexandre Ranc, frère du martyr.

1775 » Louis Reboul.

1776 » Lombard.

Vers 1777 par Daniel Armand.

1778 » Bérenger.

1779 » Fine ou Finet.

1780 » Daniel Armand.

1782 » Olivier.

1783 » Descours.

1784 » Daniel Armand.

1793 » Louis Reboul (1).

. . . .

1809 » Schafter.

1820-65 » Barre.

1865-71 » Camille de Magnin.

1872-73 » Fauriel, par intérim.

1873-74 » Gilly.

1876-78 » Broux.

1879-80 » Ferdinand Montet.

1883-89 » Moutarde.

1889 » And. Mailhet.

---

(1) Cf. Eugène Arnaud : *Supplément aux Synodes du Désert de M. Edmond Hugues*, Paris, Fischbacher, 1892 (sous presse).

FIN

EN PRÉPARATION

ALBUM

DE

LA VALLÉE DE LA DROME

Notices historiques

Sur Livron, Crest, Aouste, Espenel,

Vercheny, Pontaix, Sainte-Croix,

Die, Luc et Valdrôme.

TABLE DES MATIÈRES

CHAPITRE PREMIER

INTRODUCTION

CHAPITRE II.

CHAPITRE III.

CHAPITRE IV.

pour avoir construit une prise en pleine Drôme « rivière navigable, et comme telle appartenant au roi ». § III. Le four banal. Histoire de la poignée de pâte. § IV. Foires et marchés. § V. Maladrerie et maison de l'aumône ou hôpital. § VI. Revenus de l'évêché et du prieuré à la fin du xv° siècle. Signes précurseurs de la Réformation. Pages : 63 à 100.

CHAPITRE V.

§ I. La Réformation, son origine et son but. § II La Réformation dans le Diois, Farel dans la vallée de la Drôme, églises fondées. § III. Saillans pendant les guerres de religion : 1ʳᵉ période, François de Beaumont, baron des Adrets. Die, en masse, accepte la Réforme. 2ᵉ période, Charles Dupuy-Montbrun. Ses lieutenants : Lesdiguières, Mirabel, du Poët, Piégros, du Cheylard, Montjoux, Morges, Champoléon, Bordonnanche, Vercoiran. Saillans, pris par Mirabel est repris par les catholiques et tombe enfin entre les mains des protestants. Projet de fortifier Saillans. Vers d'Antoine Gay, gouverneur d'Espenel. Siège de Livron. Combat de Gourdon. Bataille du Pont d'Oreille, défaite des catholiques. Rendez-vous général à Saillans. Bataille du Pont de Blacons, défaite des protestants. Montbrun est fait prisonnier. Sur l'ordre de Henri III, le parlement de Grenoble lui fait trancher la tête. 3ᵉ période: Lesdiguières. Les Désunis. Expéditions diverses. Démolition des remparts de Saillans, bataille de Montmartel. Prise de la ville. L'Edit de Nantes................ Pages : 101 à 156.

CHAPITRE VI

§ I. Saillans change de suzerain, Achille Lambert de Valence. René de la Tour, seigneur de Gouvernet. L'évêque de Die, Gélas de Léberon. § II. Controverses. Gaspard Martin, de Saillans et les Jésuites de Die. Abjuration du seigneur du Poët-Célard, sa femme suit son exemple. § III. La peste de 1629 à Saillans. § IV. Saillans, avant et après la Révocation de l'Edit de Nantes. Démolition du temple protestant, 1683, martyre de Coutaud de Rochebonne sur la place de Crest. Conduite courageuse de quelques jeunes filles. Amendes imposées. David Henri et sa sœur d'Espenel, — Forest, Mᵐᵉ Coutaud de Rochebonne, Marie Albanel, David Souvion et Madeleine Souvion, Jean Deub et Isabeau Deub, de Saillans, sont condamnés à mort. Tardieu, Jean Faure et Jean Rey, forçats pour la foi. Taillotte, Vieux, Cherfis, Cardeau, Tardif, les frères Chastet, Etienne Faure et

Glyptographie Silvestre et Cie, 97, r. Oberkampf, Paris.